读客® 知识小说文库

读小说，学知识

警察难做

让一个混迹于黑白两道的警察，带您透视当下社会突发事件的表相与真相

冰河 著

（曾用名：雪夜冰河）

江苏文艺出版社
JIANGSU LITERATURE AND ART PUBLISHING HOUSE

图书在版编目（CIP）数据

警察难做 / 冰河著 .-- 南京：江苏文艺出版社，2012.3
（读客知识小说文库）
ISBN 978-7-5399-4816-4

Ⅰ.①警… Ⅱ.①冰… Ⅲ.①长篇小说－中国－当代 Ⅳ.① I247.5

中国版本图书馆 CIP 数据核字 (2011) 第 199810 号

书　　名 警察难做
著　　者 冰河
责任编辑 丁小卉　姚　丽
特约编辑 小　建　王唯径
责任监制 卞宁坚　江伟明
策　　划 读客图书
版　　权 读客图书
封面设计 读客图书　021-33608311
出版发行 凤凰出版传媒集团
凤凰出版传媒股份有限公司
江苏文艺出版社
集团地址 南京市湖南路 1 号 A 楼，邮编：210009
集团网址 凤凰出版传媒网 http://www.ppm.cn
出版社地址 南京市中央路 165 号，邮编：210009
出版社网址 http://www.jswenyi.com
印　　刷 北京盛兰兄弟印刷装订有限公司

开　　本 680mm x 990mm 1/16
印　　张 18
字　　数 230 千
版　　次 2012 年 3 月第 1 版　2012 年 5 月第 2 次印刷
标准书号 ISBN 978-7-5399-4816-4
定　　价 29.90 元

目录

第一章

· **青年陈麦**：我想做个警察

· **警察陈麦**：上访者的哀歌

1

2010年春天，陈麦用一把手枪抵住了老大夫的脑门。

他对歹徒才这样。可恶的老大夫形容猥琐，说话欠抽，冷不丁令他想起了昨天的事，像被人拨弄了下肉里的刺。但如不是那个护士走进来撅起屁股，让他联想起了艾楠，他也不会在松裤带时掉下腰里的枪。捡起它的时候他才明白自己一定要用枪指着老家伙的头，就像那玩意儿硬起来就该指着女人一样。

昨天上午，老天爷一张大脸拉得阴沉沉的，仿佛一个喷嚏就会下雨。陈麦快步走出警局大楼，眉头拧成了花，戴帽子时他刻意把帽檐往下压了压，那张冰冷的脸顷刻吓人起来。兄弟们站在车边，一个个全副武装。陈麦只挥了下手就上了车。十几辆警车先后发动，飞快地驶出大门，开路的丰田V8哇哇乱叫，霸道地闪着警灯。半路上武警的两辆越野车和三辆卡车加入进来，默契地跟在后面，武警战士坐得笔直，黝黑的脸像头盔一般坚硬。陈麦看了看表，时针刚跳过九点，进京上访的总是这么早。

“人没堵住，没想到他们敢撞过去。”刚提上来的综合大队队长小白伸过头来说。

“一个大队都拦不住，老秦穿了开裆裤么？”陈麦其实并不惊讶，张三营分局治安大队长老秦可不是个吃素的，他推荐上位的人或许品质有问题，或者鸡巴有问题，但胆子绝对没问题，个个都是狠角色。

“这帮人开着几辆卡车玩命闯关，撞飞了老秦一个兄弟。老秦不让开枪还击，但在路上洒了铁蒺藜，扎坏了卡车车胎，他们得换轮胎，跑不远。”

陈麦点了点头，老秦这样处理很合适。“那兄弟伤得重吗？”他扭过倒后镜，对着正了正帽子，警徽边缘有些生锈，要赶紧换了它。

“被东风车撞飞了，腰折了，现在还……抢救呢……”小白胆子不小，但一和他说话就紧张。这小子单纯得可爱，笨拙得可恨，他在千人面前弹吉他毫不慌张，可给领导倒茶手却总发抖。带着他执行任务总像带着个敌人的卧底，弄不好就伤了自己人。

陈麦重重地哼了一声。事态严重，传出去可了不得。世博会开幕在即，这么一支横不吝的上访队伍要是在北京街头拉开横幅，将变成严重的政治事件。阳关市的全国和谐城市评选已经进入了复评，这事兜不住，几年的努力就打了水漂，阳关公安就等着倒霉吧。

冲破封锁线的是阳关市棉纺厂的一群老工人。这事说来复杂，这群下岗工人贷款搞了货运，市运输公司为他们团购了一批质量和手续有问题的汽车，却以好车的价格卖给他们，还帮他们上了牌。搞货运油费和过路费都高，不超载连本都赚不回来，于是他们便天天超载。前一阵子市里整治黑车，这批车几乎一股脑全扣了，交管部门一查，都是不合格车辆，得交不少罚款。其中两个胆大挂假军牌拉砖头的已被起诉，据说要判无期。此事未了，区政府也赶来凑热闹，把棉纺厂家属区的地皮卖了，安置补偿没谈妥，拆迁大军就上了门。这几百工人及家属顿时没了吃饭的家伙，又没了安顿的窝，他们呐喊无用，示威无门，就走上这么一条不归路。

兔子急了会咬人，屁民急了就会进京。这帮人买不到火车票，干脆开着几辆没被没收的卡车，在这日一早就悄悄出发了。他们一动，就有居委会的大妈报告了街道办，街道办报告了派出所，派出所报告了区大队，区大队报告了分局，分局报告了市局，市局报告了市政府和省厅。市领导骂了娘，省厅领导摔了杯子，对这些不知好歹的上访滚刀肉动了雷霆之怒。张三营大队全体出动也没能挡住他们，看来这帮家伙动真格的了。

在陈麦的调度下，两个大队和半个支队的警力、以及一个中队的武警汇集到机场辅路阳头出口，这是他们的必经之路。陈麦看着各大队长熟练地布置工作，防暴队和武警参差排列，刚换了装备的盾牌警员看着和变形金刚似的。他松了口气，看着兄弟们排成了三道防线，交警拉起了隔离带，几个水泥墩子推到了路中间，前面再放上三角钢架和铁丝网。巡警的小车像游骑兵一样游弋着，驱赶着围观者和记者。陈麦满意地点了点头，别说汽车和人，鬼都出不去这个阳关。

尾随上访者的警车报告，说车上的人似乎不想放弃，烂着车胎还在开，钢圈在柏油路上开出火星子了，估计要换轮胎。

“准备吧，一群跑黑车的，把车拦下先喊话，不听就给我放倒，尤其是头车……”陈麦对几个队长说。大家点头。省厅两辆警用装甲车远远开来了，新得油漆还没干似的。陈麦皱着眉问：“谁让他们来的？这么两个活宝一路现眼，全城的老百姓都知道了。”

“是市长的意见，说就是要震慑一下……”朱副局长走了过来，说完不屑地哼了一下。

陈麦向他敬了礼，其他人也敬礼。朱副局长也不多言，对陈麦说：“牛副市长来了，你忙你的去。”

陈麦给朱局递了根烟。牛副市长从一辆新广本里钻出来，戴着厚厚的墨镜走来，绷着一张领导脸。陈麦给朱局点了烟就走一边去了，这里没他的事儿。

陈麦站在路中间，远望向大青山脚下一个青烟滚滚的地方，那是阳关烧了二十多年的一个露天煤矿。听说那一年这地界似乎遭了雷击，地表下的煤开始燃烧，烈焰滚滚。经过几年的努力，政府放弃了扑灭它，因为这根本不可能。据专家说如果一直烧到煤矿完全燃尽，或需要两百年，也有可能突然就熄灭了，这事谁也说不准。如今火口渐渐烧成了一个直径几百米的坑，方圆十几公里还有十几个大小不一的坑，本地人管最大的火口叫“天眼”。不知何时，开始有人去那附近磕头，往里面丢入稀奇古怪的东西，据说它保佑了很多人。

车队出现了，歪歪扭扭地开过来。封锁线的兄弟们紧张地蠕动着，队长们纷纷看着陈麦。陈麦背手站在最前面，一言不发。

还有几百米时，车队减速了，晃晃悠悠地犹豫着。特警大队的狙击手不失时机地开枪，击爆了头车所有的轮胎，车猛地沉了下去。片刻，这车踩足了油门开起来，碎裂的轮胎露出钢圈，闪着耀眼的火光，如飞奔的钢铁哪吒，直通通就来了。陈麦一挥手，几支气压枪射出一串颜料弹，噗噗地在挡风玻璃上爆开，黑红黄的染料将玻璃彻底糊住，但它仍然冲了过来，车上的人扔着石块，纷纷落在陈麦脚下。陈麦仍然不动，他听到兄弟们的咒骂。有人在狠狠吐着唾沫，警棍和盾牌碰得叮叮当当。瞎了眼的汽车撞在一排半米见方的石墩子上，屁股忽地翘了起来，再重重地顿在地上弹了几下，一个轮子飞出老远，蹦跳着消失在路基下。几个人也掉了下来，摔得哼哼唧唧的，但搀扶着站了起来。

“拼啦！”一个摔破头的喊。陈麦并不吃惊，这话他听得多了。

“成恐怖分子了，上吧，先把这辆搞定！”陈麦对一个大队长说。几十面盾牌立刻围向汽车，长棍戳向他们的腿脚，车上的人扔下砖头瓦块和酒瓶，没用，他们东倒西歪地被戳了下来。警犬嗖地蹿了上去，将一个举着汽油瓶的家伙扑倒在车下。驾驶室里的人举着榔头跳了下来，立刻被一棍击倒。

陈麦望向后面几辆车，它们冲下了路基，奔着旁边一个废弃的军马场冲去。车上逃脱的人也尾随而去。巡警立刻过来报告。陈麦略一踌躇，立刻让兄弟们逼过去。也好，他们钻到里面，出来可就难了。这个废弃的军马场三面围墙，里面养着不少土马，无粮无水，不具备坚守条件。两辆车车头向外顶在门口，里面突然悄无声息。

石羊区分局一个警察摆弄着喇叭，看他局促的样子和瘦弱的腰杆，该是毕业没多久的大学生。

“乡亲们，你们已经被包围了……”话音未落，大队长飞起一脚把他踹到一边去了。大队长劈手抢过喇叭喊：“……你们要相信党，相信政府，不要冲动，一切好商量……”陈麦笑起来，这都是他教的呢。

喊话无果，里面传来谩骂。牛副市长摘下了眼镜，露出比蛤蟆镜还要蛤蟆的一对眼对朱局说：“兵法有云，攻心为上，去谈一谈吧。”陈麦悄悄斜了他一眼，心道：“兵法你妈个逼！你们早干什么了！”

市府派来的谈判代表颠着小步去了，可还没到门口，里面竟“轰”地放出一枪。白烟喷出窗口，铁沙嗖嗖乱飞，是打兔子的霰弹枪。谈判代表仰头栽倒，摸着身上各处窟窿号哭不止，被警员举着盾牌拖了回来。这一枪令事态升级，也令陈麦一惊。他摇了摇头，拿起车台，问了各方封锁的弟兄，确定马场已被包围，电子干扰已经开启，不会有任何消息走露。

马场里传来马的嘶鸣，先是一匹，然后是一群。陈麦看了看四周，望着等他命令的兄弟们，他不知为何又看了看天，抬头才知道天晴了。他的白眼对着白云，白云慢慢飘着，有一朵像是害怕他的瞪视，忽地散了。他低下头，扔了手里的烟屁。

“他们开了枪，这事儿性质就变了，怕死的别上去，我陈麦不难为你们！”

良久，队长们无人退出。他又说：“那就不说废话了。一队先射催泪弹进去；二队贴近门口放狗；里面乱起来后，三个队从三个入口同时进去，重点放倒拿鸟枪和汽油瓶的，谁反抗就干掉……别含糊，别受伤，明白了吗？”

看弟兄们去准备，他又点了支烟。一阵风卷过来，马场的窗口发出呜咽。孤零零的马场像个绝望的坟，藏着百十个恐惧的男女。这已是严重扰乱社会公共秩序，是非法上访，是侵犯他人财物，是暴力抗法，是危害公共安全，是阴谋颠覆国家政权，是草菅人命，是……算了，不必给他们列罪名了，谁也不傻。

汽油瓶和鸟枪是暴民的常用武器，拙劣却危险，更危险的就是开山放炮的炸药了，还不知道他们有没有。兄弟们听出他话的分量，明白这杀无赦的命令，也是为他们好。

牛副市长似乎被那一枪轰怕了，又戴上了墨镜，见要动真格的，嘴唇嘟囔几下，就肚子着凉去厕所了。陈麦也不生气，和朱局对视一眼，朱局点了下头。当领导的一向如此，别添乱就好。

催泪弹是可怕的东西，看着白烟可爱，吸进去生不如死，里面很快就被这东西搅乱成一锅，狗叫马嘶人喊娘。一辆铲车挂住了两辆卡车，猛地拽离了门口。盾牌阵列逼近，几条狗早已按捺不住，忽地扑进去了，一阵慌乱的惨叫后，一个人捂着脸发疯般奔出门口，慌不择路，一头撞在门口的杨树上，弹在地上昏了过去，像撞死在树根上的兔子。

防暴队举着盾牌鱼贯而入，前两队同时进攻，电击警棍加狗咬，里面弄得鸡飞狗跳。十几个人被拖出了马场。狗是训练有素的，咬的都是脚脖子和手腕，有人挣不脱就去咬狗，狗毛狗血粘了一嘴。防暴队员下手精准，把人打得都血糊糊的，但要不了命。拎着霰弹枪的家伙哇哇大叫，被狗拖在地上还要开枪，被一根抡圆的警棍打在头上，登时晕死过去，头上血流如注，在地上留下骇人的血迹。

这该是场一边倒的战斗，见更多的警察和武警涌进马场，陈麦开始掏烟。这场战斗眼看就要收场，他们突然杂乱地退出来，有的连盾牌都扔了。陈麦正在纳闷，只见十几匹马猛然奔出大门，后面冲出更多的马，几十个人纵马狂奔，穿着写满了“冤”字的衣服，挥舞着棍棒菜刀和点燃的汽油瓶，冲向重新建立的盾牌墙。一个瓶子拖着火焰扔进了封锁线，在盾牌上爆开，火焰黏黏地流到地上，烧开了一个口子。

“快散开！”陈麦大喊道。一匹受惊的马掠过身边，马尾捎在他的脸颊上，生疼，带着臊气。骑马上访，他们倒真有创意！

兄弟们散不开，他们哪见过这场面，一时呆了。马蹄狂乱，两个警员被撞飞，一个被马踢出好远，眼见不动了。陈麦拾起一只铁锹，对着冲来的一匹马的前腿横扫过去，咔嚓一声，棍子和马腿全断了。落马者翻滚在地，被两个警察按住。兄弟们纷纷效法，有的让过马头，直接将人打了下来。侥幸冲得过的，又被电击枪连人带马击倒在地。现场混乱不堪，人仰马翻，上访者们纷纷坠地，被一个个制服。一只大黄狗把警犬咬得血肉模糊，仍不松口，直到几根长棍打碎了它的头。

一个壮汉从地上爬起，拎着削尖的螺纹钢又骑上马，猛然掏出一个矿泉水瓶往身上浇，嘴里哇哇大叫着：“不活了！不活了！不活了！”

他果然不想活了，手里打火机一闪，人和马“腾”地成了火球，那火像岩浆一样顺着螺纹钢流下。发疯的火马载着火人，像一个远古的长枪兵一样冲来，火马撞飞了一个跑得慢的警察，火人一棍便打倒了另一个。小白对着马腿抡圆长棍，马倒了，小白的头发被点着了，他忙抓了几把土将火扑灭。自焚者在地上打了个滚，站起来狂奔着，叫声比马嘶还要凄厉，火焰似乎又从他身上长了出来，竟越烧越旺，陈麦离十几步都听得到吱吱的声音，看见一张人脸在火焰中扭曲变形。

“拿灭火器！快帮他灭火！”陈麦大喊。但持灭火器的人不知被冲到哪里去了。一个警察猛地将那人扑倒，一把抱了起来，狂奔几步，抱着他跳进了路边的臭水沟。

装甲车开了过来，猛轰油门，对着一匹马狠狠撞去。马被撞翻，双腿断折，上面的人却摔在装甲车顶，他举起一个汽油瓶子砸下去，车和人登时燃烧起来。陈麦大惊。装甲车猛地一转，自焚者被甩出很远，几块隔热毯盖住了他，灭火器喷出白色的粉尘，将他全染成了白色，又有几个灭火器喷向烈焰腾腾的装甲车。过了一会盖子开了，伸出个冒着汗的人头来，惶恐如坟里爬出的鬼。

马队全军覆没。这帮人虽然玩命，但毕竟面对的是训练有素的联合部队，很快就被制服了。一个个被兄弟们踩着搜身，又被塑料扣拴住两手的大拇指，却仍在高叫着什么。水里的人被捞了上来。自焚者皮焦肉烂，抽搐不已。救他的那个警员的脸烧得皮肉外翻，双手焦黑，疼得眼泪直流。挺帅的小伙子，如此就落了残疾。陈麦摸了摸这兄弟的肩膀，让医务人员迅速处理。

瓦斯散尽，浓烟低悬，一匹马被烧得半焦，躺在那儿惨叫着。陈麦掏出枪走上前去，对着马头开了两枪。马嘴哼哧了几下，打出一个血喷嚏，吐出的血在一旁形成了洼。

一只受伤的警犬在主人怀里呜咽着，另一只耷拉着舌头，懒洋洋地走进笼子吃着奖励的牛肉干。兄弟们打扫战场，抽烟聊着刚才的战斗，称赞着陈队的清醒和狠绝。要不是他一棍子抡倒那个当头的，大家还真吓怕了。那个拿霰弹枪的要下狠手，一鸟枪就把我们轰成蜂窝了……还有，那个谈判专家一颗睾丸被铁砂洞穿了，以后要用一颗蛋干活了……他妈的，这帮家伙也真是的，每家补偿一二十万还不干，这可是咱好几年的工资啊……

陈麦让大家收队，把狗收笼，又问旁边几乎烧秃的小白："开枪的那个家伙怎么样？"

"死了，金城区的兄弟那一棍子只是打破了头，充其量脑震荡，医生说他心脏病犯了，这才是死因。"

死个暴徒是常有的事，更别说间接致死的，这抡棍子的兄弟救了几个同伴，要记功。陈麦让各局分队向市局各部门汇报，得知这件事闷在锅盖里了，遂放了心。他满意地向上厕所回来的牛副市长和朱局汇报。牛副市长照例肯定了他们，同时表示对死者的遗憾，走之前又回头问："抓起来的那些人准备怎么处理？拘留还是劳教？还是劳改？"

陈麦没有说话，朱局也不说话，知道他这是屁话。牛副市长穿了件崭新的米黄色风衣，里面却衬了件起毛球的旧花毛衣，脖子油汪汪地顶着颜色不搭的衬衫领子。这家伙连劳改这说法早就取消了都不知道，定是淫虫上脑，难怪被安排来抓这吃力不讨好的工作。

正在脱防弹衣的小白突然大喊了一声："不许动！干什么的？"

陈麦猛回头，见黑烟密布的马场门口站着一个女人，头发粘成了绺，穿着毛衣，外边却套着件奥运志愿者的旧T恤，上面用红字写着一个巨大的"冤"。她抱着一个孩子，死人一样瞪着他们。陈麦不知她如何躲过兄弟们的清查，被瞪得头皮发炸。

警犬见又有敌人，跃出未关严的笼子扑了过去。这女人并无惧色，她用浓重的口音尖利地喊了句什么，随即按了个什么东西。

"卧倒！"陈麦大喊一声。

巨响，闪光，冲击波，大地像被巨人跺了一脚，一圈人和几匹发愣的马割麦子似的倒了。几辆车的玻璃震得粉碎，防盗报警器响成一片。陈麦撞在车上，又弹倒在地，摔得头晕目眩，脸疼如针刺。再张开眼时，见一朵小蘑菇云在天上散着，像观音浮在半空的莲花座。牛副市长瘫在地上，嘴唇哆嗦，无措地摊开双手，风衣上血点斑斑。朱局也坐在地上，帽子飞出老远，他双手捂着脑袋，嘴角流下带血的唾沫。

马场的木门被炸飞一半，围墙坍成一堆瓦砾，细小的肉块满地都是，烟尘和血雾一起弥漫着，分不清是人血、狗血还是马血。十几个兄弟在地上蠕蠕爬动，口眼歪斜。一个兄弟歪在车里满脸是血，被震碎的玻璃镶满了半边脸。小白的脸比他的名字还白，他慢慢扶起了陈麦，一双手抖个不停。

陈麦晃了晃头，嗡嗡作响，眼睛有点找不到焦点，腰像是被火车撞了一下，又疼又空。地面炸出个半尺深、一米阔的坑，里面有女人的一只鞋，虽然冒着烟，倒还完整。不远处落着包孩子的小棉被，却炸得千疮百孔了。两团棉絮打着旋飞上天空，红白相间，似升似落，像春天河边飞舞的桃花。

被抓的人们呼喊着，在收容车里哭得惊天动地。天突然又暗下来，让这哭声变得阴沉沉的。

陈麦回头看着兄弟们，大家都愣愣地站着，或双腿发抖，或一脸惊厥，或在身上摸来摸去，像七魂走了六魄。

“车上的人说，她是那个开枪者的老婆……”小白摸着出血的耳朵，声音带着颤抖。

陈麦默默叹了口气。阴霾沉沉，风声低回，什么都没变，但这虚妄的世界，又多了几个走投无路的冤魂，他的手上，又多了一道似乎与他无关却又怎么都洗不去的罪恶。他庆幸没有兄弟被这爆炸夺命，他们只是被震傻了，一个月后伤疤长好，也就忘了。

“至少关他们半年，上面我去交代……把这儿收拾干净。”陈麦对小白说，走了一步，还想补充点什么，话到嘴边，忘了。他的背突然疼了起来，像被锥子扎了一下似的。

牛副市长掏出一块白手帕，正皱着眉在风衣上擦那些血迹。陈麦上去告诉他用凉水一洗就掉了。牛副市长用手指捏着血糊糊的手帕，将它丢在地上。陈麦厌恶地离去，那条手帕像扔在他心里一样。

陈麦走向他的车，正要松口气上去，赫然看到车窗上粘着一只碎裂的眼，厉然瞪着要开门的他。他吓得一跳，险些趔趄，冷汗黏黏地浮上了身，像被鬼扑了一样。他不敢去看它，好像它足以摄走他残余的魂魄。他闭着眼拉开车门，上去坐稳了，再闭着眼重重地关上。睁开眼看时，它被震落下去了，但黏黏的痕迹还在。他发动引擎，本能地看了下后视镜，确认后座没有坐着这女人的阴魂。

这日整个下午，那只眼就瞪在他的眼前，让他坐立不安，喝茶都没味道。他想去金刚寺找镶金边的喇嘛，去去这一身戾气。临近傍晚，晚霞开始在远处青山顶上堆积起来。镶金边的喇嘛站在院内等他，不停地摸下巴上的那颗痣。镶金边的喇嘛向陈麦问这问那，最后问他知不知道那女人说了什么。陈麦摇头。镶金边的喇嘛闭上眼，又睁开眼，眼睛眯成了缝。他攒着一脸的高深，一边笑一边点头，然后站了起来，背着手望着天边一朵问号般的晚霞，像要道出陈麦的前世今生一样。

“不急的，将来你会知道的。”镶金边的喇嘛说。

2

通常，两个理由会让他背上的那道刀疤痛起来，一是愤怒，一是高潮。此时，陈麦穿着半旧的黑风衣，僵硬地坐在椅子上，下巴几乎抵住前胸，眼睛阴阴地瞪着桌子对面。半截入土的老大夫惹火了他。这老家伙竟咬定他的腰没什么伤，只是搞女人搞多了，弄得阴虚阳虚肝虚肾虚，最近肯定不举，你这腰杆连马都上不去了吧？男人就怕这个。上周老六刚和他醉着说：去年还见人干人，见鬼干鬼，今年见了再漂亮的都没反应了。老六说罢就咧着嘴哭，像法庭上被宣判死刑的贪污犯。

疼痛隐隐地从背后传来，陈麦活动了下肩膀，攥成拳的手刻意地松开，故作轻松地放在桌面上。一只蚂蚁爬过桌面，它边走边停，晃着古怪的头。他猜着蚂蚁要去的方向，但每一次都猜不对。老大夫还在对他的下半身啰嗦个没完没了，他就怒了起来。蚂蚁并不明白他的愤怒，竟停了下来，用前肢悠然洗起了触角，先是左边，然后右边，然后两支一起洗，磨叽得像要去约会的女人。

窗外的天晦暗而污浊，仿佛大夫黄褐的眼。这屁大的诊所潮湿霉腐，烟味、中药味和消毒水的气味混合起来，闻着像看守所的单间。墙上挂着若干面锦旗，以及老大夫与各色领导的合影和荣誉证书，老家伙俨然是个中西通吃的权威呢。墙上还有面发黄长斑的镜子，角上碎去一块。陈麦镜中的脸变形走样，和发作的癫痫病人似的。他的一只眼袋被放得很大，眼神黯淡模糊。夹在黑发中的白发很是刺眼，像栽进去的假发。他凑近镜子，一根一根地拔掉，然后将它们交给走廊里窜进来的一股贼风，再扭过来，就觉得这张总被人说帅的脸其实已经苍老起来。

大夫一边告诫着他清心寡欲，一边龙飞凤舞地写着药方。陈麦又冷冷地看了他一眼，见他根本没看自己，就继续看那只蚂蚁。蚂蚁臭美完毕，向前兜了个圈，又走回来，像是忘了来时的路。

“公费还是自费？”老家伙舌头跟打了结似的。

护士扭腰进来，将一盆绿萝放在桌上，她身体前倾时屁股撅起来，陈麦从那紧绷的屁股看出了丁字裤的线条，像艾楠常穿的那种。

大夫加重语气又问了一遍，不快地看他。

“公费。”陈麦回答。不知是因为丁字裤还是因为想起了艾楠，反正他那玩意儿立起来了，撑得慌。

“好了，326块，按说明煎服，用药期间别干那事儿。”大夫打发着他，签完字把笔一扔，把处方签推到他眼前，再满意地去拿茶杯。

陈麦裤裆里像立着根千斤顶，就想让下面宽松一点，刚松开皮带，风撩起了处方单。他赶紧伸手去抓，腰部的物什掉下来砸在地上，泛着亮光。那是一把92式9毫米手枪。

“你……是什么单位的？”大夫顿时打起了精神，下垂的眉毛倒立起来，仿佛年轻了十岁。

“市公安局的……”

大夫的脸抽搐起来，双手不安地揉搓着。

“啊，陈警官……警官真是一表人才……我说呢，一看您的样貌，就知道您不是平常人，浓眉大眼，一脸正气……您辛苦了，您可千万别累垮了身体啊，那咱们阳关市的老百姓心里啊……会过意不去的……嗯，那个，安定团结嘛，稳定压倒一片嘛……哦不对，是压倒一切嘛……”老家伙终于端起了茶杯，手颤抖着。杯里却空了，他起身去倒水，还给陈麦倒了一杯。

陈麦哼了一声，慢慢站起。他本来系上裤带要走，见那只蚂蚁大大咧咧地朝自己来了，晃动的触角和老大夫的眉毛一样颤巍巍地挑逗着他。他终忍不住，一掌便拍了下去。桌子、茶杯、花，还有大夫的脸都被拍得跳起来。他吹掉手心的蚂蚁，弯腰拾起枪来，撑着桌子缓慢地站起，警裤硬邦邦凸出一块。他示威般揉了揉那玩意儿，一把拉开枪栓，他手指着裆里，将枪口抵着大夫的头，歪着脖子轻轻地说："爷操你妈，你管这叫不举？"

出了门，陈麦闲淡地叫过正在等他的小白："告诉老赵，把这家青山诊所修理一下。"

"你收拾它干啥？不就几个卖草药的么，也能惹了你？"小白点头却不解。

陈麦淡淡地冷笑了下，砰地关上了车门。

小白回头看那间诊所，见合页门正缓慢地放下，挂出了关门歇业的牌子。

艾楠说，生在冬天的天蝎男人是复杂的。他们像万米深的地窖般阴冷，又火热如远古的太阳，要么让人寒冷彻骨，要么将人烧成灰烬。他们敢爱敢恨，既热爱生命，又藐视死亡。他们在爱情上可以一毛不拔，却又能为了爱奉献生命。你永远不要尝试去嘲笑或者算计一个这样的蝎子，当然，更别轻率地去伤害他，你会发现那将是你噩梦的开始。你给他一刀，他会给你一枪，你给他一枪，他会给你一场战争——尤其是他这种火星在白羊的变态天蝎。

他不相信星座这玩意儿，正如他不相信风水和宗教，不相信马克思信奉共产主义。生活中常有想勾引他的女人和他聊起星座，他往往故作认真地点头回应，心里却认为这不过是都市男女之间的暧昧玩意儿而已，听着解闷，不可当真。

和艾楠在一起，陈麦话就会多起来。她总听得认真，往往边听边微笑着吻他。她说你碰的女人越多，就越需要真正的爱情，否则你不用等到精尽人亡，就会抑郁而死。陈麦曾问你为什么不会爱上我？那天的艾楠像只粘腻的猫，一骨碌翻身压住他，俏皮而带点挑衅地说："爱上你就没意思了！你虽然热烈，却太极端，我是珍爱生命的狮子，只能远离阴暗的天蝎。"

艾楠有个在市政府上班的男友。每当陈麦问起她为何不嫁，艾楠就闪烁其词。陈麦便会笑着摸她的头顶，故意弄乱她的长发，遮住她闪躲的脸，让她像个可爱的孩子。

爱情没有来生
来生没有黎明
来生的我将生于海岸
来生的我将告别坟茔
来生的我将身体和悔恨留给大地
来生的我望不到背后灿烂的光明

爱情没有来生
来生没有黎明
来生的我对着黑暗的原野微笑
来生的我追逐着高飞的雄鹰
来生的我想不起你我流放在月光之下的爱情
来生的我听不到长调里婉转的琴声

爱情没有来生
来生没有黎明

我只是等着你

将今生的眼泪、月光和长发

寄给我忘记忏悔的那个黎明

饭桌上，艾楠背出了这首他写的《黎明》，声音像红酒的味道。见他脸红了，她问这诗是写给谁的？一个人见人怕的警官，心竟如此柔软？他笑，摇头，说也许是写给一个可能会伤害我的女人吧，比如你。

她不算漂亮，但很会装扮；不算有才华，但很聪明。她总能够在不经意中释放性感的味道。她纤细的手拿起刀叉，小心翼翼地切着牛排。发梢随之摆动，悬在她微笑的腮旁。二人细声聊着，话题略带暧昧。他说她的手很性感，她就眨着眼睛对他张开五指，将漂亮的手背对着他，问他是否喜欢她今天染的蓝色指甲。钢琴师弹着优雅的曲子，不时友好地看向他们。

陈麦悄悄看表，提议饭后再去兜兜风，艾楠便用餐巾擦了擦嘴。他立刻买了单，开车东拉西转，想去洗浴中心，有点太直接，想去电影院，又觉得不甘心。

艾楠不拒不应，眼睛亮闪闪地看着前方。陈麦觉得这事已成探囊取物，但就是不敢伸出手去，似乎那里藏着一副冰冷的铁夹。越犹豫便越尴尬，眼看没了扯淡的话题，要被迫各奔东西，艾楠终于别过头来看他，眼热如火，在月光里向他倾过了嘴唇。

艾楠像只火热的小猫，一闭眼喉咙就发出好听的呜咽。他的手刚抚摸到她的腰腹，艾楠便绷直了身体，像要装死的毛毛虫。除去她的衣衫像带着默契的预谋，他动作麻利地除去它们，像摘去果实上新鲜的叶子。她一切都小，和条小贪吃蛇一样，舌尖火光闪耀，腰肢温软如棉。他还要解决自己，红着脸脱去警服，像一条老蛇褪掉冬天的皮。

艾楠抱着肩膀微笑着，懒懒地靠在一边等他看他，一只手随意地搭在他的大腿上。她的身体在路灯下玲珑剔透。她的美感染着他，撩动着他，让他霸道如求欢的犀牛。艾楠肆无忌惮的高潮穿过车窗，顺风飘到桥下的河面，那里波光粼粼，它顺流而下，蜿蜒去了草原……

“你是天蝎座的，对吗？”艾楠周身泛着异样的香甜，抚摸着他喘息的身体。

3

陈麦二十一岁生日那晚，法大汇园5402宿舍的兄弟们酒中谈性，黑了灯仍意犹未尽。六个人都认为自己星座的性功能最强，玩意儿最大，谁也不服谁，最后索性都钻出被窝，点灯拔蜡，掏出家伙来比个大小。

老四是白羊座，人小鸡巴大，那玩意儿还没起来，撅在半空已经像根驴物。摩羯座的老六不认输，说海参得发起来称斤两，软塌塌的不算。于是大家纷纷用各自惯用的方法催情。水瓶座的老二掏出枕头下的《中国革命思想史》，革命封壳里包着的是五号楼的顶级淫书《一棍走天涯》；老大是狮子座，那玩意儿却像花猫一般寸短，他翻开一本脏兮兮的地摊刊物，竟开始大声朗读。众人淫招频出，不一会儿都进入临战状态。老六却叼着烟屁松软无力，连裤衩都不想脱。

“瞧瞧，说你们嫩吧，还不承认，这么几句小儿科的料，就把你们逗成这样。”老六装老手，不屑地摇头。

老三陈麦嘿嘿一笑：“老六，要不要帮你把田晓玲弄过来？”虽是这么说，提到这个名字时他却硬了起来，而想到辛兰时却无反应。爱和性有时是两码事，处女座的老五常这么说。

老五潇洒地叼着烟，说长度不是唯一标准，子弹和炮弹都讲究口径，老二那个是长条细黄瓜，老四是短粗圆萝卜，老大那个是圆月弯刀，我这个中间粗来两头细，这怎么比呢？

老大于是总结：法的首要精神是公平和正义，分实质正义和程序正义，咱江校长说程序正义比实质正义还要重要，咱应该把自然状态的指数和临战状态的长度、周长加在一起，再取一个平均值，这才公平。

老六忍不住笑了：“你们这些雏啊，能直起来就牛逼了？那要看……那什么举而坚、坚而久，久而不泄，你们懂么？”

老六俨然老手，他这么一说，大家都哑了口。

“长得长有啥用啊？我都二十一了，还不知娘们啥滋味哩……”良久，老四的声音从被窝里传来，闷闷的。

“其实啊，我只想认认真真地谈谈恋爱……”陈麦斜靠在床边，带着梦意。

拖鞋、书本和臭袜子纷纷砸向这个据说早已破身的老流氓，但那天的陈麦说的却是真话。情人挂了免战牌，情敌卸了金刚甲，他一时心里长草，屁股生疮。他一边向往真爱，一边想赶紧拽几个上床，按老四的话说，宁可错日一千再不放过一个。

“老五，你的《日瓦戈医生》看完了吗？”老二怯怯地说。他和老五一样喜欢看书，但他还喜欢写，虽然写的没人看。《日瓦戈医生》前几年还是禁书，图书馆也只有一本，被手快的老五先借到了。

“快看完了，书上有很多师兄、师叔和师爷的批注，我正在看这些批注呢。”老五的床上火光一闪，打火机的齿轮磨出火花，一个小火苗跳起来。老五是个了不起的人，面容惊奇，智力过人，脑门大得像寿星，一言一词皆学问。老五经历也颇坎坷，开过胸，接过腿，修过腰子，得过乙肝，是留了一级的麻烦生，白活一年后，人憎鬼厌谁都不待见，就这么被塞到91级新生的5402。老五热爱哲学，也热爱毛片，他借来的尼采或是萨特或是叔本华的书里，时常夹着不知哪里弄来的美女裸照。夜深人静，他往往点根蜡烛，看一会《存在与虚无》，再看两眼《龙虎豹》，眼睛一眨一眨的，那颗大脑袋里不知在想什么。

“批注？都是什么人呢？”老二凑上前去。

“有几个我还听说过，有个学刑法的师叔写了很多，很不错。我查了下，他在文革的时候被整死了。”

老四从被窝里伸出头来，眯着眼到处找烟，没有，陈麦扔给他一根。“我姥爷以前是检察官，被一帮造反派拉到山沟里毙了。妈的，罪名是起诉无产阶级……”

老四的话让大家沉默起来，黑暗嗡嗡作响。陈麦回过头，老四吐出的烟雾顺着烛火上升，消失在满是蚊子尸体的天花板。

“老二你悠着点，你写的东西弄不好成反革命罪了。”陈麦又扔了一根烟给老二，大家都点起了烟。

“都什么时代了，老头在南海都画圈儿了，回不去啦！”老二不以为然。

“但愿吧，帕斯捷尔纳克当年也这么想。睡觉吧，明年就毕业了，过得可真他妈快呢。”老五拧灭了烟头。“咱还是谈谈女人吧，别跑题。”老五打开了收音机，声音由远及近，陆凌涛的《老式汽车》慢慢开来，播着齐秦的《空白》。歌在黑夜里轻轻飘着，令不散的烟雾显出美感。没人再接话茬，他们都睁着眼各有所思。

陈麦倚着窗又点起一支烟，吐了一口烟，心就空白起来。军都山上弦月正好，月光柔柔地笼着校园，撩着他黯然的心。他又想起了离去的老梅。

五年像一把钝刀，连皮带肉地切裂着他的青春，刀锋闪过，青春在生疼中碎裂满地，像春天落在大地的眼泪。他少年的爱情像春风肆虐下的野草一样，曾漫山遍野地疯长，他梦想着这爱可以碧草连天，接天纳地，生机勃勃地伸向远方。但天火从天而降，原野烧成了灰烬，枯裂如饥渴的嘴唇，一切瞬间便成荒芜。他在窒息中考上这所大学，满以为从此走进了万千气象的未来……可大学像养不出孩子的子宫，理想的胚胎种下，却不能孕育成长，大四未至却流产在即。大学又像一艘情欲交织的贼船，上得去，下不来，彼岸虽然在望，却发现那希望的灯塔不过是虚幻的海市蜃楼。来这荒郊野岭的昌平新校报到时，尽管失望，他仍被它打动，他梦想在这庄严的大门之内收获理想，更在它苍郁的梧桐下收获爱情，而这爱情一开始便长错了模样，那苦涩的果实还未成熟便已坠落，在第一个秋天里就化作尘土……

“陈麦，毕业后你想做什么？”老二似乎谈兴未尽。

“还没想好呢。”他随口答道，又别开脸去看月亮，可它钻进了云里，于是他想说出真话，等回过头来，老二已经钻进了被窝，连头都蒙住地睡了。

“其实，我想做个警察……”陈麦喃喃地说。

4

最近陈麦失眠太甚，吃什么药都没用，累极了又一睡不起，什么闹钟都吵不醒，睡得沉了，他就会梦到那片草原。

虽然无数次在梦里回到这里，他仍有初涉的紧张，像第一次爬上父亲的肩，像第一次吻她的脸，像第一次用枪结束一个生命。草原在梦里更加碧绿，微风也带了绿色，吹得他软软的。那里没有讨厌的蚊子，没有毒烈的太阳和恐怖的乌云，即便下雨，天地也是亲切的，就像站在河边那棵大树下的背影。

而他不知道那背影是谁，是老梅还是辛兰？是马璐还是艾楠？也许谁也不是，她从不回头是因为她不能回头，她一回头这世界就会土崩瓦解，变得和现实中一样了。

镶金边的喇嘛说他心思太重，针尖大的事都放不下。老婆马璐却说他没心没肺，八级地震也震不醒。他每天爬起来都皱着眉，每天躺下去都黑着脸，出门就像去刑场，回家就像回牢房。艾楠说他就是典型的天蝎男人，只能经历着非爱即恨的感情，徘徊在非此即彼的路口，抛着或生或死的硬币，走在冰火对立的人生。这段日子，他既怕睡不着，又怕睡不醒，更怕不知是睡是醒——确切点说，嗯，他其实也不知这到底是他妈的怎么回事。

今天，他又流着眼泪醒来。

一睁眼他就拼命喘着，胸口像坐了个胖子。他在梦里的草原上狂奔了一晚，追着那个穿着花裙的背影，就这样追到天明。他早已习惯这样醒来。低咳了一下，他抓起枕巾擦了擦脸。老婆打着呼噜，像动画片里的猪宝贝。他尽量压低声音吸了吸鼻子，呼吸才顺畅起来。欠起身体，他靠在软绵绵的靠背上，想回忆一下刚才的梦，但脑里竟一片空白了。梦里的幸福，终归是隔着棉被挠不着的痒。

春天的早晨总是亮一些，窗已经蓝得通透，但屋里还是太黑，他仍看不清挂钟的指针。窗帘遮遮掩掩地动着，显然有扇窗没关好。又过了一会，也许是心里渐渐亮了，屋里的一切才尽收眼底。手机闹钟不识趣地响了起来，他赶忙捉过来按了。老婆笨拙地翻了个身，他怕她醒来打破自己的宁静，就屏住呼吸不动；但她真的不动了，他又觉得有些自私，就轻轻探身过去，在她的脸颊上轻轻吻了下。

嘴里腥臭难闻，舌头像根脱水的辽参。他缓慢地下了床，去卫生间解手，澄黄的尿射进马桶，带着羊肉的味道，唉，男人一奔四十，怎么撒尿都是臭的？腰上的酸痛袭来，让他本已舒展的眉头又拧起来。手机狂震，闪着诡异的蓝光。他忙振作精神，一溜小跑窜到阳台上接听。冰凉的风钻进他睡衣的缝隙。这么早打来电话，如不是骗子，就八成是个女人，要么是她，要么是她，要么是她，要么是……她叫什么来着？电话接了，却是小白，告诉他十点到省厅开会，纪念几个死在爪哇地震的省厅官员。他看了看表，才六点半，这笨蛋发个短信会死么？

反正清醒了，他就去阳台上活动腿脚，看看这城市爽朗的早晨。昨夜风声入耳，地上想必落满了斑斓的迎春花瓣，它们在变作尘泥之前，会随着人的脚步起舞。可地上一片花瓣都无，那几个该死的保洁员竟将它们勤劳地扫去了。他厌恶地骂了句，扭了几下腰，仍空落落地疼，真像少了个腰子似的，许是真的冤枉了那个老大夫呢。年华将逝，雄风不再，老六已经不行了，你陈麦还能硬挺多久呢？

去年大寒那天，外边冷得像世界末日，他和老六光着膀子在包房里喝酒。老六哭了，陈麦也哼哼唧唧地哭。二人哭得动容，泣得真切，鼻涕眼泪和酒把沙发弄得狼藉不堪。见客户在自相残杀，两个小姐就放松了紧绷的脸蛋和身材，叽喳议论着这两个傻男人。他俩罗着锅子搭着肩膀，像断背的情侣，哭诉着小姐们听不懂的往事和心事。他们哭笑打闹，最后竟喘不过气来，头顶着头拼命呼吸，像两条陷入泥沼的胖头鱼。可是，等天亮了，酒醒了，洗漱干净，用梳子捯饬捯饬，他们就又像那么回事儿了。他穿上制服，照样是英武的人民警官；老六穿上西装，依旧是成功的商业精英。他们潇洒地给小姐扔下不菲的小费，笑着走出门口，昂首挺胸地回到另一个世界。

我站在远方
眺望自己
他蒙着双眼奔向死亡
你的麦田拔地而起
蓝天里刺满金黄的欲望
你的故事是风中的眼泪
他的嘶喊是痛苦的麦芒
夜晚的弦月无坚不摧
星辰比泪水还要沉重
落在传说里白马的故乡

未来是你的马缰
麦芒是你的衣裳
他挥着你带血的衣裳

忍着痛迎风呐喊
手执生锈的铁链
热泪成行

那热泪在夜里
流成了冰河
千年的河岸
青草忧伤地生长
可那盏无知的月
在远古的大地升起
在白马和星辰放声哭泣的夜晚
将你我相爱的世界
劈成了土地和海洋

陈麦放下笔，丧气地靠进皮沙发，抓起纸来想揉了它，突闻脚步声走来，忙把这页诗塞到抽屉里。他穿上皮鞋，轻咳一声，将桌上的文件翻来翻去。门开了，却是清洁工。她面无表情地倒了根本没东西的垃圾桶就出去了，像是刻意来清扫他的情绪一样。陈麦恼火地扔下笔，这番掩盖用错了人，他苦笑一下拿起电话。

陈麦告诉小白，说省厅的会不去，就说我在执行任务。小白应了一声，却说不去不好吧？陈麦想了想就派了一个副队长去，吩咐他别乱说话，也别睡着了。

看了看表，午饭时间还没到。陈麦从抽屉里掏出本书翻起来，是纳博科夫的《洛丽塔》。他不喜欢这本书，却总能看下去，他厌恶亨伯特这个恋童癖，却欣赏亨伯特对爱的简单执着。他隐约觉得自己有天会像亨伯特一样有个倾诉的机会，对着一对倾听的耳朵，一支将尽的蜡烛，或是一面斑驳的墙，说出他的一生的爱情。

陈麦自幼爱书，他舅舅曾说他有文气，长大后会是个作家或者诗人。老五曾说他最好去做个流浪诗人，年轻时骗骗姑娘，老了后骗骗读者；但你没准会成个流浪汉，在这个国家写诗，连烟钱都挣不出来，而且也没人看，除非你像海子一样去卧轨。

当了市局治安队长，官场倾轧，声色犬马，笔端已是锈了，就像一个掌握了所有花活的男人，竟弄不出久违的高潮。艾楠像一粒药效持久的伟哥，燃起了他创作的欲望，令他又拿起了写诗的笔。艾楠说一个邪恶的人不会如此温柔地吻我，一个麻木的人也写不出这么动情的诗，你外表强悍犀利，内心却敏感柔软，这是一种美好的精神分裂。

也许那一天，他开始真正地喜欢这个狮子座的女人。

人贵自知，他深知这情怀在这世间的可笑。你若和周围的人说写诗，无异于宣告你是神经病。有了解点底细的人在饭桌上提他其实是个带枪的诗人，他必骂回："狗屁，你丫全家都是诗人！"

小白一直帮他保守着这秘密，因一次他把一首诗用短信发给艾楠，却不留神错发给了小白。小白大惊失色，后半夜打来电话问出了什么事。陈麦红着脸解释半天，最后承认这诗是他写的。

他和艾楠的相识就是因为一首发表的诗，他并不满意，但它显然感动了艾楠。艾楠帮他改了几句，诗竟亮了几分。艾楠向这笔名为"废枪"的作者约稿。见面之后，约稿就成了约会和搞，这一搞就是两年。

局里上报省厅，给治安支队全体和各大队记了嘉奖，受伤的几个弟兄只记了个人二等功。陈麦火冒三丈，人都废了，给什么二等功？被汽车撞飞的兄弟高位截瘫，拉屎撒尿都要有人帮忙，救自焚者的兄弟一张脸烧成了包公，女朋友眼见着就吹了。这帮孙子，你们裤裆里的东西天天都立一等功，却只给因公致残后半辈子毁了的兄弟记二等功？

半个月过后，这件事平息了下去。领导们安抚干警，当官的安抚百姓，没闹事的都补偿到了等量钱财。闹事的先驱先烈很快变成人们的谈资，马场事件很快烟消云散。有人就说，其实不用这么激烈的，你看政府不也给咱们安置了吗？和咱无产阶级政府作对，斗争只是手段，可不是目的。

照往年，阳关市春凉已过，街上的年轻人早知冷暖，已迫不及待地换了短衣。可今年走了邪，西边不来风，南边不来雨，春寒里倒来了一片饥饿的蝗虫，它们往往秋后才来呢。蝗虫像从天而落的海啸，一夜便摧毁草原。政府说已经得到有效控制，传言说蝗虫已经咬死了蒙古包里瘫痪的老人。春寒和蝗虫刺激着人们的神经，喝酒吃肉，吹牛放屁，甚至谈情说爱，都没了心情。

灭蝗大军浩浩荡荡开向不远的草原，公安系统也加入其中，挥打得天昏地暗。夜晚，陈麦和兄弟们围着篝火，喝着蒙古烧，烤着肥蚂蚱，看着学生们活泼的舞蹈，继而叹着气说，草料都被它们吃光，这冬天的牛羊肉可就又得涨价了。

局里召开全市各分局及直属单位月度工作会议。开会之前，各支队的头儿饶有兴致地说着扫蝗的奇闻异事，但严肃的文局一进来，众人便收了笑容，审犯人那样正襟危坐了。大家清咳着嗓子，打开各自的笔记本。文局照例环视四周，像要找一个案犯似的。他用浑厚的后山口音说了开场白，简要地对各部门这个月的工作予以肯定。大家抿着嘴唇，眼皮耷拉，知道前面的都是废话，后面才是重点。

陈麦听得昏昏欲睡，脑子里乱七八糟。那天在云铁山家胡的那把一条龙到底算对没有？总觉得他老婆少给了八百，自己明明是庄家多着一番呢？钱是小事，又被这东北娘们算计，很是窝火。火车站边新开的那家桑拿中心什么来路？给自己明目张胆地上贡，还有点抠门，一张金卡才存两万消费？上小学的儿子又惹事了，一脚把同学的小鸡鸡踹成大萝卜了，弄不好断子绝孙了，怎么才能搞定他那不依不饶的开出租的老爸呢？听说云铁山天天往政法委刘书记和省厅领导家里跑，这小子管刑侦，总和下三滥打交道，哪来那么多油水？摆出架势要和自己争这个副局长啊？想得美！治安维稳是局里最重要的工作，还能让天天和女尸打交道的云铁山骑到脖子上去？嗯，还有，上次投到杂志社的那首诗被北京一个杂志转载了，他们主编邀请自己去开个诗歌研讨会，去不去呢？那些诗人可都缺心眼儿，一个个神经兮兮的，掺乎这事，别传回单位有什么负面影响；还有他那个越老越缺心眼的老妈，非要拼命写儿歌，把三字经写成了儿歌大白话，写得比圣经都厚，老催着他找出版商，说这是一本旷世奇书，前无古人……

一条短信震了他的裤兜。老四说他和老二已经来阳关市一周，忙于诸事，今天好歹空了，想今晚拉着老同学们喝上一桌，体验一下地道的草原风情。

文局说一个部门就拍一次桌子，把各个队长训得小脸煞白，尤其是云铁山的刑侦。

“……你们攒那么多案子不破，想下崽吗？积案这么多，阳关频出大案，罪犯就是看你们刑侦没用才遍地开花。没事琢磨琢磨那个连环杀人案怎么突破，你们少打两圈麻将不行吗？一副牌九种胡法你都能打出来，却连个光天化日下的强奸案都破不了？有录像，有人证，罪犯还没带套，证据搜集得那么全活，就抓不住这个采花贼？”

“交警支队怎么回事？一个兄弟被撞残，一个兄弟被一刀捅了，这个月又伤亡两人，你们就没点安全意识？禁毒支队的马队长呢？怎么还在凉城晃悠？老说有大鱼有大鱼，两个月过去连个虾都没捞着！连全体会也不回来开？不开也罢了，连个招呼也不打？不是那边又养了二奶，乐不思蜀了吧？”

禁毒支队副队长任大江当即打断了文局的话，说马队长今天带着兄弟们在凉城行动。马队长一心为工作，在一线日夜操劳，病倒了都不回来，领导却说他有二奶，这话听着寒心！任大江他爹是文局的老领导，原省厅第一副厅长，他爷爷则是阳关市第二任政法委书记。任大江虽是副队长，却和陈麦一样是正处级。全局上下，也就这个红三代不尿文局。此人长得脸方鼻阔，身材魁梧，说话时喜欢潇洒地吸溜鼻子。听说他家是希望他大学毕业后从商的，早早地为他铺好了路，谁也料不到他要干这警察的营生，还不惜跟全家人翻脸。他行事磊落，说话从不忽悠，对待工作极其认真，从区分局升到市局来屡破大案。兄弟们都喜欢他，但女人们似乎不待见他，三十六七的人了，离了两次婚，至今单身，原因不明。

文局眼皮垂了一下，又扬了一下，歪着头把撸起的袖子放了下来。这个曾威震阳关的刑警队长从不认错，他有着阳关警界无人能敌的辉煌业绩。他抓过的歹徒和罪犯能编一个连，有过两次一等功，他甚至获过公安部的嘉奖，阳关市从没人敢在他身上打主意，局里也罕有人敢挑战他的权威。

文局又开始说治安："陈麦！你们别只顾着走串夜总会，那些社会不安定因素也要盯住了！最近出警好像也慢了，群众反映110成了110路公共汽车，有个小白脸在商场厕所里被两个人把菊花爆了，报了警半个小时你们的人都没到，有警必出成了句空话。还有，你们抓人的时候别太过火，十几个人把一个人按在地上，用得着吗？被人拍下视频传上网络，满画面都是你们的肥屁股……"

陈麦听着头疼，也不想争辩。治安工作干的是不要命的活，挨的是没人性的骂，要么是顶天立地的英雄，要么是暴力执法的人渣，谁干谁知道。哪一次去处理公众事件，或是围捕持刀持枪的罪犯，大家上去的时候不是抢着玩命？这和贪不贪根本没关系。

做个警察不难，做个好警察很难。兢兢业业干了些年后，陈麦发现，那些本地专科的都要成他领导了，这很不妙，原因简单。他咬牙向小约翰借了五万块钱，放在一条抽掉了瓤的中华烟里，大年初三便上了门。文副局长满面春风，陈麦紧张得像在秦始皇面前图穷匕见的荆轲。文局轻飘飘地接过烟放在桌子上，握着他的手说早就想和你谈一谈，你的工作很有成绩，法大的高材生水平就是不一样啊。

从那以后，陈麦开始需要钱。你可以不贪，但是不能不送，送就得放开手脚。久之，这事和搞女人一样也成了瘾，一个月不收点儿放点儿就坐立不安。好在细水长流，且逢年过节是重头戏，来的人不带十个八个的，他们连门都不好意思进呢。

陈麦拉着脸蜷起身子，悄悄摆弄起手机来。他先给大龙发了短信，在“幸运星座”定了一间大包，说晚上要带几个朋友过来，安排一下。大龙很快回信：收到。

文局最后说起世博会期间的维稳工作，强调着上面的精神，各看守所已经打扫得干干净净，谁敢乱吵乱闹，统统抓进去。

陈麦眼前又出现了那只碎裂的眼，但这次没有再感到恐惧。艾楠的短信不失时机地钻进来，让他赶紧写一首诗发过来，她要参加单位的诗歌比赛，冠军奖一个iPad。陈麦微微一笑，艾楠美丽的双眼浮在眼前，他对她的想念也浮上脑海。他只闭目想了一会，就编起短信来……

令我失眠的猜想
仍是黑夜的颜色
忧伤冲破月夜
春风潜伏在水
在柔软如思念的池塘里酝酿孤独
一朵早开的夏花
令匆忙的脚步惭愧
心外是天
比梦里的深海更蓝
而每一片云都已苏醒
在夜里随你去了草原
明天没有太阳

只有我的叹息

它已经在一个关于永别的传说里

献给不死的长生天

写完这首诗，他又看了两遍，改了几个字就发送了。艾楠立刻回复了一个嘴唇，像她平时那样鲜红。

5

老四是苗疆土著后裔，他爷爷那辈儿还穿皮裙举梭镖。据说老四是个不足七月的早产儿，他能长大成人已让他爹妈觉得烧了高香。这个略带驼背的家伙喜欢背着手在校园里独自溜达，他说这是孤独者在静思，却被人嘲笑说是神经病在发作。老四的梦想是做个好律师，从大一就这样要求自己。他常语出惊人，问题少见又多怪。他一站起来，全场就尿紧。老四曾说王利明的《民法新论》有不少论述是抄他的，还洋洋洒洒写了万言书四处投稿告状，皆被退回。某著名刊物编辑特过分，退稿意见只有三个字：神经病！谁也不曾料想，这早产的神经病毕业后却混出了名堂，做律师屡办大案，声名鹊起，眼瞅着脑子不缺弦兜里不缺钱了，令那些曾鄙视他的同学们眼热不已。

老二是个美男子，但如今要分角度看，正面看像小沈阳，侧面看像梁家辉。他还是个文学青年，有一笔不俗的文字，随手写那么几段，竟也迷倒不少女人。这侧面美男文青写字文绉绉的，口头禅不是“这鸡巴不行”就是“那鸡巴不行”……但他的鸡巴显然是行的。最近他升了教授，又写了新小说，更是满校祸害，据说又搞大了一个学生的肚子，消息都传到了陈麦耳朵里。抛却这些，老二才思敏捷，学富五车，讲课时往往勾兑一些幽默的黄段子进去，把枯燥的法学课讲得呼风唤雨，笑声绕梁，颇有民国文士之风。

去年老二又写完一部长篇小说，他说是一部纯文学作品，写了五年有余，却还没想好书名。他写了一个流氓诗人在现实生活里的迷茫，写了诗人在职业和理想之间的矛盾和挣扎。老二说这诗人的原型就是陈麦。陈麦内心很是触动，但他断定这书卖不好，文笔再好也没用，这年头谁看这个？机场的书店都在卖官场小说，要么就是情色小说和穿越、盗墓之类的YY小说。

陈麦又给老六发了短信，约他晚上同来喝酒。老六很快回复：甚好，他俩自投罗网，让丫有来无回。

老六在宿舍排行老六，在他家也排行老六，考某部委的公务员，取前五名，他还是老六，从此便和这个六字结了仇。老六个子低微，眼小嘴细，活像美国片里的越共，一双小眼看谁都像流氓。老六人小鬼大，校园里只有他看不上的，没有他不敢追的。在田晓玲和他玩了一出捉放曹后，老六再无底线，在法大东征西讨，收集恐龙，像个侏罗纪的游牧猎人，在校期间射出的炮弹没准已能解放台湾。

情场走背字，老六却是个生意天才。他十块钱买来黑白明星挂历，用刀裁成张贴画，卖五元一张，一本就赚五倍，还有销售代理，还给人回扣。毕业后他有些没调，卖过假药，当过导游，开发过大森林，整治过大沙漠，最后走投无路，跑到阳关市扎下了根。他注册了“牛根”商标，生产各类男女性具。陈麦帮他罩着生意。老六是个营销下三路的奇才，尺度精准，口号响亮，几招漂亮的组合拳打出，只一年就将产品在全国渠道铺开了。

老四什么东西？不过流氓讼棍；

老二什么玩意儿？无非禽兽书生。

老六时常这样说，还要带上不屑状。什么法治理想、文学梦想、报国情怀，在他这里都成了一坨屎。陈麦被他说得脑子里都起了角质层，就给他的这副名对子来了个横批：唯我牛根！

"这年头，这时代，都别玩虚的，别管是做学问的还是经商的，是当官的还是唱戏的，都只为两件事在混：钱和女人。其他的都扯淡……"老六那天捐了两个希望小学，顺手把一个山里的黄花姑娘带回阳关开了苞。

揣起手机，他松懒地抬起眼皮。颠三倒四的彭局接了话，揪着巡警支队的副队长老孙上树救猫因而获得老大娘及物业公司锦旗表扬一事，上纲上线没完没了。老孙被说得难过，一脸难堪，四十多的人了，还上蹿下跳干这事，传出去怕是丢人，传到老婆耳朵里还要吃骂。

干了二十年熬成个副处级副队长，老孙见了歹徒仍然哆嗦，人前一套人后一套，领导面前却什么套都没有。他淡淡地咳嗽了两下，满脸的皱纹扯动起来。陈麦想着他一边咳嗽一边爬树的样子，竟有些淡淡的可怜，这丝同情抹掉了厌恶，对一个混日子等退休的老警察，不要过分苛责，自己不也要马上老去吗？

不知从何时起，他总会在半夜醒来一两次，且无尿可撒。中医说是盗汗，西医说是焦虑，儿子说他是半夜起来准备鸡叫，老婆说他睡不踏实心里有鬼，镶金边的喇嘛说他上辈子就是个采花贼，晚上更来精神。久而久之，这夜半醒来竟成习惯，喝口水抽根烟，总要消磨个个把钟头才睡得着。他常静静地打量这容纳着他的生活的家。黑暗里，它显出白天没有的苍白、冰冷和陌生。

家里有熟悉而厌烦的味道，过道有盏忽明忽暗的灯，房顶有一块怎么刷都会再度出现的污渍，阳台窗沿上有只总也老不死的猫喜欢瞪他，厕所里有个冲水像打雷的怪异马桶，老婆有个铃声嚣张的手机，儿子有张永远不苟言笑的脸，电视里放着永远和谐的《新闻联播》……

对门儿男人是个卖保健品的，每天起早贪黑，挂着袜子样的领带，见面就夸张地笑，开门关门铛铛作响。一回家他就会大呼小叫，亲了老婆亲儿子，一家三口在屋里又蹦又跳卡拉OK。半夜还不消停，在床上弄得惊天动地。陈麦开始还听得身上发热，后来就味同嚼蜡，再后来，淫声一起，他就恨不得拎着枪踹过门去，击毙这对精力充沛的狗男女。

有时梦里，他还是在老房顶上那个叼着半截烟的少年。他穿着皱巴巴的大花裤衩，蹬着破了脚指头的回力球鞋，一边潇洒地吞云吐雾，一边轻蔑地俯瞰着房檐下的人间烟火。岁月将回忆抛在脑后，催老所有的容颜。夜半无人，他常有庄周梦蝶的恍惚，像是还活在单纯的昨天。

那一晚，春风被夜幕赶走，他在空荡的客厅里闭上眼，听见自己轻轻叹了口气。

老梅?

是的，想起了她，浑身就热起来，像在黑暗里坐在篝火旁边。老梅身着她最美的花裙，俊俏的身影在他黑白的记忆里如风飘过。

老五曾发高论：哲学意义上的爱情，无非是一个男人和一个女人因生理上的需要想象出感情的需要，是精神的偶然和身体的必然构成的一对你中有我我中有你的矛盾。那一天，老五刚把法大的校花师姐拉上了他的破单人床，据说一夜完成了五次这样的矛盾。陈麦指着脸色焦黄的老五说："凭什么你就是矛盾，我就是肉欲？你的鸡巴就是矛盾的介质，我的鸡巴就是流氓的触角？"

文局雷鸣般的咳嗽把陈麦唤醒。孟局开始讲新一轮严打工作的范围和要求。孟局是个公认的业务窝囊废，却是个拍马屁的大师，干政工能干到副局长，掌力不够是拍不上来的。听孟局说着重点，陈麦心中暗喜。看看刑侦的云铁山，这家伙面无表情，眼里发亮。其他队长大多苦着脸，严打这事，他们除了受累，并无油水可捞。

曹政委插进来补充，强调大家要恪守天职，做为人民伸张正义的好警察。他一边说一边环视着会议室里的每一个人，像在公交车里找作案的扒手。

谁能算好警察？陈麦略一皱眉。文局虽然传奇，业务强悍，却贪财好色，从当了副局长时就放开了手脚。孟局很少伸手，但一伸手就敢漫天要价，不过是个老好人，好事不干，坏事也做得少。闷骚的朱局算一个，这人当兵出身，既不乱来，也不拍马屁，因此就要退休了还是个副局长。曹政委是个菩萨，眼大胆大，他老婆做着海鲜酒楼，家里不缺钱，倒也不作恶，每天说着正确的废话，不做坏事，也没见他做什么好事，全局上下都不太待见他。彭局是个下三滥，好色在全局当属第一，更是个糊涂虫，马屁拍到马脚也就罢了，他经常拍到马屌上去。本来要调金城分局做一把手的，他对政法委刘书记用金文写的“廉洁奉公”四个大字说：“领导写得真好，比康生写得还好。”刘书记的爹就死在康生手里。把当地著名书法家康庄说成康生的彭局就此走了背字，开始天天闯荡夜总会和桑拿。

再看各个队长，工作上个个都不是吃素的。公安系统和别的行政机构不同，没本事的干不了中层。刑侦支队长云铁山面似温和，实则城府颇深、心狠手辣，连他妈都能赶出门去。这人天下没几个朋友，但让人觉得朋友遍天下。巡警支队长老赵不言不语，每次出警成捆成串地抓人。他下面的特警队最喜欢夜里干活，装备全活得跟美军似的。但上周副队长老孙带队进错了门，把人家正嘿咻的一对新人按在了床上。新娘要索赔，说他们把新郎吓阳痿了，吃药都不管用了。交警支队的范队长最鸡贼，让人贴条子都恨不得贴到市长车上去，任何交通事故都要把双方车辆查个遍，揪出一切能罚钱的理由。经侦支队许队长饭量最大，却是队长里最瘦的一个，也不知那些燕鲍翅都吃到哪里去了。这些支队长胆魄大，手又黑，就连网管支队的黄进都天天吃香喝辣，收的不比他陈麦少。

孟局渴了，端起大茶缸子痛饮，又放下，开始说石场桥派出所照顾街道孤寡老人无私奉献一事。众队长们咬牙放屁吧唧嘴，以示抗议，纷纷拿起茶杯来喝，茶水流进不同粗细的喉咙，发出串串奇怪的声响。陈麦也伸手去拿茶杯，发现空了，不免为未能凑上这一热闹而懊恼。他忙离位到饮水机打水，转动间椅子嘎嘎作响。

突然被陈麦打断思路，孟局仿佛自己在演出时有人打着电话离场。他脸色一暗，皱着眉头，手指轻轻叩击桌面。陈麦忙举起杯子赔笑脸，心里却暗骂这长痔疮的老家伙。

小白深陷在椅子里，双手摆弄着手机。这双手一拨弄起吉他，就时常被兄弟们嘲笑。他刚考完司法考试，正缠着女友Daisy兑现承诺，赶紧和他上床。小白弹吉他弹来了漂亮的Daisy，可Daisy却逼着他去考律师，因为吉他那破玩意儿当不了饭吃，只是不知这次能否通过。

陈麦拍了小白的肩膀。小白仰起头，露出洁白整齐的牙，这牙彰显着他的善良。小白本不姓白，这是外号。小白比陈麦小了十岁，也是法大毕业的，是个错过两轮的本地师弟。四年前开始考律师，头发早早地斑白了。陈麦鼓励他玩吉他，没事儿就多写点好听的歌，别和他人一样三俗。

回阳关之后，小约翰建议他下海从商，就是继续卖红薯，也多少混个小财主。但陈麦就想干警察行当，又在大三寒假时在阳关街头看见了一身警服吆三喝四的二巴图。陈麦他爸提前托关系走后门找了个省厅领导，一番费心的打点，算是进了市局刑侦支队，开始倒还顺利，五年后调到治安支队就像蒸不熟的馒头，怎么也硬气不起来。

给文局拜完了年，他升了副科长。被歹徒砍了一刀，就成了科长。腿上挨了一枪，他又成了副队长。收拾了几次非法上访、解决了几次恶性聚众群体事件，他成了治安支队副队长。三年前他和小约翰联手，陈麦出警力，小约翰出流氓，里应外合制止了一场上千人集体罢工的恶性事件。这场骚乱的平息使得阳关市顺利进入全国十佳文明城市初选。市委书记和政法委书记都发了话，于是，陈麦副队长成了治安支队队长。提到陈麦，各路神仙也好，鸡鸣狗盗也罢，多是有些怕的。有不少人说他的好，也有不少人想要他的命。他就像街上的城管，神憎鬼厌，但没有还不行，有了棘手的治安事件非他不可，而他的办事出格也总让领导们忐忑不安。

作为经验和精液一样丰富的优秀警官，陈麦有自己的一套，认为不管是暴徒还是百姓还是对手，只有让他们怕你，你才能赢。当人们知道你能做最坏的坏事，而且一做就会做绝时，你便足以得到敬畏了。

任大江摸了下光亮的额头，字正腔圆地开始汇报禁毒工作进展。他的头发总是一丝不苟，衬衫领子永远雪白，局里面喷香水的队长只他一人。他说已有证据证明，阳关市藏有一个南方贩毒集团的地下网络。禁毒支队最近缴获的毒品，都具备同一种生产特征和浓度，再加上毒贩子的供词，以及云南同行发来的捣毁FC贩毒集团华北运输通道的通报，都证实了这个假设。马队长就是为这事蹲在凉城。若真是这个FC集团，那就是潜入阳关有史以来最大的贩毒力量。

文局予以了肯定，他当即决定成立专案组，由朱局挂帅，马铁任组长，陈麦和任大江任副组长。陈麦故作愤恨地看了任大江一眼，任大江调侃地敬了个礼。这人正派得让人烦，陈麦和他面上热情，却并无多少私交。

“为什么叫FC集团？是FUCK的意思么？”陈麦故意问道。众人哄笑，任大江却没笑，还把茶杯重重顿在桌子上。

曹政委忙清了下嗓子，制止了众人的哄笑，说有件好事和大家说一下。众人一听，知道肯定是天大的倒霉事，登时精神起来。曹政委说上面定了，搬家，各支队和办公室原来在哪儿办公，能回去的暂时回去。大家忙问缘由。曹政委揉着肚子无奈道：我们公安指挥大楼下个月就要炸掉，一个大港商把咱们这一大片地买了，要建西北第一高楼，总投资三十个亿哪……

众队长一听便炸了锅，说这不有病吗？市局搬进指挥大楼才不到三年，屁股还没坐热，办公家具的甲醛味儿还没散干净，就要把楼炸了？文局板着脸说这是政府的决定，不光是咱们指挥中心，市政府大楼、人民医院副楼、还有咱市局的三栋宿舍楼都要炸掉，这是阳关市的献礼工程，不破不立，炸了是为了盖更牛逼的。

云铁山用拳头擂着桌子，一片茶杯当当乱跳。“搬进大楼之前，我们刑侦支队借人家武警的平房低三下四地凑合了三年，眼巴巴等到咱指挥大楼盖起来，才牛逼了几天，就又要搬回去？那帮武警还不得恶心死我们？好好的大楼炸个屁？市政府和医院都老掉牙了，爱炸炸去，咱干吗凑这热闹？”

文局、彭局、曹政委纷纷安抚众人，各说各话。朱局眯着眼睛抽烟，歪着头在笔记本上涂鸦。孟局大尾巴狼似的歪坐着，声音很大，文局显然没和他通气，他就觉得受了歧视，但他终归是领导，不能屁股坐歪，就一个劲撺掇陈麦去打横炮。

陈麦装糊涂，但云铁山一叫唤，他也跟着起哄，说炸药一响，兄弟们就都成了丧家的狗。任大江双手抱肩，闭着眼冷冷地听着，不时冷笑一下。

“有去吵架的工夫，不如把工作做好。”朱局总结道，他皱着眉合上笔记本，把烟头拧灭，烟灰掉出来一坨，他“呼”地一口就把它们吹下了桌子。“既然已经是决定了，大家执行吧。”朱局板着脸说。

他一开口，众人就不说话了。主管治安和刑侦的朱局最有发言权。他权力虽大，办公室却最小，还背阴，接任时没人关照，四边不靠，连彭局都时不时恶心他一下。但朱局并不计较，工作干得认真，人人敬畏，这也是他这么多年不贪不送却也不倒的原因。

会后，陈麦揪住要走的云铁山：“老云，吃狍子的事咋样了？你都说了半个月了。”

云铁山作大醒悟状道：“哎呀，可不是？我最近忙得肉都吃不着，又遇到一个分尸案，臭气熏天地忙死了。这样吧，就这几天，我把肉弄来，找地方炖了。我知道你那儿去年还收着几瓶十五年茅台，又下不了崽，快点拿出来喝了。”

“背上的伤还疼？”云铁山扶着他的肩膀问。

“……用不得力。”陈麦耸了耸肩。

“一疼就软？还是一疼就射？”云铁山故作淫笑状。

“……早知道就让你走前面，你个矮，这一刀没准就削掉你一层头皮……”陈麦做了个削头皮的姿势。

四年前，时任治安副队长的陈麦和刑侦副队长云铁山带队去捣毁一个地下假酒加工厂。要进一个暗窖，传说里头闹过鬼。云铁山有幽闭恐惧症，陈麦便带了头。黑暗里砍来的一刀让他缝了36针，躺了36天，领了3600块钱奖金。陈麦那天高兴，把钱一股脑给了镶金边的喇嘛。镶金边的喇嘛说你这一刀是前世修来的，走在后面砍的也会是你。它砍的是你跑不掉的魂，这命里注定的一刀是你的前世佛和你的现世佛打了个招呼，让他给你鸡巴上戴了个紧箍咒。

云铁山约了他下周去靶场比试枪法，他总觉得双连发射击要比陈麦好。陈麦倒不想和他争，说又不用和你决斗，谁赢了不都要请喝酒？

小白说要请客。“咋了？过啦？”陈麦问。“去年没过，今年还没考，正准备着呢。”小白认真地回答。“傻小子，我说的不是司考，是你女朋友。”小白脸红了：“早就说好了，考完司考就挑日子结婚。”陈麦大咧咧地拍着他的肩膀道：“出招之前我教你点路子，包你拿下。你别请我了，我来了两个同学，都在北京做律师，挺牛逼也挺傻逼的，晚上你一起来见见，听听他们的道儿？”

小白痛快地应了，带着兴奋。这小子，跟了自己五年了，还像个没毕业的孩子，这会让人觉得他这师傅水平不够。陈麦不舒服地想。

市局对面的街角有个哑巴乞丐，不知从何时起人们开始叫他尼采。尼采今天头顶墩布，身披破白袍，坐在一个剪成莲花的大纸盒子上，端着个插了根树枝的瓶胆，在那里仰望天空，像翻白眼的观音菩萨。

陈麦多次派人赶走这臭叫花子，但他一次次地回来，比钉子户还要坚定。他不要钱，只要吃喝和衣服，还喜欢要书。他的窝是口没盖子的旧棺材，藏在一条细窄的胡同里。尼采每日搜集垃圾点的奇装异服，弄着层出不穷的花样，有时扮成卓别林，有时扮成市长，有时扮成本·拉登，有时扮成董存瑞……媒体常报道这奇怪的乞丐，有一阵子他在网络上的人气甚至盖过宁波的犀利哥。陈麦那时怕他是国外的敌特，让人拍了脸，交给国安的人查他的底细。尼采不是本地人，八五年在北京师范大学读历史系，大四的时候退了学，后几年都是空白，像失踪过一样。国安的人说他好像被关在湖南一个精神病院，后来跑了，又过了两年就出现在阳关市，然后就成了乞丐。

尼采最近举止反常，对着来去的警车撒尿。陈麦不让人赶他，说这叫花子已成名人，抓了他反倒麻烦。

见尼采今天的装扮有趣，陈麦就停下了车。尼采的白眼翻出了血丝，对着天空念念有词。他身边有几个没啃完的馒头和啃碎的鸡腿。陈麦从车里掏了一大把硬币，掂了掂足有一二十块，见这菩萨都不拿正眼瞧他，就一把将钱洒去。硬币在地上叮当乱蹦。尼采闻听一愣，眼睛一时忙不过来，他扔掉暖瓶，欢呼着满地去捡。陈麦冷笑一声：谁说这王八蛋不喜欢钱？

但要走的时候，他惊讶地看到尼采在给一群野孩子发硬币，很快就发了个干净，发完了继续端起暖瓶仰望天空。陈麦无奈地笑着，嘲笑着自己的浅薄。他看了看挂在车里的两个铁戒指，轻轻弹了一下，戒指发出清脆的响，让他想起当年在铁匠铺的那天。

马璐打来电话，说在淘宝上给他买了新疆的大枣和葡萄干，明天就要到了。陈麦笑着说你当心点，别包裹里放着一颗炸弹。马璐像个小姑娘一样惊讶，说真的么？会有么？要是有的话我该怎么办呢？

马璐是陈麦他爹战友的女儿，市局禁毒支队长马铁的妹妹。她含蓄而腼腆，有一双优雅嫩白的手，每当她拨弄头发时，就像民国照片上的美女。看书时她会悄悄地笑，看电影时会放肆地哭，每当抱着他，她就会幸福地闭上眼，用纤长的手指摸着他的脖颈和肩胛骨。初次见面，她一餐饭都垂着眼，摸着手上的水晶戒指微笑，两个深浅不一的酒窝此起彼伏。陈麦喜欢她的含蓄，也喜欢她的敏感，喜欢她窈窕的身材和细长的脖颈，更喜欢她被他一点就着的爱意。

第二次见面，陈麦就要了她。他粗暴而激动，她却像遭了电刑，吃了砒霜，浑身上下没有一处不紧；进去之后，又没有一处不松。马璐说他是她见过的最不要脸的男人，她的第一次就这么被他夺走了。但就在他要后悔起身时，马璐紧紧地抱住了他："……你去哪里？我已经是你的了……"

马璐有种安静的魅力，越不说话，陈麦就越想要她。她巨蟹座的内敛特质，像一幅不说话的油画，这弱势的气场抵消了他的锋芒，令他像掉进蜘蛛网的甲虫，挣不脱，跑不掉，晃晃悠悠还挺舒服。马璐喜欢看书，但表达力有限，话总说不到点子上，就像她在床上总配合不了他的节奏一样。马璐在审美上的敏感并未延伸到她的身体，就算他连床都要弄塌了，马璐仍是不温不火地哼哼，让他觉得像在挠一个没长痒痒肉的人。这造成了他和她无法共同升温的遗憾。上床之前陈麦本以为定会爱上她，但进行到一半就想打消这念头，甚至想停下来。

陈麦万万料不到，他跟马璐的第一次便一击即中，她结结实实地有了。明明用了老六生产的套呀？老六按住恼火的他，挠着头说："第一代产品太注重针对G点而设计结构了，忽略了尖端弹性和韧性，被你在紧绷绷的处女老婆身上畜生般用，八成是漏了……算了，生出来你不要我要，就当是我儿子。"

双方父母已经在商量孙子的名字，马铁说你敢不娶她就一枪崩了你。陈麦确实想结婚，却不想和她，但这事已经扩大化，犹豫间，一件事改变了他。

决定和马璐分手的冬夜，陈麦被领导灌得大醉，在路中间哇哇大吐，边吐边哭，说着奇怪的浑话。马璐赶来，在寒风里抱着他，用羊绒围巾擦着他一脸的泪。老六把他们安排在酒店里。马璐一晚上伺候着，替他擦着身，他呕吐时帮他端着痰盂，帮他将狼藉的衣服洗干净，让酒店熨得平整。陈麦醒来后看到有一封信，马璐决定生下这个孩子，如果能嫁给他，会尽一个妻子全部的义务，如果就此散了，也没关系，这个孩子将来也不会找他。

陈麦站在酒店的落地玻璃前，如这城市的上空一样茫然。冬日的阳光猛烈而直接，如细密的针刺在脸上。望着路上穿梭的车流，他突然身心俱疲。岁月是无情的绞肉机，早将他的爱情梦想绞得稀烂，包在时光这块巨大的饺子皮里下了锅。一对老人走过街头，老太太仔细搀着拄拐的老汉。老汉脖颈前伸，腰杆佝偻，黝黑的脸说明他曾经的健壮。陈麦又看了一遍马璐的信，她的字娟秀而娴静，令他想起她微微的笑容。他慢慢穿上熨烫好的警服，镜子里的他眼圈红肿，眉宇之间阴郁沉沉，像错投人胎的走兽。生活是一只战术高明的狼，会在你最脆弱的时候迎面扑来，露出它锋利的牙齿。它不是来伤害你，而是要吃掉你，连皮带肉，连骨带血，最后吞掉你的灵魂。他戴上帽子，拧了拧散乱的眉毛，拿起电话找出马璐的号码，下决定似的拨了出去……

马璐是个好妻子，像韩剧里贤惠的女人。人们都说陈麦是个幸福的男人，别管几点回家，永远不加责问，八成还有热好的汤等着。就算夜不归宿，她也只会告诉他睡觉别着凉，多喝水，手机开着就好。每当陈麦一身疲惫空空如也地迈进家门，看着餐桌上微热的老火汤，常会有一闪念的愧疚。这婚姻的责任像一柄硕大的伞，遮云挡雨，却也挡了阳光。他常闷闷不乐，而这不是马璐的努力能改变的事实。

八岁的儿子学习不好，脾气还坏，动不动就发火，发火就出招，出招就见血，见血还不怕，比他当年有过之而无不及。他在儿子的小手机里发现众多的黄色图片和视频，打了骂了给他删了，没用，他直接手机上网再下载。但是又不敢不给儿子手机，如今孩子们都用，这是个危险的世界。儿子越长越像昔日的自己，太过早熟的身体，攻击性的眼神，猪鬃般的头发，而最为神似的，是和自己一样的冷漠。连他妈都觉得这孩子戾气太重。在学校打了人，他回家照样看电视打游戏。平时难得见他一笑，当然，更难得见他一哭。陈麦有时特意和他独处，希望父子间能找到一些共同的兴趣，儿子张口就问："能不能玩玩你的枪？"

家里有了孩子，日子就飞快。陈麦觉得日渐老去，打麻将再无法撑个通宵，看书看不过三个钟头。睡得少了爬不起来，睡得多了脊梁骨就开始酸疼。要是起床伸个懒腰，没准就抻着哪个零件，或是岔上一口气，在卫生间喘个半天。电话里号码存得满满的，常联系的却没几个，偶尔电联，大家寒暄越来越多，真话越来越少，说得腻歪了就约定一个八字没一撇的聚会或是牌局，然后就此了无音讯。

多年前，儿子抓起陈麦扔在沙发上的一包钱，张口就说你是个坏警察。陈麦愣了，他无法把收了这点钱和坏警察划起等号。陈麦揪过儿子要打屁股。儿子哇哇大叫，说等廉政公署来了抓你。儿子笑着抓起几万块，硬生生砸在他爹头上，打得他眼冒金星。陈麦按倒这没轻重的儿子，把钱都塞进他的裤衩。父子俩打闹得不可开交，人民币散了满地。马璐买菜回来，见父子俩在钱上滚来滚去，忙关窗户拉窗帘，说你就不怕被邻居看到给你捅到纪委去？要找死么？

老六发财后，屡次提醒他别收了，钱多了没用，有我和小约翰在，你就做个好警察吧。陈麦不买账，说不是缺不缺钱的事，我不收，就没人信任我。再说我不收点，姑娘的小费都付不起了，你替我付小费觉得牛逼，爷还觉得丢人呢！再说泡妞也要花钱，就是当年，要是一摞钱砸辛兰腰里，没准早早就砸上床了。老六就骂他没良心，人家最后来找你，是你又不要了。情种你就别装了，辛兰也好艾楠也好，任何女人也好，你这人渣虽然鸡巴勤奋，却从来就没爱过谁。

6

1991年冬。

放寒假了。他和老六顶着星星挤上去火车站的校车，在里面动弹不得，到了北京站才发现自己的一个大箱子没在车上，他登时慌了手脚。给爹妈买的北京果脯，一本胡言乱语的日记，两件新买的衣服，还有一个几百元钱的存折都在里面。这都不要紧，那箱子是老爹去开人代会用的，藏得跟个宝贝似的，弄丢了没准把老头气出心脏病。

在零下15度的积水潭，陈麦急出了一头汗。回忆过程，觉得是丢在路边，八成是和1607宿舍的田晓玲的箱子搞混了，只拿了她的上来。但5402宿舍已经空了，无人可问。老六就让他问田晓玲同屋的辛兰，说她还没走，田晓玲的箱子和你的一个样，也许被拿回了她们宿舍。

吉林来的辛兰算半朵校花，开朗而美丽，有一笔好看的硬笔书法，人虽温柔，却略带高傲，一笑就露出几乎全部的牙齿，只可惜笑声带点东北口味，尾音总有粉条的味道。辛兰入学才半年就蜂围蝶绕，慕者无数，各届师兄花招迭出要将之拿下。听说她父亲原是燕京大学法律系教授，那一年惹了事，现在仍在蹲班房。她母亲在另一所大学教社会学，现在美国定居。辛兰并没有随母亲同去美国，而是考上了法大，要念完大学再作决定。其他的事，传言里就没有了。

陈麦对这个经历和气质都很独特的女孩子颇有侧目，但他和骆驼有了那一场，感情弄得跑肚拉稀，和谁也提不起精神。辛兰口齿伶俐，舌头比眼珠更为机灵，经常说些很聪明的傻话。男人们吃这一套。她独特的聪明构成了出众的魅力，显出大一孩子未有的成熟，但这成熟却排斥着陈麦。他不喜欢她的这种聪明，与她交往总觉得被拖入一场游戏。后来他的想法变了，怀疑起自己的虚伪来，认为是自己的酸葡萄心理在作怪。他意识到这一点，就决定要么离她远远的，要么将之拿下，他是个无法忍受只闻些葡萄味道的人。

老六一说，陈麦眼前一亮，辛兰的脸浮上来，像看到藏在墙角的一朵花，他竟温暖了一下。

入学后三个月的班级排球赛上，陈麦一记扣杀，扪在某高个女孩观众脸上，将一张粉脸打得稀里哗啦。他忙去道歉，用矿泉水去冲洗她睁不开的眼。这女孩高得像只骆驼，他要踮着脚才能冲水。骆驼一只眼肿成了桃子，眼珠子血丝密布，活像港片里的女鬼。陈麦觉得责任重大，给她买了眼药，之后还去她宿舍亲手上过一回药。三天后，骆驼摘掉纱布，长回原形，竟不难看。她们屋老大说这一球还打精神了，更神奇的是骆驼那只肿眼由单眼皮变双眼皮了。

骆驼并不怀恨在心，眨着双眼皮直勾勾瞅他，说看不出你这小样，力气竟这么大？二人东聊西扯便熟络了。骆驼是个爽快人，很快就约他打球，约他吃饭，约他看电影，然后就约他傍晚去军都山下散步。老六说这是鸿门宴，你定有去无回。陈麦说我正好饿了，管他什么宴，吃了再说。

骆驼轻车熟路地三拐两拐，就到了军都山下的小树林。黑暗中，他还在琢磨是不是背一首诗活跃气氛，骆驼那根肥腻的舌头就钻了进来，游荡如邪恶的蛇。陈麦周身发冷，命根发热，像被一根舌头猥亵的童男，又像被女鬼缠住的书生，颈发上指冠。骆驼将他压在一棵大树上，几乎连人带树抱在一起。风沙沙地响。他听到血流向下体的声音，听见那里一截截地顶起来和骆驼摩擦，这些声音掩盖着骆驼夸张的呻吟。一群野物逃出树丛，向山坡上跑去，它们脚步轻盈，回头的眼五颜六色，像幽浮的鬼火。

本来是一次森林初猎，这猎人却险些被猎物强暴。法大方圆不过十里，半夜开窗放个响屁，没准全楼都听得见，更别说那么大声的呻吟。很快就有哥们问起他：听说你被骆驼在小树林里办了？可惜，可惜啊！

陈麦百口莫辩，越描越黑。他对天发誓，只有上半身前戏，绝无下半身越轨。人们又说可惜可惜，那妞身材不错，怎么说你也把她办了再走啊？老二长在谁身上你都忘了？89级的老薛更是过分，说你干了不对，不干更不对，要干就要干赢，杀敌人个丢盔卸甲，别给咱老乡丢人才好。

陈麦半个月缓不过神来，不管是打饭还是上图书馆，甚至踢足球，一律溜边儿。骆驼跟没事人一样，上课照样坐在第一排，照样撅着胸脯和不同的男生调笑。陈麦心头暗恨，早晚收拾这欠日该日而没有日的臭娘们。老五很不客气地讥讽着他，说那骆驼俗不可耐，就像昌平街头一百一炮的流莺，进学校的时候腿就并不住了，这号女人你也上心？

辛兰的声音从电话里传来，悦耳又略带矜持，寒风里颤巍巍的。陈麦想象她定是穿着毛拖鞋和好看的细绒毛衣跑下六楼，推开传达室大爷的门，微笑着拿起电话。她的额头一定挂着微微的汗，未经妆黛的脸庞发着红，抿着她略微发干的柔嫩嘴唇。

"哦，我，陈麦……"陈麦腮帮僵硬，几乎咬了舌头，他恨自己的笨嘴拙舌，还有那尚未去掉的边疆口音。

"陈麦吗？你们不是去火车站了么？"辛兰咯咯地笑着，笑声穿过六十里的冰天雪地，从冰冷的电话线里传来，这声音反倒比面对面时好听。陈麦在她的笑声中放松下来，像被老师表扬的小男生。

"不好意思，我都冻麻了，给你宿舍打电话，总是占线。"陈麦尽量让自己的声音有些磁性，"……是这么件事……"

"哦，几个女同学一直在煲电话粥……箱子没在我们这里，我帮你去校办问问，你在电话那边等着，把号码告诉我……"她的声音是真诚的，急切的。地铁口的公共电话亭冰冷刺骨，寒风灌涌，令他想起这半年直如冰封的尴尬，苦涩涌过了全身。他忙谢了她，说就在电话边等。

"你别着急，也别冻着，我先去了。"说罢，辛兰就去了。

电话里只剩忙音。不锈钢的听筒几乎冻在脸上，双脚像踩了钉板。他喊了一嗓子，在原地蹦跳起来，希望驱逐这难挨的冷。老六披着军大衣蹲在台阶上，双手拢在袖管里，鼻孔上结着白花花的霜，活脱脱一个买不到火车票的绝望民工。他歪着头从鼻孔里憋出一股浓烟，忽地就散了："操你大爷，你丫也惦记上她了。"

陈麦一步蹿上台阶，狒狒般蹲下，抢过他嘴里的半支烟，搂着老六的肩膀说："咋了？许你们半夜想着她自慰，不许我惦记一下？"老六一把推开了他，揉着冻得发红的耳朵说："扯淡！那是5401的小王八蛋，我的手淫对象是周慧敏。"陈麦哈哈一笑，掏出一包红塔山道："冲你这句话，这盒烟赏你一半。"

众所周知，小王八蛋被辛兰迷得神魂颠倒，但这小子虽然菜刀凶猛，打架时像拼命三郎，却有个没出息的脾气，从无勇气跳出来打擂台，只通过一切可能的暗示来感动她。这招显然无用，他便开始写诗，以打发他一个个想念辛兰的不眠之夜。人们都说他是个可怜孩子，从小定没人疼，养下这么个自虐性格。对门5401的老三是个糙汉，半夜内急，抓了小王八蛋枕边一张信纸，那上面写满了他的思念狂想。小王八蛋从春梦中悠悠醒来，似乎想起来一句，风急火燎地找信纸。一得知这张纸的下落，立马像只红了眼的斗鸡，把光着屁股的老三从上铺揪下来，打得满地乱爬。老三以为他鬼上了身，抱着头要蹿回上铺去，一条粗腿来不及收，被小王八蛋咬个正着，险些被咬下一块五花肉来。老三打了加倍剂量的狂犬疫苗，从此看见狗和小王八蛋就腿疼。

辛兰很快回电，说校办没人，你的箱子不知道是不是在里面。

"那我回来一趟。"陈麦不假思索地说道，"火车还有6个钟头才开，来回一趟时间还够。"

"好……那你就回来吧……"辛兰诧异道。

寒风里这个温柔的声音，如此简单就暖了他心底最柔软的地方。见辛兰一面的念头压过了找回那只可恶的箱子。这箱子丢得神圣，最好再也找不着，那样的话这个寻找的过程就会更周折，他们之间的关系也就有了更多的推进空间。

陈麦上了车。老六怒骂着向他丢去红薯皮。陈麦敞着衣领，吹着口哨，一路想着无数种可能。辛兰会不会找到了箱子？还悄悄打开了，正在床边一边翻看他的日记，一边微笑着等他归来？

345支线汽车敞风漏气，开在城乡之间，开向一个希望。它规律的荡漾将他几乎忘记的幸福感颠了出来，在冰冷的车厢弥漫。他拒绝去那个空出来的座，只微笑着背靠一根冰冷铁杆，看着车厢里颠麻的人群。

临窗有个低头的中年男人，长着一张苦难的脸，发乱如草，木讷地望着车窗上的冰花。他厚厚的嘴唇干裂着，眼神里看不出任何爱或被爱的痕迹，只有麻木和卑微。也许是担心售票员那怀疑的眼神扫过，他的指尖始终捏着那张小小的车票，像捏着他时刻会被夺去的尊严。

陈麦摇了摇头，为自己竟对这个男人产生优越感而感到可耻。一阵风从车窗缝隙灌进，他缩起了脖子。这令他想起在阳关市监狱里的大龙，那里想必更冷吧？虽然有小约翰的照顾，但这几年牢狱生活，大龙承受了怎样的悲苦和孤独？

天空开始有碎雪落下，陈麦不再想那些尘封的事，他想用饱满的情绪去迎接一段可能开始的新感情。但直觉告诉他，这段感情或许会像这段风雪飘摇的路，他使劲地攥了一下拳头，提醒自己要当这段新感情的驾驭者，而非傀儡。

第二章

· **少年陈麦：** 左手书本，右手菜刀

· **青年陈麦：** 飘雪的站台

· **警察陈麦：** 拆迁战争

1

陈麦的童年充满了坚硬的记忆：窝窝头、钢丝面、点不着的火炉、冒出尖儿的茅坑、还有父子传承的旧衣服、一辆散架的自行车。这童年是灰色的，直到上了初中才看到一抹亮色，如今也早被他锁在心里的角落。陈麦时常想找出一些斑斓碎片，和儿子愉快地共鸣。可回忆就像小学的白墙，除了生硬的标语，便是稀奇古怪的涂鸦；它们又像那时的房檐冰挂，透明冰凉，倒悬如锥，摘下来还没来得及看个究竟，就化作一滩污水。

房顶是少年陈麦的天堂。他喜欢穿着裤衩坐在柏油屋顶上，享受地挤着那一脸青春痘。他叼着父亲的钢花烟，俯视着一排排单调的平房。那里发生的每一件事他都了然于心，觉得自己像天国的神，离刚上去不久的毛主席远不了多少。永无宁日吵架的父母、看谁都像贼的居委会大妈、半疯半癫的瞎子、满胡同鬼混的寡妇，他们轮番登场，舞台上你来我往。回忆中，他一度怀疑着，那个坐在屋顶上什么都想又什么都不想

的男孩，如何到了今天这副沉重的皮囊里，藏在一身威严的制服之下？儿子懒洋洋地钻出他娘的胎，陈麦并没有预料中的惊喜，反倒有对轮回的恐惧。他多想变回一个婴儿，和儿子懵懂地躺在一起，在他妈的怀抱里肆意哭喊，分享一只饱满的乳房，吮吸浓浓的童年。

陈麦的爸是个退伍排长，雄赳赳气昂昂地刚跨过鸭绿江，战争就结束了。一枪没放的他编造了离奇的战斗，足以令上甘岭的英雄们向他敬礼。他妈是半个文青，爱文学，却不深读，只要有人提文学，她言必称雨果歌德托尔斯泰，陶醉得像吃了鸦片。然而，他妈这些武装无法抵抗他爸嘴里开来的火车，仍是被碾在了床上。事毕，他妈发现这男人腹部的伤疤不像手榴弹炸出的样子，倒像自己的阑尾炎刀口，他所谓的胸前枪眼似乎是烟头烫的。但是，生米既成熟饭，她宁愿对他的故事信以为真了。这世界谎言成灾，骗子无数，不多他这一个。

五岁那年，陈麦像董存瑞一样左手叉腰，高举右臂，在一个土包上高喊："打倒毛主席，解放全中国……"而那一天伟大领袖刚死，他喊这句话时别人都在哭。这孩子一嗓子喊出来，满街的人一下都不哭了。警察将他爸妈拉去，查户口录口供，过了一夜堂，追问到底谁教这孩子喊出这么句该杀头的口号？陈麦的爸又露出身上的手术刀口，强调在朝鲜的英勇。陈麦他妈则哭得伤心而动人，说小娃不懂事请多包涵……放人时警察对他爸妈说：你家娃儿五岁，懂得啥是打倒和解放？他听见啥就是啥呗！

七岁那年，陈麦看了几本科普读物，用木炭、白硝、硫磺、银粉和喷完的礼花筒做出了土炸弹，炸死了邻居家三只母鸡。九岁那年，他用八厘米的水管和胶泥做了一门土炮，邻居的老狗被轰瞎，血糊糊地跳了河；十二岁那年，他和胡同里十几个孩子比赛弹弓，敲掉了两条街的路灯，一群孩子被抓获，上了晚报的头条。父亲的口头禅是再敢作乱就拉出去毙了，母亲的惯用语是怎么生了这么个畜生？岁月悠悠，这个本该被枪毙无数次的畜生长大成人，四肢壮硕，挂着菜刀满街乱跑。

上小学第二天，陈麦在课堂上对着墙撒尿。班主任马大葱只有十七岁，要用教鞭抽他。陈麦挺着鸡鸡振振有词：爷憋不住了，咋了？又没尿着你……

马老师白嫩可口，细柳如葱。她第一次见识男人那话儿，虽然寸短，却令她如遭非礼，夺门而出，她向校长告状说你们边疆的娃娃才七岁就会耍流氓了。校长见多识广，装作大怒，把陈麦的父母揪来，低声骂了一顿后，校长瞪着眼问："你家娃娃想干啥？他是真憋不住，还是见色起意？"

马大葱只当了三年班主任就走了，听说要补个本科去教中学。六年后，陈麦考到附中，班主任竟又是她。他指天发誓当年就是被尿憋的，马大葱早已久经考验，戏称你好汉别提当年勇，再敢如此，当场切下。

陈麦上课的时候在地上磨菜刀，被人给马大葱打了小报告。陈麦最恨被人出卖，要回去收拾这厮。马大葱微笑着弹他的刀，刀锋映着她细腻的脸，她淡淡地问他明天还想不想来？陈麦忙说那把菜刀的缘由，说西河沿儿一帮灰小子调戏民女，被他打得满地找牙，正准备置他于死地，不得不防啊！马大葱不屑地抬起下巴，她的下巴又尖又美，抬起来更漂亮几分。"看不出你还是条好汉？那也不行，菜刀留在我这儿，真有人来堵你，我拿着刀上。"

除了她好看的脸庞，陈麦注意到马大葱那波澜壮阔的胸，一笑就泛起波浪。她唇齿清澈，周身散发着红辣椒的味道，这味道刺进他贲张的毛孔，点燃他的血管，那辣横冲直撞，烧得他喉咙发干，目赤如火。他就去摸咕隆隆响的喉结，而马大葱在摸他的脑袋。她的手心略有些凉，像刚用凉水洗过，这和她流汗的脸很不搭调。最后她扶着他的肩膀走向门口，像推着她听话的自行车。

"记住了，千万别搞事啊，否则我给你好看，你真是个不听话的学生呢。"

她的声音比她的手有力。他回头看着她，欲言又止。马大葱歪着头等他说话，见他憋得满脸通红，扑哧一笑。

“长大了倒脸红了？”她笑了，大眼睛就眯成了缝。

政治老师关华站在门外，看着天抽烟，天上啥也没有。这个矮小的愤青喜欢一手叉腰，或抬头或低头作深思状，总之不正眼看人。他的头发明明很少，却非要留成披肩，跟家里用的旧墩布似的，为此没少挨领导批评。关华平时寡言少语，课上却滔滔不绝，写得一笔好文章，尤其是杂文，只是观点颇为反动，为此还受过处分。关华既不招同事喜欢，也不招学生待见。连烧锅炉的老汉都觉得他有神经病，见他去打水，老汉就顺手捉个学生过来，对着关华指指点点。

见陈麦出来，关华只是略微笑了一下，继续看天。陈麦喜欢他的文章，却讨厌他那副德性。绰号蛤蟆的生物老师从楼道里走过来，伸着脖子问关华最近又写了什么大作？有没有投到《人民日报》去给阳关市露露脸？关华瞪着他，好像在他脸上看到了一条蛆，但没发作，扔了烟屁走了。

蛤蟆得意地走过陈麦身边，拍了拍他的肩膀说：“嘿，这小伙子，身板真好，我当年下乡的时候也比不过你呢……”说罢向另一头去了。关华拐进了马大葱的屋子。陈麦哼了一声，嘴里泛起一口唾沫，他带着响啐向楼下，听见它在水泥地上摔出脆响。

今天很没劲，他早早地回了家。家里也没劲。老猫窝在沙发上酣睡，他爸沏好了一大杯子茶，把老猫拨拉到一边，心满意足地坐下来，戴起花镜看《中国电视报》，边看边用红铅笔画线，说一会有《巍巍昆仑》看，这片子他爸看了几十遍，他都能背下那些台词了。

“你还没看够啊？”这话他早就问过。

“也没啥新鲜的看呀。”每一次他爸都这么回答。

他妈又板着脸回了家，皮鞋都没脱就进了客厅。“孙来旺当了副主任了。”她硬邦邦地说，似乎这句话已经忍了一路。

“哦，是吗……”他爸盯着电视，毛主席正在骑驴。

"他怎么能当副主任？就算他工龄比我长三个月，他怎么有这个水平？既不懂技术也不懂管理，连个黑板报都写不好，他肯定是拍刘厂长的马屁了。"

"也不一定，总有人要被提拔嘛。"他爸皱着眉去拿烟，烟盒空了，就一把攥了，打开一盒新的。

"什么不一定？大家都说这副主任该是我的，连孙来旺都这么说过呢，我早就说请刘厂长来家吃两顿饭，可你就是不给安排，这就让孙来旺釜底抽薪了。"

"怎么就怪我了呢？我没有不安排啊？这不最近没时间吗？"他爸叼着烟，两手一摊。

"你每天在家看电视就有时间，我的事儿你就没时间了？"他妈气呼呼地扔下围巾，要在沙发上坐下，老猫慵懒侧卧，占了她的位子，她一把将它拨拉在地上。老猫喵呜一声，怨恨地看了她一眼，伸了个懒腰去了。

"那我不看就行了？这可好，等你回家才炒菜，还等出火来了……"他爸按了遥控器，甩在茶几上，端起茶杯喝了一口，重重放下，一边站起一边看着儿子，像找着愤怒的同盟，见他没啥反应就进了厨房。陈麦坐下拿起遥控器，开始看体育新闻。

他妈轰地站起来，嘎蹬蹬地追进厨房。"上次评职称的事我就和你说过，你就是不帮我找找关系，你的战友不是宣传部的吗？不是能找着关系吗？就不帮我去办？这次又是这样？我这辈子真是冤，什么都指望不上你……"说到这里，仿佛又该从他爸那条假伤疤说起了。一个非要说，一个不想听，一个瞎埋怨，一个不承认。他爸切菜切得咣当咣当，他妈的哭声在里面被剁成碎片。陈麦不胜其烦，关了电视，拿起衣服出了门。他妈只要哭起来，从没有在一个小时内停止过。他来到公用电话亭，叫几个兄弟出来一起溜达，那几人犹犹豫豫，但一听去抢军帽就同意了。

秋天是抢军帽的季节，尤其是晚上，戴军帽上街的后生比戴小帽子的回民还多。他们在大学路口汇合了，抽完烟就埋伏在一个十字路口。两个兄弟上去正面吓唬，另一个从后面抢了就跑。这人要敢追，追不追得上是一回事，追上也免不了一顿揍。一小时下来，兄弟们都有斩获，眼见着路上人少了，他就有些手痒，见灯下来了一对推车的男女，在吵着什么，那后生的军帽新得硬挺，新得可爱，着实令陈麦垂涎。

两个兄弟迎上去，问他知不知道在这条路谈恋爱要交钱？那人正在发愣，陈麦从后面接近，一声怪叫摘下军帽，撒腿就跑。照例是没人敢追的。可刚跑了几步，耳后便生了风，回头一看，竟是那女孩跑着追来。陈麦就站住了。

“帽子还我！”女孩杏目圆睁，指着他大叫。她的男友正在和流氓嚷嚷。

“又不是你的，干吗还你？”陈麦仔细看着女孩。灯光下的她仍然漂亮，她身材修长，宽肩乍背，像是个练体育的倔丫头。

“是我刚送给我男朋友的，你还我。”女孩竟不怕他，越走越近。

“你送给他了，就是他的了，是他的就得他来要，你又不是他老婆，做不了这个主。”陈麦诚心逗她。她的男朋友被一串耳光打懵，推着车子在抱头鼠窜。女孩回头去看，想要喊他，但眼眶红了，就憋了回去。陈麦见她走神，拔腿又跑，这女孩看来难缠，别把警察嚷嚷来。

才跑了十几步，他又觉得不妙，那女孩的脚步如影随形，竟又到了背后，还揪住他的脖领子了。一个丫头，好大的胆子，他想。

“还跑？就凭你，你跑得过我吗？还给我！”女孩伸出一只秀气的手说。

陈麦羞红了脸，知道跑不过这丫头，传出去怕是要被人笑死。

“……就你这男朋友还要啊？丢下你就跑了，你别跟他了，跟我算了，你答应我，我就把帽子给你。”陈麦用一根指头摇着帽子，无赖得很。听他这么说，她又回头看了一眼，见她的男友确是没了影，泪便掉了下来。陈麦见她难过，心生愧疚，但他不能拿捏这愧疚的分寸，竟扑哧笑了。女孩被他的笑激了一下，一把抹去了泪，留给他恶毒的一瞪，扭头便走。陈麦登时没了主意，这便宜占得太过心亏啊。

“好了好了，帽子还你，给你……”他追到女孩身边，把帽子塞到她手上说，“我陈麦从不抢女人的东西，还给你就是了。”

“这不是我的东西！”女孩厌恶地将它丢进路边的水沟。帽子在脏水里打了个滚，灰溜溜钻进了下水道。

她哭的时候依然好看。陈麦跑到她前面，堆着笑脸。

“好了，别哭了，不就一个没用的男朋友吗？我看他那胆子还不如你，哎，我当你男朋友怎么样？保证你不受欺负……”

“你去死吧！流氓！闪开！”女孩冲他大叫，唾沫飞了他一脸。她一把拨开他，风一样跑去，她远远地推起了自己的车，几个兄弟围着她吹口哨。

陈麦在后面追着叫着：“喂！你叫啥呀？是哪个学校的？我叫陈麦，附中的，听见没？我叫陈麦！”

“他妈的，就这么跑了？”见她骑得没了影，他懊丧地站在马路中间发愣。一辆手扶拖拉机喷着黑烟，哇哇地向这个挡路的少年抗议着。他低头走到一边，对司机的谩骂并不介意。可那几个兄弟不干，要把司机拉下来打，追不上就捡起砖头砸，在车屁股上砸出一片坑。他们的骂声比喇叭还要刺耳。拖拉机亡命狂奔，煤渣颠了满地，像只绑着沙袋飞奔的鸭子。

黑暗里，路边的树梢抽着新芽，小草在悄悄探出土壤，他的心里似乎被种下了什么，或被什么东西击中了，他诧异地摸了摸胸膛，很热很紧，心跳如鼓，跳跃如天花板里的耗子。

教室最后一排是他的天堂，他在这里东张西看或是呼呼大睡。墙上贴着马克思和恩格斯，列宁和……那个人不认识。他们的伟大令他不解，也很无聊，他总是在想那么长的胡子怎么亲嘴。高墙上的他们和农民贴的财神似无分别，都不会给你带来什么好运。上课铃响了半天他才溜回教室，同学们站起来齐声说着老师好，像听见饲养员走来伸着脖子的小鸡。陈麦照例没站，藏在人墙之后。他向往没有粉笔味儿的空气，向往充满冒险乐趣的街头，向往在浪漫诗意中亲历刀光剑影。而他的兴趣似乎无人能懂，父母听了都想送他进精神病院，更别说这里的人。英语老师扶了下眼镜，他永远梳着欠抽的分头，抹着最便宜的“面友”，眉毛都白花花粘在一起，像包老头给儿子错买的浆糊。他颇认真地看着站立的学生们，几秒钟后点了点头。同学们听话地坐下，腰杆依然笔直……他们向来如此。

那个女孩突兀地出现在教室的第一排。因她生疏，坐下得慢，陈麦才看到了她。他一把揪过同桌女生，一个外号“叶皮”的黑女孩，问这是谁？叶皮被他捏得生疼，斜着眼说人们都叫她老梅，上周转学来的体育生，你老不来，不上课，当然不知道。

老梅对着黑板坐得很乖，转校生一向如此。她挺直的背影像蝴蝶般轻盈，匀称的肩膀煞是好看。陈麦为这背影着迷，仿佛看着腊月河边的梅，脑海里掠过赞美的诗句。

英语老师的后山口音很重，却总喜欢领读，Romantic能读成“拉曼他哥”，但这不影响同学们木偶一样地跟读。陈麦一节课都在琢磨老梅，竖起耳朵听她的声音，等着她不经意地回头。但她也如同学们一样朗读着，脸都不侧一下。他们隔着六排，她的声音淹没在一片乌鸦般的朗读声中。他的走神终于昭彰，被拎起来回答一个没听到的问题。老梅好奇地回了头，他看到了她的脸。

“嗯！是她，真好，最是那一低头的温柔。”陈麦脱口而出。

“What？”英语老师蒜味很重，厚厚的眼镜像要把鼻梁压扁。

“我啥？不知道。”陈麦嫌他挡了视线，伸开头去看老梅，全场大笑。老梅发现竟是这个流氓，略一怔，皱眉拧过了身，但很快又转过头来，眉头却舒展了。他知道把她逗乐了。

英语老师把这个胆大包天的家伙拎出来罚站。这正中他的下怀。他乐呵呵地在老师身后迈着正步，还故意顺拐，在同学们的笑声中走到黑板前，回头一个立正，就正好在老梅面前了。老梅见他耍宝，就耷拉下眼皮看课本。老师又去领读，陈麦一屁股坐在讲台上，视线刚好，看到眼都不眨。老梅偶尔抬头白他一眼，也忍俊不禁，再看一眼，脸就红了起来。

陈麦这流氓行径终激怒了英语老师，竟中了这小子圈套！于是陈麦就被发配到外面乘凉去了。课后，英语老师对着马大葱控诉个没完，马大葱听得认真。把英语老师劝走，马大葱却冲着陈麦笑了。她从抽屉里拿出一个本子，在一页空白纸上写上“陈麦”两个字，然后在下面划了一道横。

“这算第一次，到了第三次，我就告诉教导主任，一个正字写完了，我就告诉校长，那时候你就滚蛋回家吧。”说罢，她挑衅般地打量着陈麦，像看一个街边抽烟的半大孩子。

她气定神闲，嘴角带了一丝轻蔑，这气质威压着他。他正要编几句提气的话，马大葱又笑了。“算了，说也没用。”

她又推着他的肩膀向门口走去。上课铃悦耳动听，搭在他肩头的手化掉了他的力量。陈麦不能理解自己的软弱，这软弱令他羞耻。他报复般地把手放在了马大葱的腰上，她的腰软软的，热热的，像刚剃了毛的绵羊。

马大葱似乎并不在意他的手，就这么把他推到了门外。陈麦脸红起来，做贼般把手缩了回来，这忽略简直就是侮辱，令人绝望。马大葱腰身上传来的异样感令他心慌不已。他只能屈服，乖乖地被她推到门外。

“对女孩子，不要那么不礼貌，去吧，该干啥干啥去。”马大葱微笑着关上了门。

门可真是个奇怪的东西，一开一关便是两个世界。陈麦回头看着这扇门，还把耳朵贴近听了听，她的高跟鞋又响了几下。关着的门似乎更为敞阔，容纳着这丰满窈窕的女人，她一定有着丰富的故事吧？但他现在没心思去发掘这秘密，他必须回到教室去，认识那个如梅花鹿一般的女孩。

2

在寒风中颠了两个小时，法大到了。陈麦活动着被颠麻的四肢跳下来，感慨上个大学怎么这么受罪，走一遭就像被发配一样。他快步走向一号楼，清了清嗓子，喊之前又看看四周。一号楼在学校大路右侧，对面是粗壮的图书馆和毫无设计感的教学楼。辛兰的名字在楼房间撞来撞去，想必影响了睡懒觉的人，楼里隐隐传来女人的怒骂。陈麦见没动静，憋足了劲，又是更大的一嗓子。

“嘿！放假了，大早晨你喊什么？诈尸啊！不会用喊话器啊？”一号楼的看门大爷出来了。这当过兵的老家伙身体强壮，声如闷雷，整天和女孩们打情骂俏，晚上唱着情歌，早晨练着劈叉，好端端的鹤发童颜，竟多了几分邪态。看着楼里的女孩，这家伙如黄世仁见了喜儿；看见找女生的男生，简直是武松见了西门庆。好像这些年轻人全就是饥渴难挨的强奸犯，会不留神掠走他的心肝儿先奸后杀。

陈麦见老头横着出来了，知道他在装蒜，就不搭理，继续大喊。老头见他不给面子，也自没辙，骂骂咧咧地犹豫。见辛兰出来，老头反倒来了劲，转过身来对着他又要嚷嚷。辛兰连哄带劝地把老头推走，冲他眨了下眼。陈麦微笑着背着手。他很享受这一幕被辛兰看个真切，这个开头很好。

“你和他较什么劲？老大爷这么大岁数了。”辛兰微笑着对他说，她穿着一件深宝石蓝的棉毛大衣，一条白围巾围在细如凝脂的脖颈上。满口洁白的牙映着她绯红的脸，两手还在嘴边呵着热气，双脚像孩子那样左右蹦着，眼神里带着天真。见陈麦还在扮酷没反应，她轻轻推了一下他的胳膊。

“不该无条件地尊重老人，有些人是越老越坏，因此才会有老流氓之说。”陈麦两手揣兜看着辛兰，军大衣的领子竖着，样子很像港片里的黑社会。

“你冻傻了你？扮酷扮成石头了。”她咯咯地笑着，寒气影响着她的笑容，却没影响他感到温暖。

辛兰把白围巾在脖子上绕了一下，末端垂下来。围巾底部绣着一朵兰花，耀眼的蓝衬着她细腻的白，随着她轻柔的笑声和那轻轻一推袭将过来。

“得了吧你。哎？你箱子不在校办，五号楼我也帮你去了，不在，那么大个一箱子，你咋就丢了？”辛兰眨着眼睛问他。陈麦心下感动，先跑校办，再去五号楼，来来回回不少路呢，这么冷的天。

“上午赶校车天还黑着，人们和疯狗似的，把校车门都挤烂了，我都差点没上去，要不是顾着把田晓玲塞进窗户，才不会找不着呢。东西不重要，那箱子是老爸开人代会用的，早就该扔了。”陈麦倒真想扔了这烂箱子，自打记事，家里就有这个破东西，那烫金的北京饭店图案让他恶心。

“那咋办啊？你就空着手回家了，衣服够么？你也不挂个围巾？”辛兰一边跺着脚一边说。

“围巾也在箱子里，估计路上挤，就没拿出来。”陈麦看了看表说，“辛苦你了，真要谢谢你，你还没吃饭吧？我还早，下午的火车，咱们吃饭去吧？”

一食堂的二楼是个特别的去处，这里女生较多，来此打饭的男生大多心怀不轨。他和辛兰上来，在靠窗的位子坐下，边吃边说笑着，亲热得像新勾搭的情侣。半个学期过去，二人竟不了解彼此。她以为他来自草原，他以为她来自长春；他以为她在和国经系那个辅导员谈情说爱，她以为他在和六班那个骆驼暗渡陈仓。一多个小时很快过去，再抬头看窗外，雪已经染白了世界。

漫天的飞雪中，空荡的校园像个穿着白衣的含羞女人。他们出了食堂，踩在蓬松的雪上，松软而悦耳。两串脚印贴得很近，有着深浅不一的交合，这让他有了温柔的联想，想用一句诗去赞美它们。他的体内漾动着一种奇异的宿命感，他相信这番周折定是上天的安排，必有其深刻的意味。二人再聊了些什么，陈麦已经记不清了。他只记得辛兰一直把他送到车站，雪花挂在她的睫毛上，令她更加漂亮。她伸出了漂亮的手，它冰凉而滑腻，像刚做好的奶酪，但这手的冷让他怜惜，就想多握一阵。但她并无此意，似乎还有些介意，就只轻轻握了一下就松开了，他尴尬了，忙不迭撤了回来。

345路汽车喘了几口气，不情愿地开动了。辛兰冲他挥手。风一下子卷起来。许是脚冷，她蹦跳着把围巾遮在脸上，只露出笑嘻嘻的眼睛。她的长发吹得弥乱，却也让她在无人的车站成了风景。她在雪中的身影带着诗意，道着别离，瞬间感动了他，这一切唤醒了他沉睡的爱的愿望，像跃出大地的阳光唤醒了一条冬眠的蛇。

司机将这车踩得愤怒起来，轰轰作响，哗哗乱颤。陈麦扒在满是霜气的玻璃窗前，飞快擦出一片透明。他刚从窗户里找到辛兰，她的身影就变得那么小了，于是他拉开了窗户，在众多乘客的愤怒中伸出头去。

她在漫天的白雪中渐渐远去，一回头见他伸出头来，于是继续挥手，她的手纤弱修长，在白雪中仍晶莹剔透。他也伸手冲她挥着，好像在一个日本电影里见过这个场景呢。车后扬起杂乱的雪花，飘散着强烈的美感，它们似乎凝固在了他的眼前，要给他时间感动一下。幸福的暖流令他周身汗涌，他竟然为这场分离感到难过了。

3

“幸运星座”商务会所开了四年，是小约翰投的资，大龙是掌柜。不知大龙听了哪个小姐的蛊惑，起出这么个古怪名字。这家娱乐中心在阳关也算一流，是陈麦的首要据点。吃喝、洗澡、放炮、打牌、赌球、吹牛逼，基本都在这里。大龙花了心血，生意还蛮不错。大龙从小就是个能守住秘密的人，没事就看着自己的脚，抽烟吐痰从不挑地方，烟灰从来都不弹在烟灰缸里，有地毯也不管，谁说也没用。陈麦很喜欢他这一点。大龙爹妈早死，无亲无故没人爱，他既不找女人，也不找男人，平日喜欢摆弄音响，对器材虽然发烧，却只听宋祖英那类型的歌。邻居被他吵得不堪，却也知道这家伙黑白两道都熟，招惹不起。

会终于开完了，他换了便装正要出门。陆原分局来电，机场路那边百十个钉子户闹事。陈麦听得心里一揪，忙又换回警服。他想起了上次那件事，忙和文局、朱局打招呼。文局让他告诉全体干警，该带家伙就带，这还了得？都玩土炮了？不收拾一下，下次还不埋地雷啊？从性质上看，他们比棉纺厂那帮工人还过分，而且有组织有口号，一定要及时处理。

钉子户用路障拦住了项目工地入口，几辆马车拉着铁丝网，像鬼子封锁了村庄。铁丝网后的人拿着各式家伙，地上架着黑乎乎的怪东西，那就是他们的自制铁炮了。可能是被上次的爆炸事件吓着了，市领导和政府的拆迁大军远远地站在一边。拆迁办主任等好汉被轰了一炮，当头的脑袋上裹着绷带，靠车坐着抽烟，一副打死也不再去的样。

陈麦和朱局商量好，擒贼先擒王。先拿十几个催泪瓦斯和烟雾弹招呼过去，他们的炮就瞎了，消防车趁乱冲过去，离着二十米就可以对着土炮喷水。装火药的玩意儿，不信它还能响。头目要盯死了，抓住狠狠打，再抓一些去劳教，其他人就怕了。首犯抓了，领导们照例上去给几个甜枣，这事也就结了。

“太过分了，已经按最高标准补偿了，开发商的钱，除了给市里的都补进去了，没准区里还要贴一点，要不一级开发做不到位。我们这么搞为的就是招来品牌开发商，搞活这一大片的区域经济。我都想和他们换户口了，可他们就是不干，规划的时候走了消息，一个昼夜，他们就盖起来几千平米的仓库，种了上千棵树。我们看着头疼就打报告改规划，先出C地块，可他们又把仓库和树移到了这一边。操你妈的，到底谁欺负谁啊！”

开发区管委会主任瞪着一对小红眼，像控诉着欺男霸女的座山雕。

“咱区政协组织的干部队伍，带着任务每天上门去哄去劝，还给他们买菜做饭，还带着老人去医院，就差给他们做鸡做鸭了，操你妈的哪有这么欺负人的？干部们劝不走他们就不能回去上班，几个小伙子都累得尿血了，这帮刁民就一点也不心疼？什么恶意强拆，我们才是弱势群体，他们才是地主恶霸！”政协副主席说得眼袋一个劲抖，手指头夹断了烟，差点把脚面烫了。

陈麦微微一笑，和往常一样，他不大相信这话。当然，他也不大相信这帮钉子户的冤屈。官的邪逼出了民的恶，大家互相以恶制恶、以暴制暴，都不再拿法律说事。陈麦很了解所谓的人民是怎么回事。这世界根本没有人民，你逆来顺受便是人民，你不依不从便是敌人。老实巴交的民工是人民，第二天他改行做毒馒头或地沟油便成了敌人。人民一词是用来忽悠人的，网络上流行“屁民”二字，倒更为贴切。对屁民太好，他们找不着南北；对他们太狠，他们就不是东西。失去信仰和希望的屁民可以毫不犹豫地突破任何道德底线。古罗马的穷人和坏人是一个词，就像现在的“同志”一样具有多义性。

行动开始，照例是催泪瓦斯一顿齐射，对方阵地顿时白烟弥漫，咳嗽连天。消防车开向浓烟。一门铁炮猛然响了，在白烟中撕出一个洞，钉子螺丝玻璃碴飞向消防车，车头当即千疮百孔，玻璃成了蜘蛛网。驾驶员穿着厚重的防爆服，要不就真成了筛子。消防车撞进炮阵，车头一扭，擀面杖一样横过来，轮胎在地上擦出巨大的声响，一辆马车被撞飞，瘦弱的马打着滚掉进了沟里。高压水龙威力巨大，土炮和人群被喷射得满地乱滚，像被顽童尿滋的蚂蚁。戴着防毒面具的弟兄们紧随其后冲进人群，乱棍飞舞，盾牌闪亮。小白平时文弱，执行任务却是个不要命的，脑袋被一根锹棍捎了，登时满脸花，鲜血染红了警服，背上血迹斑斑，但他仍把警棍抡得飞舞，按倒一个又一个。两个警察兄弟倒下了，一个似乎被弹弓打了眼睛，惨叫瘆人；另一个被铁钎刺穿了大腿，被砖头拍了脖子，爬着在吐血，他们的警服上鞋印斑斑，沾满了树叶和破碎的传单。

“又严重了……”陈麦扔下烟，开车冲了上去。他撞飞舞着柴刀的家伙，一个急刹，掏出枪上了车顶。

“砰！砰！”两颗子弹打在地上，暴民抱头鼠窜。一柄菜刀带着风声飞向车顶的陈麦。陈麦侧身躲过，一枪击中掷刀者的大腿。又一柄斧头呼啸着掠过耳边，陈麦举着枪纹丝不动，那人胸前被一颗橡胶弹击中，发出奇怪的爆响，那人仰头便倒，前胸瞬间像长出个乳房来。

队长孤身入敌，还开了枪，弟兄们来了劲，盾牌也扔了，疯了似的打人。这些“钢钉”毕竟乌合，除了十几户有些冤屈的，大多是想趁机捞点便宜，哪敌得过这么一帮武装的牲口？他们像被狼群驱赶的角马一样乱起来。

政府领导们不失时机地喊话和安抚。人们见炮被拆了，带头的头破血流地被抓了，就都往后退了。开枪那人有人认识，说这是个横不吝的公安恶魔，被他击毙的歹徒无数，被他搞过的女人成堆。人们素来害怕这号人渣，政府又说了一定会给个说法，就骂骂咧咧地散了。

领头的被铐在车边，光头比手铐还要亮。陈麦看着眼熟，听人们管他叫铁头，就想起他是旧城那个铁匠，回忆里一个幸福的符号。二十多年没见，小铁匠变成了老铁头，这人竟鬓角花白了。铁头已认不出他，指着他破口大骂，要一榔头敲碎他的狗头！

“你们干吗盖那么多仓库骗钱？”陈麦温和地问。

“当官的盖了能赔，我们就不能？”铁头仍没有认出他，左腿肿得晶亮，似乎断了骨头。

陈麦拉过小白：“材料上别写太重……”

小白不服，拎起裤腿给他看血淋淋的伤口。“他扫了我一榔头，一块肉都没了，你就这么便宜他？”

陈麦皱眉道：“赶紧把伤藏起来，你这也叫伤？别被分局的兄弟们笑话。你了解下他们的事。悠着点吧，我可不想死后被人把坟刨了……”

大家收队，对方收拾残局。陈麦松了口气，宽慰地想：这次没有死人，万幸……

又是那个陈麦，又是他开的枪？谁让他开枪了？这年头网络和手机通信这么发达，一个新闻就废了我们，必须给予处分！严厉处分！政法委刘书记来了电话，口气不善。

省厅领导也打来电话，说谁下了开枪命令？怎么这么没有纪律？就算开枪，为什么不先朝天鸣枪示警？想造反吗？是谁？谁？蛋球的，又是那个陈麦？

朱局把这雷顶了，说是他下的令，与陈麦无干。文局也帮着说话，说不这么干，鬼知道出什么大事？被老百姓土炮欺负了，那报出来才丢人呢，领导们只会马后炮，事前没人做决定，事后人人都找茬，别搭理他们。谁敢在领导面前瞎放炮，我们就查查他的通讯记录……

虱子多了不痒，陈麦知道没人能把自己怎么样，就收拾东西准备走人。艾楠发来一条彩信，是在张家界拍的，她穿着土家族姑娘出嫁的衣服，站在一个破烂的土楼前笑得张扬，像要去抢婚的女匪。他回了一条短信：快点回来，我想要你。

镶金边的喇嘛打来电话，说寺庙胡同里一个相好小姐被抓了，问他能不能想法子放了。陈麦笑着说是不是你又忘了给钱？镶金边的喇嘛也呵呵一笑，说钱是给了，但不是为这个，抓她的人要是睡这个女孩子，可能招来灾病，甚至横尸街头。我已经给女孩子下面开了光，除非她乐意，否则进去的鸡巴都要倒霉，她上辈子可是被国民党铡刀铡死的烈女啊。陈麦听得心里发瘆，忙打电话给派出所查询，心里却想艾楠上辈子又是什么呢？

镶金边的喇嘛并非袍子上镶着金边。被抓的小姐惊讶地告诉陈麦，说镶金边的喇嘛那玩意儿上套着一枚粗大的金环，举起来金光闪闪，做起来勇猛异常，像卡车的档把儿拨来拨去，小姐说自己像是一面门，被一个金色的门环硬硬敲击。陈麦和这镶金边的喇嘛初次告别，问他人世间冤魂的去处。镶金边的喇嘛一边喝着小二，一边指了指他的身后。陈麦回头，身后只有风和月光，一只野猫溜过街角，射来绿色的眼神。再回头镶金边的喇嘛已经拂袖而去，边走边道："他们哪也没去，都在你我身边，他笑你便笑，他怒你也怒，什么时候你想杀人了，那就是你身边的冤魂想起最难受的事了……"

他和艾楠只要抱在一起，就能忘了全世界。他们的身体像标配的螺丝螺母，契合得天衣无缝。他们无所不谈无所不做，角度和方法毫无禁忌，每一次都在心领神会中共赴巅峰。一次极致的高潮，陈麦竟在她肩上流下泪来，他惊讶地悄悄擦去，一遍遍温柔地吻着她的脖子。他开始离不开她，几天不见就甚是想念。这强烈的牵挂不知何时开始，亦不知何时结束，最近竟有些失控。于是他有些害怕，怕真的会爱上她。

树叶开始掉的那一天，他们来到香格里拉，一个下午都拧在床上，做累了便睡，醒了再做，做了再睡。如此几次，二人几乎瘫软。

他靠在床边抽烟，身体像撒了气的气球，久战之后的那玩意儿兀自竖立，挂着亮晶晶的东西突突地跳，每跳一下就矮去半分，终于羞答答低下了头，缩成莫名其妙的一小团。她坐在床边背对着他，优雅若水中的睡莲，尖尖的蝴蝶骨支出漂亮的轮廓。那上面有他不小心掐红或是咬出的痕迹。他数着她背后的脊梁和肋骨，为它们能承受他势大力沉的冲压感到神奇，于是它们的每一节都让他怜爱着。他有让别的男人看见这痕迹的冲动和得意，但立刻就又痛苦着，因为这么做并非他的专利。

艾楠缩着肩膀发短信，纤细的手指在触摸屏上跳舞。他的目光缓慢地滑过她的裸露的身体，找寻着她隐秘的所在，但它被紧紧地夹在双腿之间，这让他想起吞噬苍蝇的猪笼草。今天是她的安全期，今天的她极度贪婪。

“这么忙？”他不想这么问。

“要安排好明天的活动，他们催呢。”她没有回头，长发掩住了她的脸，他只能看见她性感的嘴唇。

那只生硬的手机噼啪乱响。他无法遏制地想象着上面的字。艾楠终于回头一笑，脸上红晕还在，眼神迷离如微醺的少女。她的样子逼着他微笑起来。她颇刻意地把手机塞在挂在椅子上的衣服兜里，俏皮地爬过来亲他的脸，再亲他的胸膛，对着他的东西轻轻一弹，妩媚地退下了床，拿起浴巾去卫生间洗澡。

一个聪明的女人，他想。她从不触碰他的家庭，从不剥夺他的时间，这很难得。但是，当她开始在他面前很自然地应付她男友或是别人的电话，这令他失望又厌恶。她却不觉得。浴室的门开着，像故意要泄露一个秘密。艾楠在里面走来走去，翘的臀像削了皮的哈密瓜。她在洗掉见面时来不及卸的妆，卸了一半就对着镜子发呆。那镜子里的眼神他看不懂，不懂便有问题。他看了看表，该走了。每次都是他先走，因此每次他都惭愧，这半斤惭愧抵消了对她的八两怀疑，他无法言说，但这是他的心病。

办公室的空调得了哮喘病，哼哧得要断气似的，吹出的风一会冷一会热。他从回忆里爬出来，又从椅子里爬出来，恨恨地来到写字台前拿起毛笔。写了这么多年，竟还写不过才练了两年的文局。随便写了几个字，却是艾楠，或是张家界，于是他恼火地丢了笔，把宣纸揉成一个坚硬的球，投向屋角的垃圾桶，却没有进，它嘲笑般弹了回来，他气愤地捡起，直接塞了进去，又倒进半杯滚烫的茶。

时间差不多了。他换好便装，叫上包扎好的小白，二人一车先到了“幸运星座”。

酒水都已齐备。服务员在调酒，穿着夸张的低胸装。小白问小姐打哪里来？为什么不上学？家里几个孩子？老爸老妈如何？怎么忍心让你来这地方？小姐面露恐惧，夹紧了裙子，胸前泛起一片鸡皮疙瘩。陈麦推开小白：“装什么共产党员？自由的市场经济，人家既舒服又挣钱，天天换老公，用你操心？”小白红着脸笑着，让小姐去给他找把吉他先热热场。小姐也咯咯笑着，任由陈麦把手伸进她松垮的胸罩，说你这个小兄弟真可爱，是不是雏儿？今晚上我给他开苞吧？

陈麦问大龙那帮新毒贩的事儿。大龙说这家来头不小，东西好，讲信用，敢赊货。四喜和三牛他们的货都被挤垮了。他们本想找茬，但好像是惹不起。这帮家伙从云南来，在这里根儿扎得很深，主要在开发区那边活动。陈麦让他继续深入，告诉他这是大功一件，不能让任大江抢了先。

老六咣当一声推门而入，叼着雪茄戴着墨镜，腆着略微发福的肚子，脖子上的金链子哗哗作响。刚才楼道里女人尖叫声一片，这家伙定是一边走一边摸了走廊里所有小妹的屁股。

“我们又有了新产品，日本引进的技术，超级仿真娃娃，你试一试，肯定比你的艾楠还过瘾……”老六的狗嘴里向来吐不出象牙，但陈麦仍让他闭了嘴。他不想让小白知道艾楠，这城市很小。

老四和老二到了。二人夹着包进来，本是一派律政精英，但是这西装革履地进来，倒像打扮成嫖客的卖药鬼。陈麦半天才认出他们。这是那个喜欢一个人孤独漫步的老四么？怎么腰直起来了？但那双曾经黑漆的眼却黯淡了，又褐又黄，仿佛这双眸子是个小号的吸尘器。老二还是那么帅，身材也好，保养得像温室里的白萝卜。

老四一脸惊讶，说你这王八蛋怎么不老呢？就那么几根白头发，连一点皱纹都没有。来之前我们所的小师妹还问你呢，还让我拍个彩信发给她呢，我本准备拍回去一张贪官头脸，如此作罢，别勾起人家情虫，孩子都打酱油了还夜夜为你揪心。

老二长成了典型的中年学者样，他捏了捏陈麦的腰说："你这鸡巴不行……腰都软了，我给你的那套高尔夫球杆儿呢？你没用吧？这鸡巴不行……以前在学校除了学习不好你什么都好，如今你不行了吧？"

陈麦介绍了小白这位师弟，小白立刻对律师行业问东问西。老六皱着眉拉开他们，让他们宽衣解带快快入座，把那骨灰盒一样的皮包扔去一边。"废话少说，赶紧喝酒，否则让老三查你们的暂住证，把你们遣返回京。"

老六又让妈咪去招呼女孩子们，他咂着嘴说："你们真会挑时候，昨天这儿到了几个新妞，刚才伸脑袋去看了一眼，都不错，今晚咱们几个现场办公，把她们一勺烩了……老四你还打着领带干啥？来我们阳关市，就别装京逼了，摘了摘了。"

老四腼腆地摘下了领带，像女人在灯下解下胸衣。而只片刻他又撸起袖子，作势要大干一场。陈麦说这地方是我兄弟开的，什么神仙妖怪，到这里都被打出原形。你们北京人说了，千万别装逼，装逼遭雷劈，尤其是当律师的……

几杯酒后，二十多个女孩子涌了进来，像一条散着温热的肉河。体型庞大的妈咪夹在里面，仿佛一群带鱼里混了个牛蛙。女孩子们披着齐颈的黑色亮边儿低胸长袍，衬出姣好的身材。宽敞的包房被挤剩下巴掌大，满屋黑乎亮闪。老四和老二定是见过世面的，靠在沙发上笑而不语。老六冲妈咪使个眼色。这老女人一声令下，二十多条长袍齐齐解下，小姐们登时全裸，一个个丰乳蛇腰，肉香四溢，在灯下颤巍巍的，像高瓦数的探照灯烁烁发光。老二和老四直起身来悄悄擦汗。小白的脸像被浇了一盆水，被这排山倒海的肉墙逼得一个劲往后靠。陈麦和老六哈哈大笑，见北京来的大律师和做律师梦的小兄弟都有些慌乱，二人就得意地干了一杯。陈麦对老四说："怎么样？走南闯北，见过这样挑小姐的没？"

老四又解开两个衬衫扣子，怯怯地说："听说过，听说过……"

陈麦又问老二："比你的90后学生妹如何？"

老二扶了扶眼镜，点着头说："这鸡巴行……塞外风情，果然不俗。孟德斯鸠说地理环境决定该地区人民的性格、道德、风俗甚至法律，如今应该补上一条，还决定色情业的发达程度。"

老六揪过老四说道："你挑两个，哥们今天让你开开眼。我这包里什么药都有，两颗下去，你挑的妞就一片汪洋，我再给你一颗药，番茄红素做的，保证你变成千斤顶……"

每到这时，陈麦都心里发紧，他从不能适应老六这样。本来是挑女孩，他总觉得自己才是被挑选者，像笼子里被围观的猴。她们鲜嫩可口，欲望饱满，精施粉黛的面庞挂着你情我愿。陈麦曾想去弄明白这些女孩在想什么，却终是徒劳，没有小姐会相信一个色迷迷的警察，就像他也不相信她们说爱他一样。

大龙端着洋酒和冰块进来，和两位北京客人握手相识。他提醒女孩们，说今晚放开手段，伺候不好就滚蛋。众女孩像入党宣誓一样齐声应着。妈咪站在一侧，喉咙里像塞了个电喇叭，令她们一个个讲解自己的特点。女孩们段子淫秽，妙口生花，一边说一边动作，挺胸撅臀又叉腿。男人们裤裆夹紧，像花一样笑。小白轻轻拨了几下吉他，包房的氛围顿显诡异。老六时不时打断女孩，着重于她某个部位的细致讲解，是馒头型还是鲍鱼型，流出的是五粮液还是陈年花雕，女孩子们都捂着嘴浪笑起来。

远来是客，老六让老四和老二先挑。老四选了两个奶牛般的，被老六一顿耻笑，说你要喜欢这个，明天带你去养牛场转转。老四振振有词："你懂什么？这是阴阳调和，你没见北京的老干部们都好这一口？"老二挑的像学生妹，也被陈麦奚落："在学校还没玩够？与时俱进，你倒是换点新鲜口味啊！"

大龙掏出一瓶深色的酒，神秘地说："咱人民公园那只老虎吃了几年的批发廉价肉，去年瘦肉精中毒死了，可惜虎鞭没弄着，到我这就只剩肋条了……不过仍有奇效，我试过两杯，蛮厉害的……"

大龙是他的垃圾桶，一切肮脏恶心感动矫情的事，他都可以往这儿倒，不用为昨晚失言感到心慌。他借着酒劲说的那些可以把牢底坐穿的勾当，大龙基本都烂到了肚子里了，一张嘴长得挺大，却比监狱的门关得还紧。

"最近赢钱了么？"陈麦拍着他说。大龙是个好赌的，赌的虽然不大，但隔三差五总要来那么一下。

"小赢了一点，一点……那些料子鬼不舍得玩儿大的……"大龙笑眯眯地说。

陈麦冲一个新来的姑娘招手，她的长发遮住了多半个脸，留出窄窄一条，有了留白的美。而女孩坐下一撩头发，大脸蛋子便豁然开朗。他也不说，让她倒酒便是。其他女孩见挑选结束，立刻收起期望的表情，失望地披上了黑袍。

"这次干吗来了？又来骗我们边疆人民的钱？"见妈咪率队离场，陈麦笑问老四。老四瞪起小眼："大买卖，我们的委托人看上了这边一块地，就在市中心，离你家不远，想再造一个城市综合体，我俩打前站来摸摸道儿。"

"哦？那得找人啊？好地皮很紧俏呢，到哪一步了？"

"……听说那周围底价不菲，招拍挂要五六百万一亩，委托人想让我们找找区政府一把手，先规划个东西，和政府签个协议，用特殊价格拿下来……"老四用手指头在大理石桌面上写了"拿下！"，又一把将它抹去。

“没那么容易吧？现在土地不都要招拍挂么？这么个地段，这么个价格，你以为别人是傻子？能眼睁睁看着你们瞒天过海吃独食？我看拍过八百万都有可能。”陈麦不以为然道。

老二一脸高深凑过来说：“陈麦，这你就不懂了，你这想法早就out了，这鸡巴不行。你们这里的土地政策和外边不太一样，招拍挂是可以限定条件的，协议在先就是历史遗留问题，可以区别对待，有人来硬抢，政府就以协议在先劝他们退出去。我们去年就和区政府签了协议，规划和效果图都做完了。”

“那你们找我干啥？都和政府签了协议了，去找政府就行了。”

“那不是，政府我们有办法，但是备不住你们阳关的一些有实力的公司非要高价来抢。政府能出面拦一拦，但也不会拼命挡着，政府里头也不是铁板一块。所以，你看你能不能找人从下面使劲，协助政府劝退这些不识相的。他们不来搅和，这块地没准挂出来就是四百万，没人哄抬，一把就这么拿了。这事你要是帮忙，我就觉得咱能办。”老二眯着眼睛，一副志得意满的样儿，像是已经赚了这笔大钱。

“嘿嘿嘿！干吗呢？别扯你们的大生意了，倒酒啊！”老六揪住了老四的衣领，瞪着眼嚷嚷起来。

“就是的，还以为你们是想我们俩了，原来是算计我们来了，倒酒倒酒，废话少说。”陈麦语气不屑，但心里记住了这事。

老四和老二立刻把话头收了，摆出决一死战的架势来。陈麦正要举杯，已然酒酣的老六拉过他：“嗨！今晚你不走了吧？新来的那几个，一人俩？”

“你下面不是废了么？一个都勉强还俩？那得吃多少药啊？”

“老三，你诚心恶心我是吧？你真以为我抬不了娘们了？”老六瞪着布满血丝的眼说。

老四果然不信，宽恕式地拍着老六的背说：“就你这酒色掏空的身子？”他笑着举起了酒杯。老六愣了片刻，脸上竟露出了杀气。他一把将老四的胳膊打开，斟满的酒杯飞出老远，摔在地上碎了，黏黏的洋酒染了墙上的人造牛皮。老六把自己的酒一饮而尽，指着老四的头大喝："少你妈给我装，别以为你成了大律师就牛逼了，别管你穿成啥样，你在我眼里就是一坨屎！跟我比这个？妈了个逼的，看我给你们现场直播，你过来……"老六指着那个女孩说。

不知是因为酒还是因为愤怒，老六脸色通红，胸前也泛起红红的一片。他一把将女孩揪过来，将她前身按在茶几上，撩起她的纱巾，一边解着裤带一边骂道："你妈逼的，老二，老三，老四，你们都别和我磨叽，看哥们儿给你们现场直播，现场直播！"

陈麦见他上火，竟真的要当众做这荒唐事，就起身来拦他。老六一把打开了他的手，怒骂道："你坐下，坐下看着表，我干一分钟，你们就喝一大杯。"

老四脑门上全是汗，眼镜都戴不住了，眼巴巴瞅着陈麦，像灾民望着讲话的领导；老二强自镇定，手里的酒有点抖，另一只手攥成了拳。大龙叼着烟卷翘着二郎腿，和没事人一样。

"老六，差不多就行了，少吸点，让大龙给你开间房，实在等不及你就到卫生间里办去，在这不太好，把老四和老二吓着了事小，传出去，大龙不好办呢。"陈麦想拉开他。

老六梗着脖子喊道："怎么啦？嫌我丢你的人啦？他们当律师什么没见过？法官们半夜还不都是这个操行？在哪儿干不都是干？这丫头开个口，我不还价，反正哥们就在这办了，小妞你有意见么？你有意见没？你妈逼的说句话啊？"老六猛拍着她的屁股。女孩疼得脸一甩，腰直了起来，像一只跳出水盆的虾，她一转身，一耳光抽了回来！脆响声里，老六歪着脸愣了，众人也都愣了。

"你要干就干，干什么打人？有种你就把我干爽了，动手打女人，你算什么鸟男人，这里一炮一千，把套戴上，你爱干不干，要不然我他妈不挣你这钱。”

陈麦最讨厌的就是男人打女人，见老六胡来，就有点搓火，正要发作，见这姑娘如此强悍，小胸脯气得起起伏伏，登时笑了。他拦住要动手的老六说：“丫头说得对，你有种就把她弄爽了，再打人，我就把你给维稳了。”

老六骂着天南海北的脏话，拿过小皮包，掏出崭新一扎万元，往茶几上一摔，指着那姑娘叫：“趴下！”

陈麦示意大龙出去把门儿。他拉着两个兄弟坐下，拿过酒瓶给他们倒酒。

“行，老六，你来吧！让老二和老四看看你那玩意儿好不好使？姑娘你要是不爽，我们今天羞死他，给他看表！他要是顶过半小时，我小费加倍！”

众人鼓起掌来。老六已然赤条条了，扶起蔫巴巴的器具戴套子。“妈的，弄死你，看我不弄死你……”他的四肢和在学校时一样瘦弱，肚子却像装满了蛔虫撅起老高。女孩子不再说话，弯腰趴在了茶几上。

老六宽大的办公桌后面有一面墙，镶着千奇百怪的性具。得势后的老六为把漂亮女人弄上床可以不择手段，不惜血本。每个男人心中都有那无法言说的痛，老六造出了世界上最为坚挺的塑料阳具，却扶不起自己那根提前磨损的寸短之物。不知何时，这混蛋又沾了毒，整天和一帮道友混得晕乎乎的，身体就更加糜废，如今阳刚势去，精神萎顿，举起来好是艰难，说起来那个心酸。

坐在角落的小白突然出声：“我来伴奏吧……”他抱起吉他，旋律一起，竟是斗牛士进行曲。女孩子撅臀低腰，等着他硬起来。老六低头摆弄半天，杵上去又退回来，又摆弄几下，杵上去，又退下来，连套子都快要掉下来了。陈麦知道这家伙不举，不知说什么好。

“再给两千，我帮你舔起来。”女孩子回头道。老六一愣，扬起手来要打，却放下了。他扭身拿过皮包，又掏出一扎钱来，往桌上一丢。

“来吧，爽了全给你！”

小白的琴声停了，电视的声音关了，于是所有人的笑和呼吸就都屏住了。女孩扭过身来单膝跪下，纤细的手扶起老六的东西，用灵巧的舌头开始逗弄他。老六闭眼向天，像抬不起杠铃的运动员，绷足了力气在那器物上。陈麦一阵反胃，忙喝了口酒。小白抱着琴不知所措，琴弦冰冷，发着奇怪的光。大龙在门外抽着烟，头都不回，后脑勺上白发森森，僵直得像具树根做的雕像。

老四端坐如堂上的法官，喉结一松一紧地动。老二把眼镜揣进了兜里，眉头紧锁，一支烟叼在嘴里，却忘了点火。屋里静得像太平间，只有老六的喘息呼呼作响。

女孩子也不再看他，她长发盖头，露出鲜红的口舌，深入浅出，左拧右旋，瘦弱的身体微微扭动。桌上的两万块钱崭新刺眼，亲切如上面主席的微笑。

老二自饮一杯没加冰块的“约翰走路”，低声对陈麦说：“老三，老六这是怎么了？以前不这样，这鸡巴怎么不行了？这鸡巴不行啊！”陈麦也低头道：“别说他了，没准哪天，我们也不行了。”

他猛然想起健康街那个大夫的话，心里一阵发毛，不由得摸了一下下面，还好，硬得很。

“你别在意，老六不是给你们脸色看，他就是喜欢折腾自己。”陈麦又和老四干下一杯。

“我怎会怪他，是心疼他……”老四竟有些眼泪汪汪了。

老四和老六在学校打过一架。老六无法忍受下铺老四无休无止的臭屁，半夜发难，老四认为这是基本人权，天经地义；老六认为这是侵犯相邻权，必须道歉。二人理论吵光便动了手，耳光扇得响亮。陈麦被吵醒时，二人在地上打得不亦乐乎，被兄弟们拉开还在吐唾沫。这件屁事令宿舍里气氛黯淡了很久，但老四终于改了放屁的习惯，毕业时老六求他放几个送行，他倒放不出来了。

“老大身体怎么样了？”陈麦突然想起麻技如神的福建老大来。

“尿毒症，在福州一个医院治呢，听说过不了今年……”老二皱着眉说。

老大一心当官，毕业就回了老家，在县政府干活，天天喝大酒，如今成了县长，眼看要升书记，身子却垮了。

三人避开这个话题，但也没更合适的话题可说，就麻木地看着老六。陈麦和身边的女孩打听这女孩的来历，得知她叫小梅，四川来的，大地震时父母双亡，亲戚没活几个，就留下她和剩了一条腿的十四岁的弟弟，一年前经朋友介绍，她就做了这一行。

“好了，好了，快快……”老六似乎来了感觉，急匆匆地将女孩翻转过来，撕开一个新套子哆嗦着戴，还没戴上，却一激灵就射了。稀淡的一溜东西像初生童子滋出的尿，飞在茶几上。老六低号一声，那绝望似乎从丹田里来。他又骂了一声娘，便颓然跪倒在地。

陈麦忙上去扶他，老六滑腻如泥塘的鳗鱼，猛然泪如雨下。

“陈麦，爷真的没用了……”

女孩厌恶地躲开老六，踮着脚站在一边。陈麦不想让她们旁观老六的悲伤，就让她们先出去。女孩拿起一沓万元，对陈麦说：“我就拿一个，他没成事儿，但我让他硬起来了。”

陈麦把老六交给老二和老四，他俩抱着他劝起来。陈麦又拿起一沓给了女孩说：“说好的，他干不了是他的事。”

女孩也不推辞，拿在手里，扬起头笑了，他这才清晰地看到她清瘦如梅的脸，心里竟感到一下刺痛。她穿上亮边黑袍，把钱抱在了怀里。

“陈麦，你给我干她！你给我干她！她还没爽！这婊子还没爽！我给了钱的！你别走，你叫什么？你妈逼的叫什么？”

老六歇斯底里地指着女孩大叫起来，老四和老二各抓着他一条胳膊，像抓着精神病院的病人。陈麦又对回头的女孩做了手势，示意她快点走人。

“我叫小梅。”

女孩说完就走，到门口时回头，感激地看了陈麦一眼。他很久没有被一个女人这样看，只觉得那双眼睛中的伤感和无助，还有他说不出来的熟悉，令他麻木已久的心感动起来……

4

和老梅找话茬，仿佛比找茬砍人还难。都几天了，他总不能得逞。老梅要么和女同学打成一片，要么就是带搭不理。这天下午，陈麦悄悄去看老梅锻炼，坐在操场边的台阶上，装腔作势地看书。

老梅一次次飞过那些栏杆，她穿着职业运动员才有的深蓝色宽松套头衫和窄小的纯棉运动短裤，俏皮的马尾辫随着跨越飞舞。每次到了终点，她都会慢跑回跑道的起点，然后稍加活动就再飞跑起来。她盯着眼前的栏杆，像要去抓羚羊的猎豹，白健的长腿波浪一样轻巧平滑。老梅俏丽的脸庞随着跳跃上下起伏，这韵律迷醉着他，让他不由站起来。她还剩最后一根栏杆，她的呼吸传到了他的耳朵，他就忍不住大喊一声：“跳得好！”

老梅定被这驴嗓子惊着了，半空中扭脸一看，后脚就绊了蒜，生生卡在杆上，像飞鸟撞了树杈，一个标准的狗啃屎，在跑道上摔滚得烟尘弥漫。

陈麦大惊，浑身也是一疼，想跳下去搀扶，见她的同伴们都围上去了，这闯祸的家伙就犹豫起来。老梅坐在地上，半脸是灰，活像坟地爬出来的女鬼。她从人缝里射来一道恨不得将他生吞活剥的眼神，歪头吐出一口痰。同伴们帮她揉腿看伤，擦脸吹灰。陈麦缩在看台上，跑也不是留也不是。老梅咬牙站了起来，一瘸一拐地被搀着走了。陈麦如蒙大赦，又觉丢人，忙向教室跑去。

晚自习就要开始，陈麦还在厕所边东张西望地抽烟。同学蒌瓜蹲在里面，求陈麦去帮他拿手纸，说话还带了哭腔。陈麦很不耐烦，就把一个空烟盒扔给了他。萎瓜说这点纸够干啥的？陈麦也不理，见老梅来了，忙迎上去。

老梅果然来水池边洗手，见他也在，并不诧异，只绷着脸拿出一块香皂，慢慢洗着胳膊肘的伤口。陈麦干脆也洗手，时不时看她一眼。

"疼吗？还伤到哪儿了吗？"陈麦明知故问，他早看到了她腿上的那处伤。

老梅没有回答，木着脸慢慢扭过头来，额头上青了一块，还好没破。老梅又低头洗手。

"对不起，我不是故意的……想上去道个歉来着，怕挨骂……"。

他满以为老梅会破口大骂了，但她却温和地笑了。

"你就是那个诗人啊？看着不像啊？诗人怎么能上街当流氓呢？"

"我就是流氓，我就是流氓，别听他们瞎说，我不会写诗，流氓才是真格的。"陈麦忙接着话茬。老梅无奈道："……又伤了，腿也破了，都是你整的，集训要受影响了，遇上你算我倒霉！"

老梅刷地放下袖管，拿起香皂盒。"早就习惯了，这还不算是什么伤，你别太在意。"

老梅掏出一方可爱的花手绢擦手，见陈麦就往身上一抹，就又笑了。她走起来也很快，像林子里的风。他赶紧走到她的身边，跟着她的节奏。楼道到教室有着长长的距离，足够他和她并肩前行，他时不时偷看一下她的脸。老梅却不看他，只微笑着，头昂得像只长颈鹿。他觉得自己像个傻瓜，当即快走两步到了她身前，鸭子一样晃着手脚，大裆裤哗哗直响。老梅咯咯地笑起来。他气呼呼地回头问："你笑啥？跟着你走被人笑，排着走你不给面子，不跟你走你笑我，那我搂着你走算了？"老梅俏皮地撅了撅嘴："哼！给你个胆子，你敢么？"

哐当一声，楼道尽头的办公室被撞开了，里面撞出两个撕扯的男人。一个被打落了眼镜，眯缝着眼到处乱抓；一个被打破了鼻子，糊刺刺地往地板上滴血。陈麦认得一个是走路喜欢看地面的生物老师，一个是走路总是望天空的物理老师。如今二人都恶狠狠地看着对方，眼里充斥着知识分子那彬彬有礼的杀气和酸气。一个骂对方不学无术，一个骂敌人学历作假，一个说对方暗中诽谤，一个骂对手传播流言。陈麦原本想看个输赢，见他们跌跌撞撞要碰到老梅了，就上前推开了。

“两位老师，你们有什么深仇大恨哪？抓得都破相了，怎么给我们讲课？就是能厚着脸皮讲课，回去怎么和你们老婆交代？”陈麦站在中间叉着腰，像个居高临下的领导。老梅在一边扑哧哧地笑。校长阴着脸背着手来了，严肃的马大葱也来了。陈麦忙躬下身来溜到一边。校长黑着脸把两个老师拉走了，他们在路上仍然问候着彼此的妈。陈麦对马大葱赖皮地一笑，见她板着脸没反应，有些失落。上课铃响了。

“你站起来。”马大葱对老梅冷冷地说。

“嗯？老师什么事？”老梅紧张地站起来。

“长得挺漂亮，穿得也挺漂亮，怎么就不知道自爱？”

“……”

“学校有规定，我们班上也一再强调，女同学不要穿高跟鞋，不许擦香水，你为什么就是不听？昨天连校长都看见了，你蹬着高跟鞋在门口等人。校长刚才和我说了，你刚转学过来，不要把铁一中的坏风气带过来。”

老梅咬着嘴唇，低下了头。陈麦在想，她等谁呢？那个没用的后生她还要？

“你这样影响多不好？你们体育生本来学习就差，多用点心思在学习上。”

“鞋是我表姐的，她穿不了了，不穿也浪费……”她的声音低得像从肚子里发出来的，但马大葱仍然听到了。

“那也不行，规定就是规定，否则学校就没了规矩。”马大葱如此强调规定，这很不像平日的她。陈麦看着她那张过分严肃的脸，突然想起，他从未见马大葱穿过高跟鞋。老梅低头弄着衣角，眼泪在打转。

“老师，老梅没有影响我们啊，我觉得挺好的，外边流氓围着她转，说明咱们学校流氓少，美女多。”陈麦瞪着几个幸灾乐祸的同学，锁定了几个欠揍的，对马大葱阴阳怪气地说。

“你怎么这样说？”马大葱叉着腰。

“香点总比臭点好哪，班上老有人上课放屁，比如蛋鸡、阿源、尿布、骚羊，男的女的都放，还每堂课都放屁……老师你别惊讶，他们都是高手，放屁没动静，你看谁上课的时候身子突然歪了，脸却没歪，那就是在放屁，臭屁不响，他们放的一个比一个臭，老梅的香水多好闻啊！有她一个在，幸福一个班，要不然我们早被这些放屁精的臭屁熏死了啊！”

“你才放屁呢！老师他血口喷人，那都是地雷放的。”蛋鸡惹不起陈麦，遂嫁祸他人。“还有老豆腐，他也放。”阿源蔫蔫地说。“好汉放屁好汉当，敢放不敢承认啊？我是放过，谁没放过屁啊？”地雷暴跳如雷。骚羊脸憋得像年画上的娃娃。

“放屁没什么，关键是要承认，还要讲究技巧……我是放过，但我挨着窗户，都用手捧到窗户外面去了……这事要讲公德，不像某些男同学和女同学……”尿布酸酸地说。

放屁者互相指责，班里大乱，就差指到讲台上的马大葱了。马大葱把黑板擦在桌子上拍得烟尘四起。

“好了好了！别说了！我们上课，这件屁事下课再说。”话音刚落，不知谁放了个响屁，像鸡窝里放了一枚鞭炮，全场登时轰然。

老梅感激地看了他一眼，陈麦头几乎挨着课桌，坏笑着敬了个礼。见马大葱脸色铁青，他对她伸了下舌头。马大葱扭过脸去，在黑板上写着，粉笔力透墙壁，咔咔地响。陈麦并不讨厌这女人，琢磨着怎么也得和这美女老师缓和一下。

教室前成排的迎春花怒放得有些嚣张，而天蓝得亲切，风也湿润起来。煞风景的上课铃驱鬼般刺耳叫着。职称风波还没过去，老师们来去的脸大多像学校门口那粗制滥造的雷锋雕塑，每天苦大仇深，仿佛这社会主义国家欠着他们的钱。

这天下午，马大葱在讲古文，两只狼和一个屠夫的故事。陈麦觉得那屠夫太蠢，手里有把菜刀还对付不了两只畜生。他就和窗外的乌鸦做手势，故意把书本掉在地上，时不时打个喷嚏，搞得一惊一乍的。同学敢鄙不敢言，可马大葱就当他不存在。陈麦见乍刺无效，老梅也不看他，就干脆趴在桌子上睡觉，一觉睡到下课。迷迷糊糊醒了，推醒他的却是老梅。

“干啥？”

“你干啥呢？大下午的怎么睡觉呢？”

“不睡觉……还能干啥？”这倒是实话，这个时间除非有人找他打架，一般都在睡觉。

“走吧，跟我到操场锻炼去？”老梅眨着眼问他。“你活过来啦？没事啦？”陈麦还有点晕。

“我再不练就生了，疼也要练。随便你，短跑长跑，我拉你溜两圈。”老梅已经换上了暗红色的运动装，她的腿在运动状地轻颠着，一副跃跃欲试的样子。陈麦登时睡意全无，腾地跳起身来，脱下上身的军装绿，从课桌里掏出一件汗衫，呵呵笑着套上了，和老梅去了操场。

“谢谢你那天替我说话，她找你麻烦了么？”

“没有，马大葱是看你漂亮，心里不舒服，我还不得帮你说两句公道话？”

“说实话，我倒真没觉得穿高跟鞋用香水有啥不好，我影响谁了？这是我自己的事，关别人啥事？这叫啥规定啊？”老梅绷着好看的小腿，踢了一脚路边的小树。

见老梅后面跟着一个奇怪的人，她的同伴们都笑了。这人脚蹬白边儿布鞋，下着流氓才穿的绿色大裆裤，上面是一件不伦不类的混纺汗衫，还有几个小窟窿，再往上是一颗左顾右盼的寸头，人还算规整，但就是看着别扭。老梅红着脸推着她们，大方地把陈麦叫了过来。

“陈麦，介绍一下我的哥们儿们，这是海燕，这是小萍，那是小凤，这是小雪，都是我们田径队的。这是陈麦，我们班同学，上次把我吓倒的就是他，看在上周他帮我和老师干架的份上，扯平了。”

陈麦冲她们一一点头，这个一脸痘子，那个鼻孔朝了天，还有一个像只非洲蹬羚。陈麦觉得还是老梅最好看，一比就高下立见。这些练体育的女孩子虽然奇形怪状，但都有些优越感。她们愉快地接受他人仰视的目光，举止轻盈，步伐轻快，喜欢把手揣在裤兜里罗着锅子，走路像吊死鬼似的一颠一跳。老梅是里面的异类，皮肤白就不说了，她的优雅更像个乖巧的邻家女孩，走过小胡同时，连野猫都会多看她两眼。

“你敢跟我们老梅混啊？不怕被二业体后生们废了你？”说话的是小萍，一个丰满而健壮的女孩，胳膊上绷着若隐若现的腱子肉。

“老规矩，先跑两圈，让姐妹们开开眼，看你能不能追老梅。”这是小雪，一个瘦高个子，身体像搓衣板一样前后扁平，唯独下巴伸出老长，像一只直立的天牛。

“哎呀，你们干吗呀，谁说他要追我了？别起哄，他挺好玩的，带你们认识一下。”老梅要捏小雪的脸。

“别管追不追的，你让他跑两圈，是骡子是马，总得遛一遛吧？看他的样子，体格不错呢。”海燕幸灾乐祸地起哄，一脸粉刺像蟑螂种在发面饼上的卵。陈麦被她看得心中长草，怎么老梅身边都是些不好惹的货色？

“跑就跑，上吧！”说罢，陈麦拔腿就跑，腰上的钥匙哗哗作响。他一阵风般上了跑道，大裆裤兜起风来，宛若一只奔跑的蝈蝈。身后传来爆笑，陈麦也不搭理，他认为跑完一圈不过小菜。但这碟小菜却吃得辛苦，没过多久就觉得两腿绑了沙袋，肺里像燃了火药。除了打架时候跑一跑，要么追人，要么被追，他哪里练过这个？

女孩子们似乎故意来逗他，后发先至，一个个飞快地超过了他，像一群跑过慢吞吞山猪的小鹿，每一个都扔一句话给他。

“裤裆挺大啊，装了排气筒还跑这么慢？”这是海燕。

“你这速度，连老梅的屁都闻不着，还想追她？”这是小萍。

“你跑得和磕头机似的，裤子里是不是有条板凳啊？”这是小雪。

陈麦又累又气，别说打人，回骂都没了力气，脚下一个劲发软。一只手有力地扶了他的胳膊，扭头一看，正是老梅。她关切地看着他，像电影里的女超人，正搀着她没用的记者男友要飞起来。

“深呼吸，放慢节奏，要按着呼吸的节奏跑，腿抬高，胸也抬高，你跟着我……”老梅轻盈地踏着步子，在陈麦身边慢跑着。陈麦竭力按她说的去做，想跑出她的感觉来，无奈腿脚实在不听使唤，上半拉也只剩喘气的劲儿。他丢不起这个人，就轻推着老梅的胳膊说：“你先走，你先走，我慢慢跑……”

“你别急，慢慢来，我到前面等你去……”老梅留下一个灿烂的笑，随即加速，噌地就出去了。她的跑鞋后跟在地面有力地蹬出一个个浅窝，扬起的沙土迷了陈麦的眼，再睁开，老梅已经绕过了最后的弯道，扎着蓝丝带的马尾辫在她脑后捋成一条直线，飘扬如风里的旗帜。陈麦一阵眼花，心跳如鼓，像草原上躲老鹰的肥兔子，两腿迈不开，抬不起，他就想躺在地上沉沉睡去。

“到了，别跑了，到了……”陈麦猛地抬头，发现已经跑过了终点，女孩子们笑得弯了腰。老梅扶着海燕的肩膀，一只手做成喇叭对着他喊着。陈麦登时放松，腿脚一软，头还在向后看，身体已经趴了出去，摔得暴土扬长。

众人又大笑，只有老梅关切地扑过来。见陈麦膝盖摔破，胳膊见血，颇为心疼。

“知道你跑不动，谁让你硬撑了？”

“跑得动，就是裤子不得劲……行了，不欠你了……”陈麦咬牙站起，觉得半个人摔散了，吐出一口痰，一半是细碎的煤渣。

“行了，你先回去吧，好好处理下伤口，和我那次似的，我们还要练一会儿，我的姐妹们你也都认识了，就行了。”老梅扶着他，竟有些娇羞。

“你这算介绍男友么？她们只看见我出丑，还没看见我牛逼……”

“美得你，快走快走，别破伤风了……”老梅脸一红，帮他披上了她的外套。

“放学我等你……”陈麦悄悄道，他感到脸也红了，这很少见。

“好……”老梅笑了，酒窝边的痣俏皮地拐到一边。

剧烈的奔跑撑开了他的肺，打通了毛孔，他的快乐就从这些毛孔里渗出来。空气的味道很像老梅，又轻又甜。

教学楼门口，关华穿着一件破旧的花衬衫，叼着根烟坐在台阶上。关华像在看他，仿佛有话要说。他就要先和关华说话时，却发现他的视线并非对着自己。回头看去，马大葱穿着白裙子在校门口正和一个男人说话，她照例没穿高跟鞋。那男人西装笔挺，头油抹得要流下来似的，红色的领带沉甸甸的，却推着一辆军绿色的自行车。陈麦又看关华，这人却不见了，来去像飘忽的鬼，台阶上扔着他没拧灭的烟头，隐隐冒着青烟。

5

345路公车像个奔跑的长条冰箱，冰寒刺骨，人锁眉头，陈麦觉得被冻成了一根龇牙咧嘴的黄花鱼，如没有辛兰的送别，那心也就冻成山药蛋了。纵然艰苦，这一路却没闲着，脑子里已经有了一首诗，再润色一下就可以拿得出手，对了，送诗之前最好问问说话从来不打弯的田晓玲。她有个助人为乐的好名声，贿赂她一个煎饼果子，或是夸一下她并不太长的腿，她就能告诉你关于辛兰的一切。

老六几乎冻毙，在地铁口和执勤的老太太吵作一团。老太太见他乱丢烟头，要罚五块。老六给她讲为什么我不给你钱，因为你没有合适的罚没主体资格，老太太说我没带猪蹄子就没资格？二人吵得起劲，老六站在台阶上瞪着眼叫，老太太仰头叉着腰喊，一个死活不给，一个抵死不饶。老六见陈麦喜颠颠地回来了，当即大骂："陈麦你妈逼呀，说去两个小时，一走就五个小时，老子分文没有在这风口里冻着饿着，还被人辱没斯文，你有没有良心？"

陈麦忙道歉，大方地给了老太太两元。一说不要发票，老太太就颠着小脚走了。老六又指着卖煎饼的，说我身无分文，和这王八蛋谈了两个小时，把那件崭新的长袖衫押给他，就是写着"只为真理低头"的那件。可他就是不赊给我一个煎饼，说真理是啥？值两块么？我堂堂一个法大学子，我为一个煎饼差点去钻他的裤裆了。陈麦忙蹿过去买，赶紧堵上这家伙的嘴。

"要两个，各加一根火腿肠，两个鸡蛋，不要葱，多刷点辣酱，快点，火车站就要检票了，操！跟你回家蹭着过个年，险些把命搭上！"老六在后面大声喊着。

那个冬天异常干冷，老六不想回他那阴冷的广西老家过年，他家兄弟六个，姐妹四个，女人孩子一大堆，过年挤得像鸡窝，少他一个还清净。老六就和陈麦一起回了阳关市，看看边疆的大年有什么不同。

阳关市人民过年的主要内容，一是喝酒，二是吃肉，三是麻将。老六自诩胃口好，尤其能吃肉，可来到阳关市没几天，就被陈麦的爹妈用肉撑得要吐，天天梦想着啃白菜喝淡汤。天气干燥，胃肠蹿火，老六下行不畅，在厕所里憋得面红耳赤，就向陈麦她妈要凉茶，她妈不解此意，就给他端来了他爸隔夜的砖茶，老六半夜腹鸣如雷，跑了一宿厕所，早晨气若游丝，苦着脸说凉茶不是这玩意儿，遂又吃痢特灵，好容易止住了腹泻，没两天又成了便秘……

离过年还有一周，家里要买些炮备着。老六对一种叫“地雷”的巨炮很是稀罕，买回来十个“地雷”，觉得自己成了董存瑞，说开学的时候咱们带回去十几个，谁和你争辛兰，我就半夜给他床底下放一个。

除夕前夜，赵忠祥和倪萍声情并茂地倒数着1991年的最后几秒。陈麦斜靠在窗前，望着阳关市广播局的发射塔，修它的时候，正是他和老梅牵手的那一年。

铁塔刺向满天绽开的烟花，被映得五颜六色，像盛装的舞者。老六帮着爹妈在准备晚饭，蜜嘴滑舌地将二老哄得恨不得当他是亲生的。这特殊的时刻，陈麦陷入沉思，他想给辛兰打个电话，又觉得有些急切。还有三年半呢，急什么？他默默提醒着自己，大年初二之后，去老梅父母的灵位去看一眼，帮她扫扫墓。

电话响了。他愣了一下，在强烈的预感中拿起话筒。

“是你吗？咦？真的是你啊？陈麦，我还以为拨错了，这时候打电话总串线，我都打到河南去了。”

陈麦兴奋地应答着，又尽量压低声音怕被老六听到。辛兰的声音带着激动，陈麦便矜持起来：“嗯，老六在我家，和我妈包饺子呢。你家买炮了吗……包饺子了吗？明天穿什么新衣服呢……什么颜色……”二人热烈地交谈着，把他们能想到的话题说了个够，然后，突然沉默了。

“陈麦……”

“嗯，我在。”

“过年好。”

“嗯，你也是。”

“那我挂啦？”

“嗯……好吧，也是，就要开饭了……”

“嗯，那我挂啦？”

“好，嗯，过年好……”

“你说过啦……”

“哦，是啊，我说过了……你的声音很好听。”

“……你的也是。”

他们终于放下了电话。陈麦长出一口气，这个电话意味深长，虽然什么都没说，但已经言无不尽。

秒针轻松摆过那一格，那一年就成过去。他看着镜子边挂的那面佛牌，它被老梅从水里捞来，他给它刻了字，老梅便当成了护身符，走的时候又留给了他。它把陈麦一下子带回往事，让他在一场逝去的和未来的情事之间辗转犹疑。漫天绽放的烟花五彩斑斓，轮番明暗，像预示着幸福的来临。

“陈麦，你赶紧去给咱家写对联儿啊，琢磨出句子没有？你还等着你爸去写啊？他写的难看也就罢了，要写错个字，多晦气？要不你就过来帮着包饺子啊，你倒在那儿发愣！”

他妈在厨房里吼叫着，擀面杖叮当作响。他爹挺着肚子在擦客厅那扇破旧的门，一个劲地乐。陈麦摘下佛牌，轻轻在手上挽了，闻了一下，又亲一下。老梅留给它的昔日的香氛早已不在，她走得决然，不知去了哪里，她的离去带走了他少年的春天，令他成长中的每次想念都如在寒冬。

6

艾楠来电，问陈麦明晚是否有空，东边开了一家很好的SPA，有很帅的男技师，也有很好吃的猪扒包。艾楠从不像自己这么直接，却每次都把约会安排得很完美。他当即答应了。

老六被大龙安排着睡了。他回到包房里，老四和小姐搭着肩说话，小白自顾自地弹着吉他，法大吉他情圣老二时不时在旁指点一下。卡拉

OK正在播放着宋祖英的《爱我中华》，各族人民在里面夸张地蹦着，尖利的声音刺得陈麦难受，就把声音关了，屏幕上只剩一群摇头晃脑的幸福光鲜人儿，像上个世纪的无声电影。小白的曲子一下子便清晰起来，他弹的竟是《罗密欧与朱丽叶》，老二歪起了头，闭眼轻轻唱起来，像在毕业时的礼堂的舞台上，他的声音虽然沙哑，却点亮了黑暗。

What is a youth?
Impetuous fire.
What is a maid?
Ice and desire.
The world wags on.
A rose will bloom.
It then will fade.
So does a youth.
so does the fairest maid…

十五年了，老二竟还记得这歌词。大学毕业时老二曾弹唱这首1967年版的电影《罗密欧与朱丽叶》主题歌，把台下的小师妹们唱得尖叫不已。这故事成了传奇，传奇成了传说，不知让老二吃了多少年老本，骗了多少小师妹上床。陈麦慢慢走到老四身边坐下，端起一杯酒慢慢咂着，老二的歌声像风里的流沙，又像是荡漾在水面上的十三陵月光，它们柔柔地流进他心里，一时竟有了醉意。

陈麦按住要站起来的老四。老四像屁股下面有块钉板，又站起来，说："哥们，要不，我们俩走吧？"

陈麦一愣，随即轻轻道："老六最近心里烦，容易喝多，喝多了就乱性，嗨，本来是招待你们，成了让你们难堪了，咱仨继续喝，我来替这王八蛋赔罪。"

“说实话陈麦，哥们心里挺难受的……老大就要没了，老六这样子……”老四眼睛一眨，竟落了泪。陈麦心里一酸，端着杯和老四抱了，轻轻说：“傻逼哥们儿，咱们都已经老个球了，要走下坡路了。”

老二唱完半曲停了下来，似乎忘了后面的词，他眼圈红肿，看着小白的吉他出神，突然对陈麦说：“一晃就十五年了，我鸡巴连琴都不会弹了……”。

颓然老去是场噩梦，每个早晨都硬邦邦的器物，每个被他收拾得瘫软如泥的女人，一斤多的酒量，都证明着他仍在壮年。陈麦曾在纸上数着自己拥有的女人，就像农民数着出栏的牲口，划着正字一数吓一跳，这骇人的数量并不让他感到快乐，那些“正”字像一把把锋利的刀，将他的心切得鸡零狗碎。那每一道笔划，有几个是因为爱情和自己上床呢？是你嫖了这么多女人，还是你被这么多女人嫖了呢？

似乎永远不会老的成龙如今已是皱纹满面，身形委顿，却还在电视里高唱情歌。如此陈麦就知道，说不定哪一天就会变得比成龙的样子更加不堪。健康街诊所那面镜子告诉他，岁月无情，已经悄然催老了他皮囊里那个总以为长不大的男人。

门一闪，小梅又溜了回来，仍是那身黑亮长袍。见他还在，她俏皮地一笑，柔柔地坐在他身边。她踢掉了高跟鞋，脚丫可爱地蜷缩着，每个脚趾都涂得鲜红，像揭了指甲盖子似的。他端着她的下巴看她的笑，从她的风尘里看出了些许圣洁，突然想亲她一口。小白一边弹琴一边摇着头陶醉着，他的小姐痴痴地看着他，假睫毛若鸵鸟样忽闪着，显然今晚准备不收他的小费。老二和老四举着杯子过来了。

“老三，有你在，老六我们放心。”老二说。

“你的小说是写的我吗？里面有这个吗？”他拿起杯问道，眼里突然一酸。

“是你，也是我，也是老六……”老二擦着泪。

“……你写的一定比以前好多了。”

“名字我还没想好……不管它了，写完了就和我无关了，谁爱看谁看，卖多少反正只有书商知道。”老二拿起酒瓶子，蛮正式地对他说：“老三，今晚咱们仨一醉方休，好吗？”

三个男人频频举杯，一边喝一边说着学校里的那些往事。小姐们各自帮他们倒酒，揉着他们麻木的胳膊和肩膀，渐渐对这三个失去青春的男人露出理解的神态。小梅每次都只为陈麦倒半杯，还时不时拿起纸巾为他擦汗。老四喝得眼泪汪汪，突然抓着陈麦的胳膊，低声说：“我就想做个好律师，我就想做个好律师……”说罢，眼泪呼啦啦地流了出来。陈麦一惊，忙扶着他的肩膀说：“你都做这么大了，合伙人里你都排前三名了，你还要咋样？”

老四扬起头，用手抹掉一把的泪，他的手上全是酒，脸上被抹得粘糊糊的。“就是黑的钱多些，我知道的，你知道的……我们打官司，哪他妈的是在用法律呢……”

“老四不容易，自由职业，其实丫一点自由没有，鸡巴的，丫经常后半夜被叫去买单，法官不拿律师当人，他们所几个女律师常被法官睡来睡去，一开始是故意送，后来被人家点，最后拦都拦不住，这鸡巴世道，有几个法官我还认识，都鸡巴是咱们师兄……”

“不说这些了，老三啊，你看你这个姑娘，她像不像辛兰？那眼睛，你说像不像？”老四指着小梅，眼睛突然亮了起来。

第三章

·少年陈麦：街头血战，结识生死之交

·青年陈麦：诗歌、谎言和女人

·警察陈麦：殉职的黑警察，兄弟走好！

1

冰轮斜辗镜天长。江练隐寒光。危阑醉倚人如画，隔烟村、何处鸣榔。乌鹊倦栖，鱼龙惊起，星斗挂垂杨。

芦花千顷水微茫。秋色满江乡。楼台恍似游仙梦，又疑是、洛浦潇湘。风露浩然，山河影转，今古照凄凉。

辛兰用她清秀的笔迹，在笔记本的扉页抄录着陈亮的《一丛花》。他读到它时，是大一第二学期刚开始的一周。

因为发烧，陈麦返校晚了几天，这节奏的错乱破坏了他们的约定，等见到辛兰时，她似乎忘了那个电话，只说着无关的事。陈麦有些失望，就在课后揪住她，借口抄上周的《形式逻辑》笔记，要来了她的笔记本。

这不过是个托词，他根本没有记笔记的习惯。吃饱了饭，他就在床头一遍遍翻着这淡红色的小本子，希望能从她的字里行间感受些什么。

可惜，除了卷首这首词，都是冰冷的笔记、三段论的例子和无聊的推演。本子有亲切的味道，和辛兰的呼吸一样。他很想在上面写点暗示的语句，如同在湖里扔进一块小石头，但又觉得唐突，怕贸然出手，适得其反。

周日上午醒来，陈麦无所事事，撒了个尿就又上了床，准备看普鲁斯特那砖头一样厚的《追忆似水年华》。老大进了城，老六还捂在被窝里说着梦话，老二猫一样打着呼噜，老五轻轻地放着Air Supply的歌，抱着一本卡夫卡文集边看边画。一只野鸽子落在窗前，咕噜噜地在窗台上溜达，啄着老二扔在那的小半个馒头。陈麦扭头看了它一眼，外边阳光真好。

校园里过冬的白雪早被熙熙攘攘的学生们踏得稀烂，像翻滚的泥浆。周末要是不进城，日子便乏味得难挨，老师们在周五抢上校车回了北京，留下无聊的学生们胡思乱想。学校鼓励读书，但图书馆的书陈旧不堪，文革时期的还没淘汰，这也罢了，借书还要忍受几个女管理员那怨妇般的刁难和白眼，借书就像借她的嫁妆。法大不比城里的人大北大，人家周围院校里美女无数，吃喝发达，周末还能打工挣点钱。法大周围只有一排用再生油做民工饭的小餐厅，不毒死这些政法学子已是烧高香。对面是钱多人少的油大，师兄们说那里只出两种生物——男人和恐龙。繁重的课程压得油大的孩子们无暇喘气，该校的娱乐场所，健身中心，甚至澡堂子都被寄生虫般的法大学生多年占据。查学生证的保安轮番被他们用香烟收买，看见熟人来了就回小亭子打电话。

楼道里猛地炸开了锅，闹得人声鼎沸。楼道深处的88级老家伙们又闹事了。他们如今深居简出，宿舍如狗窝一样臭气熏天，要不是偶尔拉个师姐来干，宿舍里就会爬出蛆来。总算熬成了大四，他们天天烂醉如泥，没事就拿91级的小弟撒气。可这些小弟中也有大哥，很有一些和陈麦一样混出来的，吃软不吃硬，你见过解放军怎么了？爷还见过土匪呢！楼道战争在这一层是家常便饭。

五湖四海的口音骂成一片，脸盆和拖把相撞着，吉他砸在墙上断了弦，像高手弹出的揉弦音。老六是个多事的，带着臭气钻出被窝，拎着棍子就要出去。“算啦，关你什么事？”老五眼皮都不抬。

“91的傻逼们，出来！”一个嘶哑的声音高叫着。被人骂成傻逼，屋里的人纷纷动起来，心照不宣地找寻战斗武器。陈麦皱着眉扔了书，吊着腿坐在上铺，犹豫不决。

“这鸡巴不行，一嘴日了一个年级啊。”老二抽出一根棒球棍，起身穿裤子。老五从床下揪出一根包了泡沫的钢筋，吹落了上面的土。老六找了一对鼓槌，觉得不够，竟掏出一枚从阳关市带回来的地雷炮仗，穿上球鞋准备应战。见陈麦还坐着发愣就说：“还他妈想辛兰哪？赶紧下来帮忙啊，你不帮忙，我们几个只有挨揍的份。打完了这架，我撺掇两屋子人给你哄抬物价，都帮你追她。”

陈麦呵呵一笑，从书架上抄起一根铝管，轻轻跃下了床。出得门来，楼道里战声四起，跟美国片里的监狱暴动似的，里外已经接了火，一个酒瓶子带着风声从门口呼啸而过。老六骂了句娘，伸头看了一眼，点燃了手里的炮仗。

“91的都回来！”老六大喊一声。

地雷带着烟飞了过去，里面大乱，纷纷躲开这骇人的东西。一声巨响，楼道里地动山摇，玻璃碎裂，人们的耳膜都要被震穿了。88级的师兄们吃了这一炸，想必头晕耳鸣鸡巴软，半天竟无人说话，但他们毕竟是见过世面的，很快就回过神来，像被红布逗起的一群野猪，疯了一样叫起来。

陈麦出了门，见硝烟弥漫，纸屑乱飞，对门老大和一个88级的高个子互掐着脖子，恶狠狠地问候着对方的母亲。里面乒乒乓乓打得热闹，有人还在地上爬着。小王八蛋像一条打了鸡血的疯狗，竟拿着一柄菜刀抡着，锋利的刀刃在墙上砍出一片火星，在烟雾中甚是刺眼。

“我砍死你，我砍死你！”小王八蛋真的像要砍死一个似的。

陈麦拨开众人，一把将小王八蛋拉了回来，夺下他的刀，在墙上狠狠砍了几下，又还给他说：“用菜刀砍人，不要太锋利，真会死人的，要被枪毙的。”

89级的老薛和几个室友出来，两边劝着，但见双方红了眼，就又笑呵呵回了屋子，说打就打吧，要不他们毕业了，还没的打了呢。

陈麦拎起棍子迎上去，见对方带头那个一头是血，一根健身棒见人就抡，便直取该人。对方照着陈麦头上打来，他轻巧躲开，一棍子捅在对方肚子上，顶走了他。刚要换人，脑袋却中了一枚小二瓶子。多年不曾战斗，这一下砸得他眼冒金星，头疼欲裂。陈麦登时火起，冲着扔瓶子那人上去，想一棍子放倒他，可一群88级的涌上来，一通乱棍就把他逼退了。

几十个人在狭窄的楼道里对峙着，这边攻不进去，那边打不出来。三楼的91级的也赶来助阵，2班帅哥顾晓东一马当先，武林高手般赤手搏着一把水果刀；3班的张新苏也在街上干过流氓，他攥着一根三米来长的鱼杆，发着李小龙似的肉麻吼叫，一下一个，点的都是要害，但他眼神不好，一只飞来的烂皮鞋却未躲开，脸上砸得结结实实，手里一乱，点下一枚灯泡来。双方咒着、骂着，板凳、肥皂和字典，甚至暖壶，都在楼道里飞来飞去。火线的战争在白热化，后面的却干着急，陈麦好不容易冲到前面，竟被后面扔来的一个干馒头砸中后脑，脑袋里锅碗瓢勺一起在响，刚回头想骂，一个88级师兄凌空飞来一脚，就把他踹得飞出去，一个狗啃屎栽进了人堆。

妈的！这架没法打了。

后面一阵吆喝，人群里钻来个魁梧的人，陈麦见是系学生会主席、90级的杨征宇，就知道他又带着干部来拉架。有人仿佛不认识他，拳脚招呼过来，杨征宇就挨了几下。可这人不恼怒，仍然做着他的和事佬。他挤到中间，像扇不大的门板，却有效地隔开了战斗双方。

陈麦摸了脑袋一下，知道没开花。“算了，算了，大家回去吧！何必呢？过几天你们就见不着了……”杨征宇有个好人缘，大家都给面子。陈麦也收起了棍子，但见对方一人捂着肩膀还在骂骂咧咧，就要和这人约着单挑。杨征宇按住他的胳膊，轻轻地说：“别打了，这些师兄肚子里有火没处发，这个原来脾气很好的，现在也变了，连我都不给面子，包涵点吧……”

老六似乎吃了亏，还要用棍子戳，被陈麦拎着脖子揪了回来。小王八蛋挥舞着菜刀不依不饶，像是在演着三岔口的独角戏。杨征宇等人捉住了他，卸了他的刀，将他推给了陈麦。陈麦抱着小王八蛋，觉得他浑身火烫，像个发烧的病人。“算了，你别随便用刀咋呼了，用就要见血，否则你是对菜刀的侮辱。”

5401宿舍的老大被人在光头上敲了个巨包，犹如龟头上长了个瘤子，他逢人便指着这包，表明咽下这口气的艰难。

“我就在水房里洗澡，怎么了？就我一个人，二十多个没人的水龙头不用，非要抢我的？我不给，刚唱了几句歌，他就给我一肥皂，你看看，你们看看，这是故意杀人啊。”5401宿舍老大一脸委屈，像被冤枉了的强奸犯。

“你唱啥了？”陈麦好奇道。

“我在唱黑豹的《别去糟蹋》呀，我刚起开了个头，还没唱入高潮呢，怎么了？”

陈麦把他推回宿舍。“瞧你选的那歌，找揍么你不是？算了算了，打你那人是87级留到88级的，你和他较什么劲？我那有点蒙古万金油，一会给你抹上，保证你这小头明晚就能缩回去。”

小王八蛋靠在床边撸着袖子，还在埋怨杨征宇抢走了他的刀，否则一定砍死那个骂他是鸭的王八蛋。对面宿舍老二是个愣头青，说小王八蛋你这身板怎么行？你就是扑上去菜刀也得被人家夺下来，辛兰也不在一边看着，你做给谁看啊？

小王八蛋一愣，眼里呼呼喷火。“福建猪头，我他妈现在就砍死你！”说罢就打，兄弟们忙上来拉开。陈麦也假惺惺来劝，被小王八蛋一把推开。“陈麦！你丫别和我装好人，你我都知道怎么回事！”

陈麦呵呵一笑，觉得没有必要和他纠缠，就回了宿舍。兄弟们热烈地聊着刚才的战斗，而老五又在看书，烟灰缸上卡着他半只黄果树，烟雾飘成了一根直线。

“冲他们，你们怎下得了手呢？”老五轻轻道。

2

当喝得眼珠子都要凸出来的老四问陈麦说小梅的眼睛像不像辛兰时，陈麦却在想着二十年前的老梅，她告别的眼神穿透了他二十年的寂寞与思念，在这个女孩子的眼中再现，这眼神打动了他，像玫瑰的刺，带着香味扎进他坚硬的心。

“老二，你在学校悠着点，搞女孩子别过分，当心别栽了。”陈麦恢复常态，揉着自己紧绷绷的脸说。

老二点点头，脸上挤出干笑。老四的尖头在往小姐的胸里拱，一双手在她身上如蛇游走，有坡就上，有缝就钻。老二鄙夷地笑他，在陈麦耳边轻轻问：“老三，你和辛兰，到底搞过没有？”

陈麦一愣，啪地将他的脸推到一边。他指着老二的小姐大声叫道：“这可是正牌的大学教授，学贯中西，吉他很行，小说很行，鸡巴也很行，天天吃进去的都是嫩草，射出来的都是学问，站着全是公平，躺下却不正义，小姐你今晚占便宜了，搞了一个法律界的西门庆。”

后面的事没有描述的价值了，一个警察，一个律师，一个大学教授，都只穿一条小裤衩，像牛仔般挥舞着小姐们的纱巾，在大理石桌上贴着蹦，烈酒和摇头丸让他们轻飘飘地跌撞着。全裸的姑娘们涂满蜂蜜和精油，在他们身上摸来摸去，使他们油光浸渍，淫光焕发，像天堂里长大的鸟人，又像刚被捉去地狱里的风流鬼……

陈麦睁开眼，屋里黑得和不睁眼差不多。他耳朵里嗡嗡作响，似乎这黑暗在渗进他的身体。过了一会他习惯了应急灯，看到屋子里空空荡荡。小白的吉他靠在沙发上，琴弦发着亮光。黑暗里仿佛只剩下他和这把吉他，像他们都是来探监的。陈麦拿过吉他，闭上眼找着和弦，随手弹了几下，是罗大佑的《乡愁四韵》，但他只能弹一小节，四韵只剩了一韵，后面的早和乡愁一样忘了。他懊丧地放下琴，想抽根烟，就在角落里摸来摸去，他摸到一个瘦小的身体，仔细看，是一直蜷在角落的小梅，她并没有参与这狂欢。见他爬了过来，小梅以为他要上来，就躺在沙发上撇开了双腿。

"有烟么？"陈麦拍拍她的腿，抓着胳膊揪起了她。

一根火柴亮了，火苗映红了她的脸颊。小梅叼了一根烟，点着了递给他。

"妈咪教的？"陈麦接过就抽。

"嗯，她说男人都喜欢这样。"

火柴灭了，他们又遁入更黑的黑暗。陈麦眼里留下一个绚烂的光斑，闭着眼还在。

"你没事吧？"陈麦压低声音问，人在黑暗里总是不敢大声。

"没事……你会弹吉他？"那声音和她一样柔弱。小梅又划着了一根火柴，给自己也点了烟。

"本来就会一点，现在忘光了，你真没事？"

"就是有点累，看你们折腾也挺累的……你们玩得可真疯。"

"老朋友了，很久不见，有点收不住，那老六，嗯，动你那个，没弄伤你吧？"

"我早就知道他不行。换成你，给多少钱我都不干。"说完她就笑，笑声在黑暗里十分悦耳，却带着天真。她嘴里的烟头在黑暗里晃来晃去，忽明忽暗，只能照亮她可爱的嘴唇。他伸出手摸向黑暗，摸向她的身体，从腰到背，从后到前，从袍子下探进去。她顺滑而纤细。他又摸了摸她的脸，不冷不热，小巧的下巴，眨动的眼睛，俏皮的鼻子，要不是还有温度，就像在摸一个假人。黑暗里的抚摸让他硬起来，于是他住了手。

“你怎么又回来了？”他揉了揉自己。

“他们说我像谁？就你那边那个朋友说的。”小梅并没有回答，却顺从地爬进他的怀里，缩起肩膀靠着他问。

“我们大学里一个女孩，你不像她，真的不像。”陈麦闭着眼说，他不承认这一点，因为的确不像。

烟头掉进酒杯，哧的一声熄了，黑暗里泛起酒香。她噗地吐出一口烟，偎在他的臂弯，右手在他胸前轻挠，像找奶吃的婴儿。她的呼吸喷在他的腋窝，痒得想笑。空调生猛的房间温暖起来。黑暗让时光倒流，这场景恍如昨日。

她握着他的手，柔弱而带着信任。刹那间，陈麦心里涌出酸涩，在黑暗里哗哗流淌。是的，黑暗，不知从何时起，他把黑暗当做了朋友，他能在黑暗中看到最美的画面，回忆起最美的爱情。小梅的肩膀冰凉滑腻，但胸脯热得跟一对豆包似的，上面嵌着两颗柔小的豆。他的手掌就盖住了她的肩膀，他觉得自己吻了她的额头，还叹了口气。

一篇科普文章说：人体细胞的新陈代谢很快，每三个月会替换一次，全身细胞七年就全部换新。某种程度上，每七年我们就是另外一个人。老梅曾问陈麦能否等她七年，等她变成另一个人再回来见他。陈麦说那我也是另一个人了，但我脑子里的你不会变，你就是变了妖精，你也还是你。老梅笑而不答，此后直到分离，他们再没说过这个话题。

“你不是在爱着那个二十年前的人，只是爱这遗憾的感觉。如果你爱着她，你现在愿意动用你们系统的力量找她吗？如果你爱我，你会为我抛妻弃子吗？”那天艾楠在身上抹着乳液，看着大把的白色乳液消失在她的皮肤上，他觉得很神奇。

他那天射门太快，刚刚预热的艾楠颇为不爽，揪着他的耳朵问是不是有了别人。陈麦没承认也没否认，说如果爱上了你，我肯定生不如死。艾楠冷冷地微笑着，说我也曾以为爱上了你，愿为你做一切事，其实那只是一个小女孩对一个成熟男人的好感罢了。你伤过我的心，那时候我就知道了。

艾楠那天腹部剧痛，他说好第二天陪她去医院的。但马璐犯了急性阑尾炎。他无法同时去两个医院，最终选择了马璐。艾楠在电话里哭了。他心如刀割，知道这痛苦无法弥补，最好的弥补是去爱她，对她更好，要么就干脆拉倒。去爱她违背他的初衷，他没想到会走到这一步，想放手时竟有些不舍。

镶金边的喇嘛对陈麦说，纵是修炼得灵魂出窍，念着经能听到周身的血流和佛祖的谒语，一到水边，他仍会想起那个和山西村姑在河边野合的星夜。那些星星如同镶嵌在背，星光融进血和水，随着他的呼喊射入她的体内。他的嘴里念着罪过，心里银河奔涌，下面突突乱跳。如今头发都要白了，袍子都要镶金边了，脑海里一坨尘垢却依然如故。陈麦向镶金边的喇嘛请教这肉欲的困惑，镶金边的喇嘛嘿嘿一笑，指着树梢一对正欲交欢的鸽子。“人生一世，三言两语便能道尽，你命里有佛，我心中有佛，有人鸡巴上有佛……庙里那个泥胎佛祖遭了风雨，化成一团草泥，我们问他何用？玉缕金莼，杂粮五谷，三心两意，七情六欲，有愧也罢，无愧也好，不一样经历个沆瀣？我们又问心何用？菩提问道，世人问愁，其实殊途同归……”

二人面前走过一个执香的少妇，面红腮嫩，缠着华贵的披肩，戴着巨大的墨镜，鬼祟地来到佛前。她前凸后撅，肚子微凸，不知是有了谁的种。少妇额头碰着垫子，丰满的腚撅起老高，丝绸灯笼裤里峰峦沟谷，影影绰绰。见镶金边的喇嘛盯着她看，陈麦就指着镶金边的喇嘛的下身说：“非也非也，错也错也，你纵然心中有佛，但你心中那佛的鸡巴已经硬了……”

没人知道镶金边的喇嘛从哪里来，口音听不出，户口查不到，没爹没妈没老婆，连名字都没有。四十上下的他说自己是莲花座下一坨佛屎，受了大师的开光变来。镶金边的喇嘛虽然隐在这藏传佛教寺院，说的却是杂七杂八的学说，时不时还冒出点巫婆神汉的东西。陈麦记得出家的男人受十戒的叫沙弥，受具足戒的称比丘，在中国西部的多叫镶金边的喇嘛。镶金边的喇嘛像个把各门宗教炖成一锅卤煮吃下的杂种，一会说着阿弥陀佛，一会说着真主阿拉，一会讲起持戒忍辱，一会又说救赎和受难。

五年前，陈麦带队扫黄打非，他们冲进金刚寺边的桑拿，像黄鼠狼闯进熟睡的鸡窝。赤裸的小姐们尖叫着满楼道飞奔，一群光屁股嫖客被赶到大厅，掩面深蹲，宁可露着鸡巴，也要把裤衩戴在脸上。唯独镶金边的喇嘛光着腚背手而立，鸡巴坚挺，前端烁烁发光，后端套着一枚金环。兄弟们很是好奇，纷纷低头去看，围着镶金边的喇嘛问东问西：大师洗了澡没有？带了套没有？双飞了没有？戴这玩意儿做甚？是不是可以坚持不泄？镶金边的喇嘛说莫要玩笑，这可是佛器，是活佛开过光的，俺已经爽完，已然“精进”。你们要抓便抓，别欺负那个弱女子。她的前世是个沙弥尼，你们抓了她会伤佛心，生儿子烂屁眼儿，生女儿无尿道。陈麦见这出家人伸着老二大义凛然，毫无羞愧之意，就让兄弟们放他走人。镶金边的喇嘛着衣而去，五分钟后又踱回来，掏出一把钱要给姑娘。姑娘说和尚大哥你饶了我，本来咱俩只是恩爱一下，你非要给钱，我这不就成了卖淫么？镶金边的喇嘛将钱塞在她口袋里，说我只看到警察眼里的淫，没看到你的淫。说罢握着小姐的手念了一段经文，在一帮警察的瞠目中飘然而去。

一周后，陈麦鬼使神差地去庙里寻他。镶金边的喇嘛眼贼，一眼便认出了他，说早知道你会来寻我，警察，带酒了么？

镶金边的喇嘛不怎么洗澡，浑身腥臊难闻，手上泥垢层叠，嘴巴也总说着没完没了的污言秽语，一会妈了个逼的，一会鸡巴操的。陈麦就问："你一个出家人，怎么说话这么脏？"

镶金边的喇嘛呵呵笑着，搓着胸前的油泥说："我不把这些脏东西说出来，心里怎么能干净起来呢？"

那天镶金边的喇嘛的话有点高深，回来路上陈麦像牛一样反刍着，到了家仍不得要领。马璐说你的警徽怎么歪了？他忙摘下来看，果然歪去半边，却怎么也摆不正。"别弄了，不可能很正的，摆得正，在人们眼里也是斜的……"马璐无意中说。陈麦心里一亮，和镶金边的喇嘛的话对应起来，心像被针头挑起的灯芯似的亮了。

"我扶你上去吧？"小梅说。

酒精慢慢上了头，把他的欲望和失落都赶到了眼皮后面。屋里如深暗的海沟，他觉得冷，握住了小梅的手，它发着微热，像阳光下的鹅卵石。小梅突然亲了一口他的脸。他在黑暗里皱眉，想起她的小嘴刚才还含着老六的阳具，但还来不及恶心，黑暗便侵蚀了他的双眼，耳边响起了老二的歌声，他知道自己沉沉地睡过去了。

3

"陈麦你什么意思？"

"什么'什么意思'？"见马大葱问得不善，陈麦堆着笑脸道。

"我批评老梅，你插什么嘴？成心捣乱是吧？"虽然屋里只有他们俩，马大葱却发作起来。

"不是，真不是，老师我哪敢和你捣乱啊？学校教我们不说瞎话，我那句句都是真话。"

"我批评她是有目的的，不是针对她一个，都被你搅和了。我劝你还是把心放在学习上吧，别这个年龄就耽误了……"

马大葱今天罕见地化了妆，眼睛更大了一号，红艳的嘴唇总像是撅着。陈麦有点不敢看这张不一样的脸，背着手一个劲点头。马大葱说了半天，突然止了嘴。这静默像一汪要漫出池子的水，让他紧张起来，就抬头看了一眼，见马大葱似乎走了神，直勾勾地望着地板，而地板上什么都没有。窗前的电话吼叫起来，马大葱一惊，跑着去接。他松了口气，翻弄着桌上的报纸，报纸的头条是：《让一部分人先富起来是对的！》。他不明白这是什么意思，也懒得看；再翻，报纸下面压着一张医院的单据，姓名是马大葱的，整张纸被医生涂得像外星文，他却看清了两个字：人流。

她不是没结婚么？听说还没有男朋友呢，她刚才的走神想必与此有关吧？这张医院的单据让他既惊讶又丧气，就扭头看她。她靠在电话边的文件柜上，一手接着电话，一手在身后捏来捏去，好像空气里有什么东西似的。她的声音压得很低，缩着肩膀，脸和声音都隐在她浓密的长发里。她丰满的腰臀像在说话，把他的耳朵都弄热了。他本来想鄙视地看她，但此时奇怪的冲动已经把他的厌恶逼走。她又没有穿高跟鞋。

电话那边一定是让她失去孩子的人。他笃定地想。他是个运气的家伙，也是个流氓的家伙。马大葱放下了电话，似乎忘了身后他的存在，吃惊地回过头来，大了一号的眼像是刚刚睡醒。陈麦只能笑笑，她的脸就淡淡地红了。

“傻站着干吗？坐吧。”她见陈麦手上还拿着一张报纸，忙走来拿走那张检验单，小心地折起放在包里。

“不用了，马老师，你以后批评老梅别那么狠好吗？女孩子，面上挂不住的……再说了，又没什么大问题，比我的问题轻多了不是？”

“……陈麦，你的学习能力和理解能力都很强，但你要把心收好，学习好了，将来什么都会有，不像我们这一代，老梅和你不一样呢……”说了这句，马大葱突然停了。陈麦愣了半天，等不到期望的下半句，就说：“谢谢老师的鼓励，我一定把学习搞上去……那么，我走啦？”他拔腿就要走。

“等等……陈麦，我不反对你和她练跑步，别会错我的意。”

“明白，谢谢老师，我会知恩图报的。”

“不用你报，你别给我找麻烦就行。”马大葱恢复了常态，撩了下头发。

“老师你打扮这么漂亮是去约会吗？为啥不穿高跟鞋？”他还是决定问一下。

“你管得倒多，快出去！”马大葱嗔怒道。

第二天，邻居家的公鸡还没醒，陈麦已经出了门。在胡同口摸黑吃一碗豆腐脑，再塞两根油条，就到了学校。长跑练了两周，他竟跑出了瘾，一天不跑就不舒服。他发现自己很擅长干这个，姿势虽丑，但耐力不错，这对打架很有帮助。老梅一般不晨练，他并不为此感到可惜，反倒有些窃喜，哪天和她较量一下，定能让她大吃一惊。

下午的政治课上，陈麦死睁着困倦的双眼，硬挺着听关华的课。这不是个好老师，说着说着就跑题，一会说腐败，一会说官僚，一会又说公民权利，尽是些和考试无关的内容。一个小纸团飞过来，在桌上蹦来蹦去，陈麦灵巧地捉住，见老梅笑着冲他抬下巴。陈麦笑呵呵地打开纸团，见老梅歪歪扭扭写道：放学你等我吧，我没骑车。

陈麦骑着他妈淘汰的小自行车，而老梅的车是她父亲用过大哥用过二哥用过的一辆老上海，岁月锈蚀了它，但依然强壮，哑哑的铃铛仍能发出可怕的响声。骑在街上，陈麦还比老梅矮出半头，老梅说她是骑马的唐吉诃德，陈麦是那个骑驴的侏儒。陈麦倒不介意，说再过几天夏天就来了，这个高度刚好看到你裙子的下面。

夏时制下，夜晚似乎来得比过去快。黄昏将至，陈麦用书包夸张地擦着他的小车后座，书包擦了再用袖子擦，一边擦一边吹，像工匠打磨一柄菜刀。老梅抱着书包，在一边咯咯地笑，然后害羞地看向校门，似乎希望被人看到这可爱的一幕。

“你的车呢？”陈麦擦了把汗。

“我二哥借走了，拉着女朋友去黑河草原了。”

“骑车去啊？他没病吧？”

“嗨！我那哥哥，什么事都做得出来，他就是驮着女朋友去美国，我也不奇怪。”

“你哥比你大几岁啊？”

“大三岁，明年就要考大学了，他想去北京。”老梅的口气里带着自豪。

“他女朋友是哪的？”陈麦好奇地问。

“他们高中同学，两人一会好一会断的，我也搞不明白……”老梅突然压低声音，“对了，听说他们今晚不回来呢。”

“那怎么住？带被子没？草原上晚上很凉呢。”

“他们十几个同学呢，都带了帐篷……”

“肯定是男女搭配，共同犯罪……”

“呸，那是你。”

“还有你。”

“我才不和你一个帐篷，嗯，我也不知道……我也想去草原。”

“那暑假我也骑车带你去。”

“那不行，还不得被你吃了？”

“我骑三十公里的路，还拉着你，你觉得我还能吃了你吗？再说就是我想吃你，你在草原上撒开腿跑，我也追不上啊。”

“看你那点儿出息，还骑车带我去呢？你不嫌累，我还怕屁股颠散了呢。”

陈麦背着两个书包上了车，书包带在前面打了个叉，像军人的武装带。老梅轻盈地骑跨了上来。因为车子低，她在后面蜷起两条长腿，欠欠地踩在横轴边上。为了保持平衡，她的双手坚决地扶住了他的腰。他觉得自己像一只猫被她抱起，那杆瘦腰火热轻飘，肋骨正融化在她的掌心里。

“你骑稳一点啊，我要掉下去了。”老梅双手使了劲，把脸贴在他背后哼起歌来，歌声顺着他的脊梁骨向上攀爬，一格格凉丝丝地爬到他冒汗的后脑勺。风从天上带来凉意，他去找风的来处，看见火烧云点燃了黑黢的青山，一架飞机拖着细长的白烟掠过山巅，慢悠悠地钻进通红的云里。那云沉甸甸的，像是要涌满这座城池。街上黄昏弥漫，他载着他的女孩幸福地穿过马路，绕过一个邮局，脸庞黝黑的邮递员正费力地从里面掏出邮件。再越过一个小石桥，栏杆上有个拄拐的老太太，她对过桥的任何人呈以笑脸。陈麦大声喊着老奶奶，按着铃铛飞驰而过。老奶奶果然咧嘴笑起来，把深陷的眼窝都挤没了，她嘴里那颗单蹦的门牙依然健硕，似乎也被晚霞映得通红了。

陈麦一手握着车把，载着老梅穿梭在炊烟渐起的街巷。他再穿过一个旧城门，骑上青砖铺成的路。旁边一排老房子上，野猫们抢着一个破碎的风筝尾巴；人们在小店门口排起长队，等着买新出炉的三角烧饼。老梅家的胡同口有个不知年代的小观音庙，这会儿还有人念着经。青烟滚滚地涌出庙门，一个老人跨出门槛，眉头舒展，像偿还了某个心愿。

自行车轻盈地钻进胡同，骑向老梅的家，那定是个神秘之地，定是神仙种下了什么，竟长出个这么美的女孩。

“你唱什么呢？”

“嗯？齐秦的《冬雨》，你没听过吗？好听吗？”

“好听啊，我第一次听呢。”

“我有磁带，我哥买的，等我听腻了借给你听。”

“说话算数？”

“我骗过你吗？”

“嗯，没有呢……”

“……你没拉过女孩子吧？”

“什么？”

“我说你没拉过女孩子吧？”

“哦……我妈算不？就拉过她。”

“你真贫，你妈还算女孩子啊？”

“那就没了，骗你是流氓。”

“你就是流氓……什么感觉？”老梅把脸伸过来问。陈麦刚好被霞光刺了眼，又被她一看，车把就慌起来，老梅轻轻捶了他一下。

“有点沉……”陈麦绷着嘴，心里在笑。老梅缩回了脸。陈麦正要傻笑出来，肚子上一下尖疼，他哎哟一声，险些撞了电线杆子。

“要倒了呢……你下手好狠……”陈麦抓住了那只调皮的手。她的手指柔软修长，热乎乎的。它滑在陈麦粗糙的掌心，像小猫的爪。老梅颤了一下，去摸她拧的地方，那温暖便从那里传到了他的全身。

“你，放开吧，我的手都疼了……”老梅轻轻地说，手却并没有逃离的意思，仍在他手里轻轻地转动着，直到把五指和他的手反着交扣在一起。

晚霞涌满了胡同，陈麦回头看了一眼。老梅正仰头看他，她的笑容正像草原的山丹花一样在晚霞里盛开着。

“好好骑车，要撞了……”老梅一把将他的脸推过去。

果然就撞了……

车撞在胡同里横出来的一辆自行车上，但撞得不厉害，被撞那人叼着根烟纹丝没动。旁边还立有两个推车站着的人，看打扮都不善。陈麦停了车，一只脚蹬稳了地，右手习惯性地伸向了后腰。老梅跳下来，害怕地揪着他的袖管。“他们几个经常在这里堵我，都是三十六中的流氓。”陈麦笑着说：“哦？是流氓就好办，就怕不是呢，对付这个我拿手。”他让老梅扶着车子站到一边去。

“以后你们别堵她了。今天就算了，下次再来，别怪爷不客气，明白了吗？”

陈麦说得温和。那三人互相看了看，不屑地笑起来，中间的那个耳朵下有条刀疤，一笑或一狠就露出鲜嫩的红肉来，他道："你是混哪个茅坑的虫子？还不客气了，没事干赶紧回家数球毛去，爷的女人你再敢拉，爷杀你全家！"说罢，此人吐走了烟屁，抽出一条铁链子来，在车上碰得叮当乱响。那两人也从后面掏东西，一柄菜刀，一只包了胶布的铁棍。

老梅见陈麦啥也没有，就说："你们几个也真有意思，还没被我哥打怕啊？就有本事在胡同里堵我，也不看看自己的德性？"

"老梅，你别给脸不要脸，我天天等你，是看得起你。你别以为靠上这个愣球了就好混了，你哥我惹不起，这个愣球要是敢碰你，我指定阉了他！"刀疤脸指着陈麦，刀疤霍霍乱跳。

陈麦又笑了，摸着后脑勺说："不好意思，我刚才才碰过老梅，以后还会碰得更多，你说咋办吧？"

刀疤脸将自行车推倒在地，拎着链子逼过来，另两人紧跟两边。陈麦正要迎战，老梅抢上一步挡在了他身前。

"干什么你们？你们是来找我的，冲我来吧，大龙，有种你就冲我来吧！"

陈麦忙把老梅拉到后面，嗔怪道："你怎么能挡在我前面呢？传出去我可丢大人了，还混不混了？你快到后面去，这几个愣球我对付得了。"说罢，陈麦把老梅往后一推，变戏法似的从后腰抽出了一柄小菜刀。老梅表情诧异，刚还把脸贴上去，怎么就没觉得有把刀在这里呢？

"呦，也会这一手啊？那行，省得别人说爷欺负你。"叫大龙的冷笑道。

在老梅的尖叫声中，大龙等三人直取陈麦。陈麦利用胡同和电线杆之间狭窄的缝左右移动，不让他们三人形成合围，不时挥出一刀。但胡同毕竟腾挪不开，一不留神，一柄菜刀滑过了袖子，胳膊一凉，血染了袖子。

大龙见他受伤，猛然出了狠手，铁链劈头砸来。陈麦等的就是这一下，他侧过半个身子，不撤反进，大跨步贴近了大龙，电线杆子刚好拦住右边拿铁棍的。他的左手猛地抡起，钻过铁链的缝隙，结结实实打在大龙的肋下。大龙一疼，陈麦的菜刀横着扇上了他的左脸。大龙一个趔趄撞在墙上，捂着脸摔倒了。

陈麦刀指另两人，他们战战兢兢。这时背后突然飘来一人，一手抓了一只脖颈，这二人像没了电的玩具，登时棉花似的瘫在地上。那人空手制服两个拿凶器的，竟然还面露微笑。

老梅和来人抱在一起，叫着大哥。“你们怎么记吃不记打呢？我上次就给你们留了面子了，真不怕我废了你们啊？”老梅的大哥厉色道，“大龙，你要想追我妹，就去长点出息，总玩这下三滥的手段，你不觉得丢人么？”

大龙仍然抬头骂道：“你别充老大，我就是喜欢你妹妹，怎么了？我也没怎么着她，你想杀想剐，我不怕！”说罢他指着陈麦道：“你！留下名字，看爷下次不劈了你！”

“都残废了嘴还这么硬？我叫陈麦，附中的，你们学校的‘老妇女’是我的把子，你要来找我，先问问他去，不是我说你，哪有你这样追女朋友的？共产党的天下，你真当自己是土匪啊？”

陈麦将大龙拎了起来，把铁链还给了他。

“这事爷跟你没完，要么你死，要么我完。”大龙吐出了半颗牙。

“行，等你把伤养好了再说吧，我随时奉陪，滚吧。”看着他们离去，陈麦有点佩服这个大龙，三十六中可没几个这样硬气的。

老梅嫌大哥来晚了，用小拳头打着他的胸膛。大哥是侦察兵，宽宽的额头下是一副鹰鼻鹞眼，他是对越自卫反击战的英雄，全家的骄傲，老梅眼中的神。陈麦看着这个背着四十斤装备能跑马拉松的铁汉，看着那铁打的手掌，心生敬畏。大哥比他高出一头，威武的面庞黑漆发亮，嵌着一双锋利的眼。初次见面，他的眼神让陈麦慌乱，但他很快就笑了，还握了握陈麦的手。他的手像能握断钢筋，有着陈麦这街头刀客所不敢较量的自信。

大哥感谢地拍他的头，说他敢力敌三人，勇气可嘉，说罢又拍了拍他的胳膊。陈麦哎哟就叫。老梅这才看到他一袖管的血，吓得捂住了嘴。大哥倒不惊讶，说没事，这还不叫伤。陈麦也说没事，见老梅眼泪汪汪地看着他，幸福得心都化了。

到了家里，大哥拿出了急救包。下针的时候，要不是老梅在一边看着，陈麦必嚎出来，心想你哥真拿我当战友了，连麻药都不打啊？陈麦装作谈笑风生，和大哥东拉西扯，但脑门儿不争气，汗珠噼里啪啦地掉。老梅爱惜地帮他擦汗，让大哥下手轻些。大哥一边缝一边看他俩。缝好之后，他裹上绷带和胶布，包得像医生那么好，告诉他四天后去医院拆线。

“陈麦，你小子这刀挨得值！”见妹妹去给父母开门，大哥拍了拍他的肩膀，眼里带着善意。

老梅的父母遛弯回来，听说陈麦的壮举，拽着他要烧菜给他吃。陈麦见他爸拖着一条残废的腿，一只眼似乎是假的，有点发瘆，便红着脸拒绝，撒了个要接母亲的谎准备开溜。

老梅知他撒谎，会心地笑着，故意碰了碰他的伤处，把他疼得龇牙咧嘴。陈麦问明天要不要来接她？大哥说：“明天先不用了，这几天我来接送她，我走了你再补上如何？”

陈麦又和他握了手，大方地告别了。他在路上飞驰着，把那小车骑得风般自在。他有理由相信今晚会做一个美丽的梦。他会在梦里带她到高高的铁塔上去放风筝，一起许上一个美好的愿望。他希望每一天都能如此度过，他第一次为他的青春感到骄傲和留恋。

4

春天，十个海子全都复活

在光明的景色中

嘲笑这一野蛮而悲伤的海子

你这么长久地沉睡到底是为了什么？

春天，十个海子低低地怒吼

围着你和我跳舞、唱歌

扯乱你的黑头发，骑上你飞奔而去，尘土飞扬

你被劈开的疼痛在大地弥漫……

阴郁的清晨，小王八蛋在陈麦床下念海子的诗。老六自打买了海子诗集，背了《面朝大海，春暖花开》和《亚洲铜》，觉得用于泡妞已经足够，就将之丢在书架上，任其落满尘土和蚊子的尸体。小王八蛋稚嫩地念着。陈麦在他的朗诵中醒来，阳光照在他的脸上，他咳嗽了一下，于是小王八蛋就不念了。

小王八蛋的朗读浮在他梦的边缘，打动了他。他想让他再念下去，但说不出口。校园的各个角落都流传着海子的故事，但并未流传他多少诗句，大多数人都和老六一样，只记住了他最好记的那句“面朝大海，春暖花开”。海子的诗和照片都很少，他的离去令人惋惜。他为什么选择冰冷的铁轨？那万吨钢铁碾过的刹那，他在想什么？一个想“抱着白虎走过海洋”的人，怎么会选择死亡？那一刻，他在笑着还是哭着？在幸福着还是绝望着？他碎成几截的生命是否在那一刻顿悟了什么？

“你被劈开的疼痛在大地弥漫……”陈麦身上一冷，觉得自己正躺在铁轨之上，冰冷的钢铁滚滚而来，势不可挡，死神撼动着大地……

他一下子坐起来，有些慌张地喘着气，肩膀热乎乎的，阳光驱着他心里的寒意。墙上的钟楚红笑颜如花，妩媚地对着他笑，脚边随意扔着汪流水的诗集，里面有几页已被撕去当了手纸。他猜小王八蛋一定把诗集肉麻地遮在脸上，做出沉浸其中的样子，低头一看，果然如此。他摇了摇头，拿过汪流水的诗集念道：

不是白痴太多
而是我们的瞳孔太过开阔
不是智者太少
而是我们还不懂得蹉跎
苦恼时，给岁月写一首诗
相爱时，对海洋唱一支歌
天上掉下来的只有花瓣、祝福和眼泪
但爱情总是美丽的……

“你丫闭嘴！让不让人活了？这鸡巴叫诗吗？”

“陈麦，我操你大爷！”

“老三，虽然我没吃早餐，但我要被你念吐了，求你了……”

“让他念吧，我大便干燥，他念一念我就顺了。”

几个兄弟嬉笑怒骂，小王八蛋则咯咯地笑着，像个闻听他人丑事的女人。

上周日，诗坛明星汪流水蹩来法大，要讲一讲他的诗歌，他照例先朗诵一首。法大345诗社虽然默默无闻，却卧虎藏龙，更藏着横不吝的禽兽，岂容他来踢场？以老薛为首的一群法大诗友要冲上台去揍他。汪诗人强自镇定，视若无睹，在后面摇旗呐喊的小王八蛋不知脱了谁的鞋，臭哄哄扔过去，砸得演讲台上茶杯狼藉，话筒乱叫。汪诗人见不妙，就想结束演讲去签名卖书，人还没出门，不知哪里飞来一脚，正中左脸，登时肿起半边，笑脸便成了肿脸。陈麦抢了两本汪诗人的诗集回来，不出三天，其中一本就被心照不宣地擦了屁股。

“陈麦，快下来！”老六像头野猪一样撞了进来。

“油大电教室下午放《布拉格之恋》，我刚去占了两个座，操，差点和油大的打一架！咦，小王八蛋？你在我床上干啥？”小王八蛋忙放下书要走，却一头撞在床架上，把陈麦撞得上下一颠。

“我们这念诗呢，全被你搅和了。”陈麦不满地跳下床来，麻利地穿着裤子。

“小王八蛋在意淫，你在他的意淫里手淫对吧？瞧你这出息，你丫快下来，请我吃饭。”老六一副垂涎之相。

小王八蛋犹豫着放下海子诗集，揉着撞疼的脑袋去了。老六随意地将书扔去床脚，从枕头下拿出几张饭票。“这小子，没偷我的饭票吧？”对门宿舍丢过几次东西，尤其是饭票，所有人都倾向于是小王八蛋偷的。

《布拉格之恋》和《查特莱夫人的情人》是那个年代学生必看的情欲启蒙电影。法大校园中的录像厅时不时偷鸡摸狗般放上一次，场场爆满。但这种好事往往会被学生干部出卖，遭致严厉的追究，如此倒更加强了片子的宣传效果，有点像白色恐怖时期被禁的《共产党宣言》。

有这好事，陈麦立刻原谅了老六对海子的不敬，热烈地拥抱了他，唱着歌去水房洗漱。一只瘸腿的尖脸儿黄狗突然从楼道里跑来，他认得那是88级一个师兄路上捡的，听说这狗种是荷兰的，师兄便以荷兰的国际法泰斗格劳秀斯的名字唤之。格劳秀斯围着他转了半圈，见他没有食物，呼哧着就下了楼。

水房里人不多，那个精神病师兄又用着最把边儿的水龙头，四年来他只用这个。没有香皂，他仍拼命洗搓着那双枯白的手，昌平的水很凉，把他的双手激得通红。这人瘦削的脸上青紫相间，大号眼镜有些歪斜，定是挨了谁的拳头。陈麦故意到他的旁边，放下一堆东西，冲他善意地点头。师兄抬眼看他，木讷地点点头算是回应，似乎忘了他是谁，继续洗他的手。陈麦把香皂递给他，师兄很自然地接了过去，也不道谢。直到陈麦离去，他仍在洗着手，水已经溅了满身，他仍无意离去。陈麦有点心疼这半块力士香皂，算了，就当送给他了。

法大有两个食堂，老六只去一食堂，尤其喜欢上二楼，皆因一食堂挨着女生楼。老六说这叫秀色可餐，老五说他是性瘾发作。老六看见喜欢的就想方设法搭讪，花样层出不穷，但至今无一斩获。陈麦着实佩服他屡败屡战的心理素质。最近他好像喜欢上了辛兰同屋的田晓玲，一个眼白很多、话语很少的女孩子。这女孩一开口就有些意思，看着温文尔雅，张口就操你妈逼。这四川姑娘长相一般，身材婀娜，动不动就大惊小怪，看见毛驴撒尿都要尖叫一下。老五说田晓玲和骆驼，一个是249，一个是251，中间是总装250的辛兰。

到了一食堂二楼，老六照例逼着陈麦去买肉，一份红烧肉三块六，在法大已是天价菜，一份白菜才八毛。陈麦买了一份红烧肉和一份麻婆豆腐，刚好五块。厨子舀起一大勺肉，正要倒进饭盆，又故意抖了一下，三四块肉就掉了下去。陈麦皱眉等着他，恶狠狠盖上盖子。厨子略带得意，用饭勺敲着锅边。陈麦不想为了三块肉和他翻脸，觉得丢人，遂扭头便走，肚子里忿忿不平。

饿鬼里也出刁民，男生们经常和厨子干架，这些揩多少油都不长肉的家伙总搞差别待遇，遇到漂亮风骚的女生，铲子里便肉多得冒尖儿，遇到陈麦或者老六这样的，一勺子都不一定装平，还多是结缔组织的滚刀肉。厨子们为此挨了不少打，但仍然是这副德性。老六从师兄那里得知秘诀，开学时给二食堂一个厨子带了一条家乡的便宜烟，说这是阳关最好的烟，味道有点呛，但却能壮阳。那厨子信以为真，天天猛抽，于是老六一个假期都能吃上冒尖儿的红烧肉。但一食堂的厨子没那么好哄，老四说这不奇怪，和女人打交道多了，猪都会聪明起来。

老六奸诈地打来了白菜、土豆和萝卜，三道菜加起来不过两块。陈麦便骂他无耻，老六不得不去拎了一瓶燕京啤酒。二人挨着窗口坐下来。见到同班的男生上来了，老六赶紧把红烧肉藏在桌子下面，这些饿狼要是红了眼，一小勺就能挖走三四块。

“你看这个，92级法律系的，叫刘丹，她爸是北京高院的，这妞长得一般，身材不错，但有狐臭……你看那个，91级国经的，叫金四柳，哈尔滨的，和她名字一样，学习一流，脸蛋二流，身高三流，胸和屁股都是四流，就说那胸，说她飞机场都客气，都凹进去了，真要有飞机落下去，不绊个机毁人亡才怪……”老六瞪着一双小眼说着。每一个稍有姿色的女生上楼，他都能说出个一二。陈麦只微笑着看着他评点的这些人，见他说得传神贴切，也觉得蛮有趣。

“这个好点，你看那胸……哦，嗨！这是辛兰啊……”老六拍着大腿叹道。

“你怎么看人先看胸啊？连自己同学都认不得。”陈麦见辛兰上来，心里一热，忙摸了摸脸，还好没忘刮胡子。

辛兰穿着淡蓝色长袖T恤，沙白色牛仔裤令她更瘦，手里的五彩饭盒煞是可爱，像装着诱人的糖果。她身边果然跟着田晓玲。看到了他俩，辛兰挥手打了招呼，挑了个窗口去打饭。陈麦有点心跳，就和老六干了半杯。

“你慢点吃，多吃白菜，等她们过来……”老六低声说。

“肉都被你吃没了，我才吃了两块……”陈麦故意计较着。

“你给我钱，我再去买啊。也怪了哈，几天没见，辛兰又水灵了，田晓玲也不错，你看那腰，腿也挺直的。”老六歪着头自言自语，塞进一大块土豆。

陈麦不再搭理他，一边吃一边瞟着辛兰，等确认她打完了饭菜后，陈麦不失时机地站起来招了招手，辛兰就拉着田晓玲过来了。

“你们又跑这儿看美女来了？”辛兰笑得可爱。

“你真了解陈麦，其实就是看你来了。”老六抹了一把嘴上的油，顺手就让他背了黑锅。

“这里的红烧肉好吃，老六嘴馋了，非让我来这里买。”陈麦很欣赏老六的灵光，这家伙总能说出一些抬轿子的话来，面上是损你，其实是帮你，不着痕迹，不轻不重。

“是好吃，可我不敢吃呢，就怕又胖了。”辛兰打开自己的饭盆，果然全是青菜。

“不怕不怕，你吃瘦的，肥的都给陈麦吃，我喝汤就行了，你这全是青菜啊，这怎么能吃饱？这不符合凯恩斯的理论呢，你吃胖了才能减肥，社会才能出现有效需求。”老六唏嘘道。

“我吃我吃！快给我两块肥的，我巴不得长十斤肉，哎哟我这个馋啊……”田晓玲见了肉，眼都直了，筷子抖着就伸过来。老六做出一副吝啬相，立刻警觉，她筷子进攻，他就勺子防守，你来我往，田晓玲快到嘴的肉硬是被老六凌空舀了回来，刚要放回去，却被辛兰渔翁得利，夹了饭盆里最大最瘦的一块。发愣间，田晓玲又捞走一块。

“你见了肉就像陈麦见了辛兰，都恨不得一口全吃了。”老六见田晓玲得逞地奸笑，无奈道。

“肉食者鄙，我是鄙人，当然不惧……”田晓玲像男人那样拧了下手指。

“老六，看你吃得那一嘴油，好的都被你吃了吧？”辛兰夹了块瘦的说。

“唉，好吃的肉总这么少……”老六夹了一块肥的，摇着头放进嘴里。辛兰笑着捶了他一拳问：“你到底在追哪一个姑娘啊？我们楼道里说法很多，有的说你在追四班的张秋影，还有人说你在追国经系那个李小君，还有人说你在追管院的辅导员，到底哪个是真的啊？”老六一愣，陈麦便哈哈大笑起来。“哪个都是真的，但哪个都好像没谱，我这儿还有你们不知道的呢。”

田晓玲听到这里，托着腮看着众人，若有所思。

老六在桌子下踢了陈麦一脚，红着脸说："都是瞎掰，要是说个话看个电影就算追，那可多了去了，你们楼道里那些八婆还说啥了？有没有陈麦追你的消息？"这个老六，真是做讼棍的好苗子，顷刻之间便掉转枪口转守为攻。

陈麦心跳骤然加快，笑声也就停了。辛兰笑着接了过去："有啊，陈麦追谁楼道里都有人说，不过口气和说你不一样，女孩们大多是妒忌呢，那是人家陈麦有魅力。""我是说你，陈麦要是追你，我就不追了，你给我个瓷实话……"老六像表着忠心，捂着胸口说。

"别瞎开玩笑，给辛兰惹麻烦，追她的人够多了。"陈麦说完就有点后悔，他怎么就做不到老六这样，把话说得既有趣又游刃有余呢？

"那人是谁呀？穿得怎么那么花哨？"老六指着上楼来的一个男人，花格裤，花衬衫，像苏格兰跑来的街头走鬼。

"那不是刘一民吗？上次学校要处分我打架，他还说了好话呢。"陈麦对这位副教授颇有好感。刘一民是留法的博士，讲起课来舌灿莲花，生动有趣，很得学生喜爱。

"他是我们吉林老乡，据说讲课很不错。哎？据说他写的诗也不错呢，咱345诗社他也是创立者之一呢。"辛兰似乎对他很了解。

"他评得不错，没见过他写，还真不知道。"陈麦略感不快。

"穿得倒是很生动，这么远我就闻见他的香水味儿了，走路发飘，目光淫散，屁股上没有三两肉，这种人会写诗？写出来也是淫诗，古书上的淫荡鬼，拍案里的猥琐汉，多是这副操行。"老六不屑道。

"不错耶，这才叫绅士哪！你们不知道他写的诗？'啊……我不可救药地爱着巴黎，因为它让我一无所有……'"田晓玲痴痴地念了一句，是刘一民发在经法小报上的。老六和陈麦对视一眼，摇了摇头。

"老六你干吗不请我看电影？你没觉得你长得挺像刘一民吗？你竟然请张帆去看电影，你不觉得她眼白太多性欲旺盛，会一口吃了你吗？”田晓玲突然神叨叨地问老六，嘴巴几乎顶到老六的鼻子。老六被问得一跳，然后一慌，一块土豆塞在嘴里，差点噎住。

刘一民打了饭，见这边热闹，潇洒地走过来，说难怪买不到红烧肉了，都被你们吃了啊。陈麦站起来欢迎他，说您这留法的博士该食不厌精才对，红烧肉这么粗鄙的东西你也吃？刘一民爽朗大笑，坐下说做学问才该食不厌精，吃饭这事，怎么爽怎么来，你以为法国慢餐都那么精致么？

辛兰微笑地看着刘一民，田晓玲则痴情外露，渴望得肆无忌惮，不眨眼地盯着这副教授。老六有了参照物，就有了情敌意识，在一旁冷笑旁观，勺子把饭盆鼓捣得叮当作响。刘一民和辛兰打了招呼，陈麦不得不介绍这是我们班的辛兰。辛兰却说："我们认识，我刚说过了，我和刘教授是老乡呢。"

陈麦自讨没趣，坐下继续吃。刘一民又和辛兰寒暄几句，辛兰夸他潇洒，说他的国际私法的论文写得真好。他倒是谦虚，说基本上都是抄的。田晓玲忙说你的诗也很棒耶。刘一民摆摆手，说那只是些小情绪，登不得大雅，只是自娱自乐，倒被人这么看重，真是惭愧……啊呀要走了，老同学来看我，等着我打饭回去呢。

刘一民走了，但香水味道还在。田晓玲抱着胸脯深吸一口气："法国的味道，法大的才子！"老六一口啤酒喷在地上，说你可真会挑句子，有这么比的么？

陈麦笑个不停，见小王八蛋从楼梯上来了，就悄悄和辛兰说："我听说法国流氓最多，男女不分厕所，性病传播率极高，这是小王八蛋告诉我的。"辛兰去掐他的嘴，说你恶心就算了，干吗还给他栽赃。

"哎？辛兰，对了，小王八蛋为你天天睡不着觉，你也不关照一下？"老六指着小王八蛋说。

"是吗？为什么为我就睡不着呢？也没听他和我说过啊。"辛兰故作天真道。

“这小子是个心重的，可别去惹他。”田晓玲正色道。众人错愕地看着她，她很少说这么正经的话。

小王八蛋也看到了他们，唯唯诺诺地打了招呼，许是紧张，饭盆没拿稳，勺子从里面掉了出来，叮叮当当在地上蹦跳出好远，像只调皮的松鼠。小王八蛋红着脸低头去追，狼狈得一塌糊涂。

“你们下午干吗啊？去不去城里？”辛兰忍着笑，换了话题。

“嗯，老六定了油大的录像，我们俩要去看《布拉格之恋》……你进城干吗？”陈麦只能多问问题，这是辩论课上教的，多向敌人发炮，让对方忙于接招，减轻自身的解释压力。

“我要去人大买磁带，去买点好的英语听力。”女孩子说到学习就会太正经，辛兰也不例外。

“就为这个进趟城啊？那有点不值，我这里有刚买的一套，许国璋的，还有一套人教版的《中级英语听力》，要不各翻一套给你吧？校门口照相馆翻一盘才五毛钱，既省了钱，又省了你来回半天的车程，还少了你被色狼骚扰的几率。”陈麦晃着头说。

“嗯？那好啊，我就是想买许国璋的，本来下午就没什么事，只是想瞎逛逛，如此倒好。”看来辛兰并非他想的那样忙得前呼后拥，这不也有闲的时候？

“要不？一起去油大看录像吧？”陈麦咬着后槽牙说。老六斜着眼瞪他，像被同志出卖的卧底。

“老六已经看过了，他只是重温，你要去，就让他回宿舍睡觉。”既然开了头，坏事就做到底，马基雅维利就这么说，陈麦若无其事道。

听着这不要脸的谎言，老六叹了口气，夸张地看着天花板摇头。

“那不好吧？他都重温了，肯定很喜欢看啊？对了，这个……是黄片儿吧？”辛兰故作神秘状。

“怎么会是黄片呢？”老六厉色道，“米兰·昆德拉的名著，丹尼尔·刘易斯和朱丽叶·比诺什主演，欧洲真正的文艺片，怎么到了你这就成了黄片儿呢？辛兰，你糟蹋陈麦可以，不能糟蹋艺术啊。”

“老六说得对，这电影在欧洲很有影响力，不是黄片儿。”陈麦忙附和。他猜到辛兰是欲擒故纵，逼着老六说这片子好，不让她去看就证实不了老六对这片子的评价。

“那……也行啊……咱们一起去吧？”辛兰略带犹豫说。

“不行不行，一张票都搞不到了，为了买这两张票，我差点跟油大的打起来。没事，你们不用考虑我，我就这命，到嘴边的肉也能被叼了……”老六恍然大悟，登时后悔，但既然已被陈麦这对男女联合算计，干脆顺水推舟。

“废话少说，刷饭盆去。”陈麦心中感激，嘴上还要带着不屑，心想等晚上回来又得给这厮买几包烟了。辛兰被老六逗得咯咯直笑，面颊绯红，晶亮的眼睛仿佛洞穿了陈麦的阴谋，却不点破，她大方地拉住抱着饭盆要走的老六说：“这样吧，晚上我请你们去小川味吃酸菜鱼吧，田大小姐和我一起去。”

田晓玲照例一惊：“我？我要和你们共进晚餐么？哦，这是真的么，我的瓦西里？”

老六回过头来，放下饭盆，哭丧着脸，肉麻地抓住辛兰的手：“不信上山擒虎易，果然开口告人难。辛兰，娘子……”

“松开松开，让小王八蛋看见要砍死你了，砍不死也掉一只手。老六别装蒜了，知道你乐意，快走快走，现在就回去打扮吧，把牙用洁厕精刷干净，晚上吃晓玲去。”陈麦揪开老六的手说。

“我恨！我恨！唉，我的柏拉图，我的安东尼，我的海明威，我的卡扎菲……”田晓玲痴痴地看着辛兰，“一条鱼游在滚烫的酸汤里，爱情是它们的毒药，被吃是它们的哲学，哦，我亲爱的，我愿意和你同生共死，一起下锅……”田晓玲说罢，用袖子去假装揩泪。辛兰被她逗得仰头大笑，露出粘在牙上的菜叶儿。陈麦别开头去，他很不愿看到辛兰的瑕疵。

老六哈哈一笑，拿起饭盆就走，走出几步又回头喊：“辛小姐，田小姐，你们说话算数！另外，多带点纸巾，陈麦看见床戏就会哭。”

陈麦抓起酒瓶作势要扔，老六在辛兰的笑声里一溜小跑，消失在楼梯口。

“他对你很好。”辛兰轻轻地说。

“什么？”陈麦明明听到了。

“我说老六对你真好。”辛兰大声说。

“哦！老六很不错，就是有张臭嘴。”陈麦收拾着饭盆。

“小王八蛋没什么问题吧？”辛兰歪着头，显然也是明知故问，女人的虚荣促使她们去可怜那些爱她们的人。

“连昌平农民都知道了，说半夜常有个鬼爬到军都山上，蹲在月亮里念诗，兰啊雨啊的。这事越传越邪乎，农民举着火把敲着夜壶，操着粪叉追着捅他。小王八蛋半夜跑回5401，身上还带着牛粪味儿，怎么你还不知道啊？”

“你别胡说了，他哪会这样啊？”辛兰扇着鼻子说。

“他就是这人，喜欢用自虐来打动人。你要是不喜欢他，趁早和他说明白，省得他哪天直接从经法学院转到精神病院。”陈麦听不懂自己在说什么，仿佛把自己的情感隐藏在对情敌的蔑视中能够给他带来自信。他当然知道，聪明的辛兰不可能喜欢既懦弱又残忍的小王八蛋。他只是把小王八蛋当了照妖镜，想看看辛兰在这镜子里是何方妖怪。

辛兰狡黠地看了他一眼，他知道这招不灵，就约定去她楼下找她的时间。辛兰说你不要再和大爷打起来。陈麦嘿嘿一笑，说为了等你，我绝对打不还手。辛兰就问他录像馆里挤不挤，热不热？穿什么好呢？说这话的时候，他注意到她的目光突然散了一下，就明白她不需要回答。于是他就闭了嘴。

“遥知不是雪，为有暗香来。”看着辛兰迷离的眼，他心里突然滑过王安石的句子，但这句子是说梅花的，让他一下子想起了老梅。

5

睁开眼，又冷又静，像无人的太平间。他脚底发麻，眼皮黏在干涩的眼球上，眼球像没了润滑油的滚珠似的。陈麦深吸了口气，一股奇怪的味道涌进鼻腔，仔细辨别，是香薰精油，是他最讨厌的紫罗兰，这味道让他知道，这定是“幸运星座”顶楼的客房。

窗外蒙蒙亮，墙角的灯微微亮着。空气加湿器喷干了水，在呼哧呼哧地干叫，像带着呼吸机的垂死病人。窗户开着半扇，清晨的凉意正涌进来，把纱织的窗帘撩起老高。直起身来，这才发现上半身没盖被子，冻得像白条鸡，一身鸡皮疙瘩颇为壮观。

醒来就暖和起来。他又吸了几口灌进来的凉风，像吃了块冰凉的果冻，阳关市的早晨总是这样爽凉。他满意地拉起被子，想在被窝里活动一下手脚。

手机里有老婆凌晨发来的短信，儿子发烧了，已经在医院，让他有时间也过去。陈麦皱了下眉头，感到一阵惭愧。马璐总用这样温和的方式提醒他的责任。孩子自打两岁起就经常发烧，中医和西医都说不清原因，连马璐她姥姥家的神婆也说不清楚。孩子都成了药罐子，如今八岁了却也未见改善。每逢春夏之交，他定会烧个浑身火烫，口舌长包，早晨起来，他的汗水会在床单上留下个人形的印。全家人曾为此焦头烂额，时间长了，这焦虑成了常态，不过烧过了也就好了，倒也习惯了。

孩子就这样慢慢大了，学习不好，脾气不好，兴趣爱好也不好，喜欢虐杀小动物，见了野猫野狗就琢磨着怎么弄死它。老师说他性情怪异，邻居说他无法无天。陈麦和马璐给孩子以强大的包容。别人不知道这个家庭的痛处，亦无须为外人道，别委屈孩子，也就宽容了自己。只是苦了马璐，这春天到了，她睡觉都睁着半只眼，孩子一有得病苗头，立刻就吃药冰敷，一热起来就去医院。对于老公的失职，马璐平静地说："男人要在外边闯荡，你给家里挣钱挣脸，这些事该我来。"

放下手机，陈麦又有点累，爹亲娘亲不如床亲，躺会儿再说。一伸腿，脚下碰到个滚烫的地方，掀开被子，被窝里有个赤裸的女人，猫一样蜷睡着。昨晚的情形迅速在他脑海里还原，他拨开女人披散的头发，确定了这是小梅，那个昨晚差点被老六现场直播的女孩子。

房子里很静，因为是周末，窗外也并不噪杂。风开始大起来，窗帘剧烈地摆动。陈麦静静地观察起她。女人和吸血鬼都喜欢晚上，昏暗的灯光将恐龙变成美女，将欲望变成爱情，天亮她们就变回原形，因此出门必须化妆。他慢慢掀开被子，让她暴露在晨光之中，她的每寸肌肤和隐秘都呈现在他的眼前。她有张风尘气息尚不浓烈的姣好的脸，卸了妆的她很好看，脸蛋儿像未开的荷花。她的左臂长长地伸着，手腕上有烟烫的疤痕和几道浅浅的刀痕，这是大多数风尘女孩的标准记号。她的腿型很好，又长又细，紧紧地夹着隐秘之处。她有个很可爱的肚脐眼，上面还镶了个银环。她弱小的胸脯有几处青紫的咬痕，不知是不是他的，一处咬痕旁边有个彩色纹身，在肩膀和右胸之间，仔细看，是一朵蓝色的梅花。

小梅斜斜卧着，睡得很踏实，胸脯微垂，像刚长出的茄瓜，它们随着呼吸的韵律起伏着。也许是因为冷了，她慢慢地翻过来，那朵梅花就仰面朝上了。陈麦抚摸了一下她的腰肢，比昨晚还要柔软，他顺着腰肢向上抚摸，滑过她的胸、脖颈和脸颊，在头发上停留片刻，沿着她的脊背再滑下去，滑过她弯弯的腰和翘翘的臀，抚过她瘦长的腿。这个沉睡的小姐显出昨晚在包房里没有的妩媚，让他怜惜，他希望她晚点醒。

他突然想做一件奇怪的事，为此还要看看门是否关好。确认不会有问题后，他悄悄低下，脸凑近了那朵梅花。她清新而带着甜香。陈麦瞟了她一眼，她微微打着鼾。他高兴起来，把嘴唇轻轻地印在那朵梅花上，然后挪开，吻到的地方滑腻可口，像热乎乎的豆腐脑。他又长吻了一下，嘴唇移开，把脸颊放在床上，看着这朵梅花喘了口气。鼾声停了，他抬头看，小梅正一动不动地看着他，疑惑而带着善意。她睁开了眼，脸庞就闪亮起来，她伸出烫着烟痕的胳膊，轻抚他的脸。

陈麦一惊，猛地打开了她的手，坐起身来。他从不让小姐碰他的脸，就像妓女不让男人吻她们的唇。

“你干吗？头疼么？干吗打我？”小梅的话带着关切。

“嗯，有点，好多了，别摸我的脸，不习惯。”他觉得头晕，就又躺了回去。

“喜欢这朵梅花么？一个朋友给刺的。”小梅斜过身子给他看，身体绞成S状。他微笑着点着头，伸手拉她。小梅犹豫了一下，便凑过来和他贴在一起。

“很好看，什么时候刺的？”她的背光滑如水，身体薄如棉絮，抱在怀里像没有一样。她尖尖的蝴蝶骨透过了早晨的光。

“十五岁生日那天，原来没这么大，我长大了，它就有点模糊了。”小梅顽皮地翻了个身，像只烤火的猫。她背朝他靠过来，凉凉的屁股蛋贴着他那里，她将他的双手按在胸前。他一只手就可握住全部。她的肩井上还刺着一个图案，他不认识。

“这个图案是什么？”他按了一下。

“哦？这是我的星座图案，是双鱼座的标志。”

“看着像个血吸虫……”

“你瞎说！怎么像那玩意儿呢？”小梅转过身来，故作恶心状。

“双鱼座的符号最好看了，这家夜总会就叫‘幸运星座’呢，你知道我们昨晚那个包房的名字么？”

“不知道……”陈麦确实没注意，他只记得阿拉伯数字。

“昨晚那个房间叫摩羯座，我的一个姐姐说，你那个欺负我的朋友就是摩羯座的，万恶的摩羯座……”她咬着牙说。

陈麦一想，老六确是摩羯座，但这个星座的人好像没他这么油嘴滑舌吧？

他被她焐热了，竟然有了反应，就把手在小梅身上游走着。小梅会意，臀刻意磨蹭着他勃起的东西，她反手抚摸着他的身体，就在她要脱去他的底裤时，陈麦又轻轻拨开了她的手。

“下次吧，今天有事。”

“哦，你不想要？怎么就硬了……早晨我心情好，不要你的钱。”小梅摸着他坚实的大腿说。

“不是钱的事，真的有事，而且太累了。”陈麦的声音冷冷的，他对自己厌恶起来，带着罪恶感。再想起那个大夫的话，他竟迅速委顿了下去，一根钢筋顿时变成一条老蚕虫。

“好吧……算啦，无所谓……”小梅略感不快，但显然这不快不会持久。

“我……嗯，只是太累了，要不收拾你太容易了……”陈麦刻意地抱紧了她，揉着她一只乳房，他觉得她那儿不甚敏感。

小梅的笑声透过自己的身体，像洞穿了他心底的秘密。“切，谁收拾谁还不一定呢……你知道和双鱼座女孩做爱是什么后果吗？星座大师说了，不宜久战，一次便掏空……”

她微笑着转过来，淘气地看他，蠕动着向下，消失在被子里，被子上弓起了她的身形，像在泥土下钻行。很快，温热的感觉包围了他那个地方，她满满地含住了他。她的舌尖灵活地裹着他，撩动起他的欲望，像要被她舔化的雪糕。他慢慢掀去被子，小梅的脑袋在那上上下下。头发遮住了他那丑陋的东西，也遮住了她的脸，他很惊讶自己那东西能消失在她那张小嘴里，这让他浮想联翩。要不要和她做？他犹豫着。

小梅的口活一般，并非看上去那么销魂，和那些老妓女差得很远。她过分强调上下，细密的牙齿弄疼了他，一疼那玩意儿就会软。小梅见他的反应平平，还皱眉，就学着毛片里的样子，色迷迷地吸吮起来，还不时瞟他一眼。陈麦被她这生硬的表演弄得索然寡味，随即起了厌恶，他丧气地推开她的脑袋，穿上裤衩，一撩被子跳下了床。

“怎么了？不舒服？”她怯怯地问，咂吧了一下嘴。

陈麦没有回答，从裤兜里拿出一沓钱，捻了一下，估计有个千八百的，如往常一样轻飘飘扔在床上。

“说过了不要。”

“拿着吧，钱就是钱。”

出门的时候，他回头看她，她却在看钱。她靠在枕头上一张张数着，像孩子数着过年收获的糖果。窗帘被刺眼的阳光射透，小梅的身子被映得红彤彤的，屋角的一个假青铜自由女神雕塑发着绿光，火炬上挂着小梅小巧的紫色丁字裤。

儿子高烧不退，儿童医院的医生说，这么频繁的高烧，不是有免疫系统疾病，就是可能体内有肿瘤，需要住院做系列检查。

老六来了电话，说想戒毒。他不胜其烦，觉得老六又是三分钟热度，就说你戒什么戒？我还想吸毒呢。老六支支吾吾说不是自己戒毒，是个朋友，女的。得知他儿子住了院，老六很是关切。

“……医生只有两种人，要么骗子，要么傻逼。他们去年都说我离死不远了，不让我喝酒，不让我泡妞，不让我吸毒，现在我觉得好得很。我还有事，先不和你多说了，我已经在大同了，马上要谈一个合作建厂的事情，明早就回来……”

老六让他心里暖暖的，昨晚还对他心生厌恶，如今又觉得他像熊猫一样可爱了。

儿子不愿住院，抱着他妈的腿哭个不停，哭了一会竟晕了，马璐也就晕了，一大一小把陈麦折腾得一头汗。医生见马璐脸色不好，就建议她也检查一下，陈麦急忙点头。

马璐的父母到了医院，见陈麦面容憔悴，一个劲说辛苦你了，工作那么累，应酬那么多，都累得小脸焦黄了。你去吧，他们娘俩有我们呢，你先回去休息吧。

本来还好，被他们一说，陈麦倒真觉得挺累的。看着二老心疼的眼神，他惭愧中带着庆幸，料想老婆和儿子不会那么快有检查结果，也就应了。就要严打了，那一周是没觉睡的，今天是要先休息好。正想着，一个女中学生被母亲扶着走来，在楼道里咳得山崩地裂，她的脸一会红一会白，间歇里看了陈麦一眼，看得他心里一疼。

老梅也经常发烧，一烧就这般咳嗽剧烈，像是要把肺都咳出来。医生说她有风湿性心脏病的嫌疑，二十年过去了，不知她身体怎么样。这么多事都找上她，她真是个不幸的女人。

镶金边的喇嘛上一次和他说：“人间疾苦，多源自恶念，你心事太多，蒙垢太重。你不像我，我进得去出得来，出来就无念，可以无牵无挂，无情无义。你进去可就陷了。”

他嘲笑镶金边的喇嘛虚伪，我蒙垢太重？你脱去这一身红袍，不知能撮下多少油泥？这个世界，谁又不是自作自受呢？他来了兴致，叫来笔墨，给镶金边的喇嘛塞了支笔，镶金边的喇嘛有一手好字，他念，让镶金边的喇嘛写：

颠沛本是菩萨意
随缘只道菩萨凉
菩提树下敦伦悔
莲花池畔洗尘伤
万卷经书皆蒙垢
半阕离骚薄凄凉
且诵西厢新月下
桂花落处满庭芳

镶金边的喇嘛认真读了，拿起笔来，把“新月”二字改为“牙床”，哈哈大笑。陈麦也大笑，“晚来风定钓丝闲，上下是新月。被你这么一解，朱敦儒写的原来是黄诗啊！”陈麦掏出打火机，将之燃成灰烬。镶金边的喇嘛坐地合十，对着那摊灰烬念了一串。陈麦突然有些触动，便悄悄退出去。出得庙门来，阳光正好，花鸟盈盈，风穿透他的胸膛。一个穿裙子的女孩骑着电动车驰过，花裙飞舞，像那时的老梅。

市局街口的尼采扮了个难辨的造型，弄得稀奇古怪，像个大蚂蚱头。小白说这个怪物叫奥特曼，在日本动画片里专打怪兽。开车经过他的时候，陈麦用手做成枪的样子，砰地开了一枪，嘴巴还配了音。乞丐很有娱乐精神，竟仰面而倒，四仰八叉躺在地上不动了。陈麦哈哈大笑，谁说这家伙傻呢？在他眼里，满世界的人或许都是怪兽，尤其是我们这些穿警服的家伙。

他有没有爱过一个人？一个世俗眼中的精神病，一个不能用语言表达的行为主义者，会不会有凡人没有的智慧？会不会有凡人苦恼的爱情？真正的哲学家尼采最后疯了，而这个尼采现在就已经疯了，既然殊途同归，何来南辕北辙？他边开车边胡思乱想。奥特曼又站了起来，跳着奇怪的舞蹈，像是要飞起来，一群孩子围向他，像一群小鸡追着一只笨拙的鸭子。

上个月，在香港做律师的老五来阳关办案，陈麦和他说起他的爱情。老五理解地笑着，像早就等着这一天一样。老五摸着脑门上一块尖锐湿疣，说你别总想这事了，你认为那就是爱情吗？庄稼烂了能酿出酒，人的记忆久了却能酿成爱情，如此而已，别想那么多了。你读的书也不少了，搞的女人也不少了，怎么情商越来越低呢？

小约翰让人送来一堆营养品，还有一包钱。陈麦知是老六这个大嘴巴嚷嚷的，痛快地收了。回单位路上，他给小约翰打了电话，小约翰说正在办公室练字，让他有空去一趟。

回到办公室，陈麦一边忙着一边揺着酸痛的腰，布置着严打的各项工作，正想叹口气，陆原分局来电，说禁毒支队队长马铁牺牲了。

陈麦拿着电话发愣。任大江撞门进来，双眼通红，全副武装，后面跟着眉头紧锁的云铁山。楼道里人声嘈杂，怒骂连连，隐约传来拉枪栓的声音。

马铁从凉城办案回来，走高速到阳关出口时，发现一些村民封堵了出口。原来这帮人在这里喊冤，他们得知市长今天要从太原回来，而这里是必经之路，就堵在这里。马铁下车去问究竟，让他们最好别挡路，有事去向政府反映。半块砖头从人群里扔出来，正中马铁的太阳穴，他被打得口眼歪斜，人没到医院就死了。村民见死了警察，听说还是个队长，呼啦就散了，什么冤屈都扯球淡了。

陈麦将茶杯摔碎在地，仍觉得不解气，再抓起砚台摔了，墨汁和碎片蹦得到处都是，一面白墙溅成了当代水墨。

“能去的全去，快点！”他对进来的小白说。小白的脸也憋成了铁青色，说已经集合完毕，武警也通知了，新训练的狗也全拉上了，就等他发话。小白眼里喷火，拳头攥得咯咯响，在来治安支队前他在马铁手下干活，那时马铁对他很关照。

在外地开会的文局得知了情况，在电话里劝陈麦冷静点，说不要激化。陈麦说把人交出来就不激化，不交人可不好说，文局你就先当不知道吧。

只一个小时就捉住了凶手。警察全村一围，狼狗汪汪一叫，村里就有不少叛徒一溜小跑出来爆料，指出那砖头是谁扔的。有人说是张三，有人说是李四，有人说是王五，陈麦干脆连听说的孙六都抓了，这几位嫌疑人都被架到村口，扔在地上一顿暴打。小白揪着王五的头发，将之从炕头一直拖到村口，王五穿了条白花内裤，在地上拖得漏了蛋，狼狗恶狠狠地瞪着他的蛋，像盯着一坨美味的屎。

四个鼻青脸肿的人一对质，扔砖头的凶手立现，果然是漏蛋的王五。小白一脚就撩在他的面门上，咔嚓一声，血柱飙出，王五满地找牙，便顾不得蛋了。狗凶得像狼，人凶得像鬼，这现场就像当年鬼子在抓八路。任大江拦住还要动手的兄弟们，对陈麦说够了，按程序走吧，打死他也没用。这村子里有个老人被联防的人打死了，冤屈也是事实。

阳关市每年都要牺牲几个弟兄，隔三差五还死个所长，但支队长很少有殉职的。被歹徒打死也就罢了，听着还壮烈，那么个令毒贩子闻风丧胆的英雄，一砖头就没了，着实令人难以接受。马璐几天没睡了，他家人怎么能受得了？

马铁四十岁，体魄赛过李逵，胆大不输行者，长着一张人神共惧的横肉脸，黑白两道死在他手里的恶棍不在少数。此人心狠手黑，尤其这几年黑了不少钱，这些任大江未必知道。马铁还养着个漂亮的女人，据说是个山里丫头。喝大了的时候他和陈麦说过，说我知道你小子也不老实，有就有吧，别让她知道。这年头，咱男人也没办法，可你要敢和她离婚，就算我不毙了你，也让毒贩子黑了你！

马铁是条汉子，出去抓人从来都身先士卒，不让任大江往前冲，说他个子太大，容易挨枪子。马铁身上有两个枪眼儿和一处钢钉，一道伤疤几乎割断他的手掌，那是他一把攥住刀刃的结果。马铁没什么兴趣爱好，除了工作就是唱歌，酷爱卡拉OK，几乎每晚必唱，每唱必有《小白杨》，一边唱一边在小姐屁股蛋子上打拍子。

得知噩耗，马璐直接住了院，陈麦一晚上陪着她，擦着她无穷无尽的泪，听她说马铁的往事，凌晨时才慢慢睡去。他走出医院，在街边喝了几杯罐装咖啡，打着精神去看马铁遗体，他没忘给小白打个电话，治安支队全体明早都要去送马队长，就是家里死了老娘也不得缺席。

马铁的老婆体型庞大，是肉联厂的普通工人，她哭得人心欲碎，殡仪馆的玻璃都震颤起来。领导和兄弟们泪光闪闪，任大江泪流满面。陈麦看着马铁那张被殡仪师恢复的脸，悲从中来：如果有一天自己也这么走了，除了马璐，还有谁会为自己如此哭泣？谁会挑一个有阳光的日子，在自己的坟前放一枝花，想起他曾给过她的欢乐，想起几句写给她的诗呢？

一大早，有王八蛋在网上发了马铁一张卡拉OK的照片，不知何时拍的，他裸着上身，左手抱着小姐，右手拿着话筒，茶几上全是马爹利。发照片者说马铁受贿、擅权、护黑、公款腐败、包二奶、应有尽有，把他说成是混进警界的败类、黑社会安插的无间道、死有余辜的人渣、禁毒护毒的两面派。任大江在市局门口破口大骂，车窗震得直抖。他要求动用技侦手段，不把这王八蛋揪出来没完，还禁什么毒？毒就在他妈的市公安局！

陈麦怀疑这是云铁山的黑手。马铁和他宿怨很深，马铁看不起云铁山四处拍马屁，饭桌上就常笑话他。马铁一死，云铁山表现得像是死了亲兄弟；马铁艳照一出，云铁山在楼道里贼喊捉贼，眼珠子却滴溜乱转。陈麦一看就知道是他干的。任大江这个呆货竟看不出，甚至无来由地怀疑自己这个马铁的妹夫，眼神都变得恶狠狠的。

送完马铁，陈麦拖着疲惫的身子回到医院。马璐睡着，他擦去她脸上的泪。一辆警车呼啸着从窗外驰过，不知哪里又出事了。他慢慢松开马璐的手，轻轻走去窗前，警车闪着灯消失在中山路的十字街头。他想起那个救自焚者的分局兄弟，听说整容也整不成样了。兄弟们拎着脑袋保卫城市安全，十有八九一身职业病。他们是人，遇到钱眼馋，遇到女人球硬，遇到危害老百姓的歹徒，能豁出自己的命。但一不留神抓错个人，程序上出点差错，弄了个会说话的知识分子，把一个有点影响的王八蛋多关了几天，他们在网上就成了人民公敌，甚或贪官的走狗。这么一个复杂而充满戾气的中国，这么一个从根儿上无法讲理的国度，人性多重，善恶模糊。警察不是天生就喜欢拿棍子的禽兽，爷为人民保平安，爷也不能没有钱，看着那些用钱开路的家伙一路高升，谁心里没个算盘？像任大江那样生出来就不愁吃喝的、完全忠实于警察职业理想的人，偌大的阳关又有几个呢？

医院外的街道杂乱无章，鲜花店和花圈店紧紧毗邻，各色人等溜来溜去，他一眼便认出那几个是小偷，这两个是骗子，这两个是控制儿童的乞丐头。一个片警骑着自行车过来，和他们分别打着招呼。这世界像一锅卤煮，味道鲜美却藏污纳垢，但你必须喜欢它，要吃得津津有味。给文局送去那条烟，他就送走了他的过去。这不是个黑白分明的、明天会更好的世界。善良的人变得残忍无情，有着各自走投无路的理由，他们愿意和魔鬼做交易，宁可在地狱里尸骨无存，也要在这一世横征暴敛。机器在悄悄锈蚀，民怨在暗中沸涌，他不知哪一天就是这世界的末日，或许从一次交通事故、或是从一次强拆、甚或是从一次查暂住证，就会星火燎原般席卷起来，末日在这国度的每个人的心里，而非未来的某个日子。

镶金边的喇嘛那天高兴，勾肩搭背地告诉他：当着各位佛祖佛孙的面，香客的钱他也收过不少，有的该收，有的瞎收，有的不收白不收。镶金边的喇嘛说他念经能念得四体通透，鸡巴坚挺，却念不出黄金万两，鸡巴上那二两黄金可是足赤。佛祖的神龛上香火不断，吃喝不愁，也断不会对他这么点落俗的手脚说三道四。大喇嘛买了路虎，二喇嘛就非要买X6，二人每天阿弥陀佛，背后却咬牙切齿，这寺庙早已不净，和外边的世界已无二致了。

镶金边的喇嘛收的钱不知都做了什么，找小姐似乎花不了这么多。直到有一天见他的炭盆里有几张未烧光的百元钞，才知道这家伙常烧真钱，却不知他在给谁烧。

马铁死后，任大江顺理成章地升了队长。这天他来找陈麦，脸上带着怀疑，说马队长生前没办完的案子，你要帮我。他们上次抓了两个人，还一直没空审，问陈麦要不要和他连夜突击一下？要不就又到了羁押期限，得放人了。陈麦当即同意，他揣测着任大江的用意，一时有点不明白。

马璐最近伤心过度，为了瞒着父母，出院后咬牙窝在家里。他又去医院看了看孩子。二老见他在楼道里电话不停，不忍心看他穿着警服在楼道里站着。老丈人再三强调，你是男人，忙你的去，我们都在你还担心啥？

陈麦无法开口，怕自己脸上漏了，就决定走。刚一出门，见艾楠开着她的广本车在门口等。艾楠并未回答为何等在这里，只摘下墨镜，关切地问他家人的情况，最后才说是老六告诉她的。她问他要去哪里，他竟答不出。艾楠一笑，说上车吧，看你那张脸，都绷得要裂了。

艾楠裸趴在昏暗的灯光下，眼帘微闭，男按摩师在她身上抹着味道撩人的精油。他望着这灯下的胴体。拥有这样一个女人是件幸运的事，女人的美丽没有道理，偷情带来的罪恶感敌不过这带着叹息的满足。

服务员们在门口捂着嘴笑，听着他们放肆的喘息。他站在床边，握着她细软的腰肢，像要融化在她体内。但她今天有些心不在焉，下面有些干紧，高潮有演戏的成份。没有默契的高潮索然无味，他硬邦邦出来，问她怎么回事。艾楠慢慢坐起，眼神呆滞，摩挲着美丽的手，说可能要和男友分手了，因为发现他在外边有了小三。

陈麦先是一怔，然后就笑，说你只许州官放火不许百姓点灯，而且你还没嫁给他，别人和你是平等竞争关系，顶多算小二，还不算小三。艾楠不言语，吧嗒吧嗒落了泪，眼泪在满是精油的身上滑溜溜地跑过。她说这或许就是报应，他对我一直挺好的，或许早就看出来了。她不敢把这事挑明了，怕他打回一枪让自己走投无路。

陈麦违心地给她出着主意，告诉她如何兵不血刃地击退这个准小三，还让她男友说不出口。要是都不好使，他就去查一查她的短信记录，这人和你一样绝不是省油的灯，定是夜夜换床的主，让派出所恶心她一下，看以后谁还敢沾染她？

说着说着，陈麦停了，觉得自己是个傻瓜，一直翘着的东西像被放了血，猛地垂软了下去。

“你是想和我分手吗？”他说。

艾楠默然不语，神情犹疑，摸着她染过的指甲。

他穿上了衣服，故意把动作做得干脆利索。

“你多保重，谢谢你陪我，我挺对不起你的，也不该耽误你。”出门前他犹豫了一下，心里一阵难受，就回来吻了下她的前额，见她眼里含泪，别情楚楚，无助如被遗弃的小狗，就又吻了她的嘴唇，软软的，像含不化的棉花糖。他眼眶里酸了一下，他知道这感觉叫做不舍。

出了会所的门，阳光烈得像刀，刺得皮肤阵阵发痒。这样的阳光不适合告别，他的心又痛起来，不由得回头看了眼窗，窗帘密密地拉着，隔开了两个世界。他有些伤心，又有些歉疚，他想给她打个电话，徘徊了几节台阶，又把电话放回了兜里。

就要到市局的时候，艾楠发来一条短信：别往心里去，我只是需要你的安慰，我们的世界只属于你我，只要你喜欢我，我永远是你的，下次你约我。

虽然预见到了这结果，陈麦读完这短信，仍感到少有的温暖。

6

老梅的大哥要再赴中越边境了。和越南的战争已经打了七年，新闻上说越南已经穷得砸锅卖铁，没的蹦跶了。陈麦不知这新闻是真是假，只知道既然如此，这战争似乎长不了。

父母驴唇不对马嘴的战争仍在继续。他妈换了战术，回家后不再絮叨单位的破事儿，只默然地进厨房做饭，等丈夫系上围裙开始切菜，她就猛然说起来。他爸跑也不是听也不是，就憋着忍着，他妈定然越说越起劲儿，仿佛这国家已经穷途末路，贪污腐败、男盗女娼，厂子年年亏损还年年进人，厂长就差放出话来，除非男人给他送礼，女人给他送人，否则评职称这事免谈。老头忍了几次，今天终于愤怒了，将擀面杖摔在地上。它弹上房顶，再砸在地上，忽悠悠飞进水池，将一只碗打成了碎片。

他们很快会吵到婚前，那今晚就没个头了。陈麦忙推着自行车出了门。老梅不在家，去二业体训练了。他没心情去招惹是非，就蹩进一个新华书店，挑来拣去，都不舍得买，看了一会泰戈尔的诗，觉得心里痒痒的，就坐在书店的台阶上，随手仿制了一首，横竖看看，觉得很是垃圾，随手就丢了。肚子应景地叫起来，他推着车子懒懒上路，想去买个红薯填填肚子。

“这日子真没劲。”他恨恨地想，“或许是周末没劲吧？老梅不在，怎么着都不会有意思。”

天有些黑了，行人也少起来，校门口站着几个形容不善的人。他骑车要过去，见他们在看他。刚纳闷，一块砖头从背后砸来，带着风擦过额角，他觉得耳朵边炸了一枚鞭炮，眼前一黑就摔倒在地，血糊了一只眼睛，书包摔到远处去。这下栽了，菜刀在那里呢。几条腿快步走来，腿旁边晃着铁棍和菜刀，还有车辐条做的火枪，这帮人砸黑砖很专业，下手也狠。

正想着，他肩膀就挨了一铁棍，痛彻骨髓，刚想直起身子，面门上又盖上一脚。他鼻血长流，眼已是睁不开了。脑后拍砖，铁棍上肩，一脚兜脸，阳关流氓的招牌手段一招都没浪费，也没多余的动作，冷静得令人生畏。到这步田地，他只剩挨打的份了，他只能来得及抱成一团，双手护头，等着敌人的刀枪棍棒往身上招呼。

“干什么？你们住手，我看谁敢动他！”

“臭娘们，少多管闲事，不闪开把你先奸后杀！”

“呦？乳臭未干的小逼崽子，口气不小啊，来啊，你们来啊！让我看看你们发育好了没有？陈麦，赶紧起来，让人看见了，你这面子可就栽了。”

这女人竟是马大葱，她推开众人，一把将他拎起来。陈麦扒开血糊的眼皮，咬牙一截截地撑起来，摇晃着抓起一块石头。

“操你妈的，你们……哪一路的？你们谁敢动她，爷一定废了他。”他扑过去捡起书包，空了，回头看，菜刀竟在马大葱手里。周围围拢了不少看热闹的人，陈麦赶紧把她手里的刀抢了过来。

“陈麦，就剩半条命了，别吹了……听说你把半个旧城砍得人见人怕，原来还得靠个娘们护着啊？看着比你大不少呢，原来你好这一口啊？”一个坚硬又刺耳的声音，陈麦不熟悉。

“你们哪个学校的？干什么？不怕警察抓你们坐牢？”马大葱底气十足，陈麦都被她震得耳膜发烫。

“既是找我的，就把身份亮了，省得爷砍错了人，这是我的班主任，和她没关系，你们谁敢动她，尽可以试一试。”陈麦清醒不少，拉着马大葱靠在了校门口，后背对着铁栅栏。他迅速在找那个说话的人，他一定是头儿。

“陈麦，爷是一中的小约翰，上周你在工人电影院打了爷几个弟兄。本来没啥事，但是你还骂我是个旧城猪，这就不能不找你了，爷的地头你也敢来撒野，你胆子不小。”矮小的小约翰走到他面前。传说中人见人怕的小约翰，真长得像英文课本上的约翰，只是嘴唇有点女相，眼里也不带有流氓的杀气。他走近了，背着手，军帽像熨烫过一样。

“还以为你比我高，原来还差条板凳啊。小约翰，那几个人是我揍的，你算找对了。还以为你是个有头有脸的人，原来也拍黑砖？咱俩这仇算是结大了，你说吧，怎么办？单挑还是打群架？旧城还是新城？爷随你挑。”陈麦知道遇到了劲敌，今天绝不是对手，但认不得㞞，更何况马大葱在呢。

“陈麦，别和他们犯愣，走，学校里去，我就不信他们还敢追进来。”马大葱揪着他就往学校里走，陈麦被她揪得害臊，就把她往学校里推，一边推一边哄。

“马老师，你先走，我没事，我手里有刀，他们弄不了我……”

“不行，都流那么多血了，还逞强呢？跟我走。”马大葱不依不饶。“你放手！我的事儿我自己说了算！”陈麦满脸通红，一把扯开她的手。

“算个屁！你是我的学生，我说了算！”马大葱又把他胳膊攥住了，这一次是双手，陈麦再也挣不开了。

“行了行了，陈麦，我看着都肉麻了。”小约翰冷笑着，无可奈何地摆着手，“我就给你这美女老师个面子，省得你在这丢人现眼，我也胜之不武。我在一中等你消息，有想法就派人传过来。弟兄们，走！”

“有种别走！别走……”他大叫着，可小约翰等一溜烟儿就去了。

“马老师，你怎么能不顾我的脸面这样抓着我呢？”他指着她的双手。马大葱一愣，放开了他。

“那也比你被人打死强，我早就说过，有人找你，我替你顶着。快走，跟我去医务室包扎一下，正好有人值班。你真行，跟我还逞能？”

陈麦被她拽去医务室包好了脑袋，头仿佛大了一号。见他头缠绷带，马大葱笑了，爱惜地摸他的额头，说他像个剥了一半的洋葱。她的头发扎着他的脸，像蚂蚁爬过，痒着他乱跳的心。灯光下才看出，她穿了深蓝色的牛仔裤，丰满的腿箍裹得煞是好看。陈麦抬起头来，医务室的聚光灯刺了他的眼，马大葱在灯光里的剪影带着神圣，让他想抱在怀里，或是投入她的怀中。

出了医务室，夜幕低垂下来，松树藏进了黑暗。他怕马大葱招致报复，坚持要把她送回家，他们慢悠悠地骑在街上，路灯将二人的影子拉出好长。马大葱问他头还疼不疼，要不要请假？他当然说不疼。马大葱就笑他，说都快看见骨头了，哪有个不疼的？她又伸手摸他的脑袋，他既想躲，又想靠她近些。她的手摸上来，真的很疼，他就哎哟一声，马大葱却说他是装的。

马大葱推着车子站在楼道口了，让他回去小心点。他让她早点休息，之后慢慢扭过车头，他知道自己心存感激，但除了感激外，好像还有别的，就又回头看了一眼。马大葱的脚步声在楼道里清晰悦耳，他突然想起忘了看她的脚，他不记得她穿了高跟鞋，但这声音分明是高跟鞋走出来的呢。

到了家，父母吵过了热战阶段，开始冷战，各霸一屋互不搭理。没人管的水壶烧得呼呼作响。他爸见他头缠绷带，也不意外，说你又杀人去了？有事就去公安局自首去，别惹我烦。又过了一阵他说，一个女孩来了电话，让你第二天去和她一起送她大哥。然后就问，女孩是谁？大哥是谁？你都在外边干啥呢？

第二天上午，老梅对他的绷带追三问四，他就编了个见义勇为的事蒙过去。大哥郑重向二哥介绍他。二哥却对他斜着眼，像看一只蟑螂似的，说怎么看着跟流氓一样？陈麦刚被夸得一脸通红，又被说得有点搓火。老梅在旁边火上浇油，说你还真不冤枉他，他就是个流氓。他爸说二子你不能以貌取人，陈麦为了你妹妹以一打三，还负了伤，流氓哪有这份骨头？当年我们在山里打游击，国民党管我们还叫土匪呢。

大哥掏出一个小铁盒子给他，沉甸甸的，他说这是颗苏制微步兵雷，专炸步兵一条腿，他拆了好几颗给人做礼物。

“这一颗给你，希望你要像地雷一样保护我的妹妹。”大哥又用他满是铁茧的手握住了陈麦。陈麦激动地当即立正，敬礼道：“侦察员同志，我保证完成任务，谁敢接近她，我砍断他的狗腿。”

二哥高陈麦两届，在阳关市二中，眼镜一圈一圈的，度数高得吓人。“这话不对，还是要区分敌我，我同学里很多人惦记我妹妹呢，你可不能把他们的腿打断。”他扶着陈麦的肩膀说。他很瘦，但胳膊的力气却不小。

老梅一家人的态度让他产生了奇妙的责任感，肩上像挑了什么，沉甸甸的却很踏实。

有人越过马大葱，把陈麦和老梅的事报告给了教导主任。教导主任是个多事胖婆，胸几乎占去上半身一半的体重。她定是觉得自己有拯救这两个孩子的伟大使命，敲锣打鼓地叫来了他的父母。主任先将一对巨乳归位安顿妥了，双手紧攥着茶杯，眉头皱成了卷，表情像陈麦就要被枪毙一样，说你们这宝贝儿子不务正业，打架就算了，还乱搞男女关系，最近和班上一个体育女生打得火热，那女生除了跑得快没什么优点，二人每天厮混，影响很不好，你们再不严防死守，儿子学习差还算事小，犯了流氓罪事大啊，他已经满十六岁了，流氓罪就可以枪毙了啊。她果然提起了枪毙这事……

爹妈吓得不轻，老子抡起了皮带，陈麦吃软不吃硬，于是母亲流出了眼泪。陈麦竭力解释，但不管是他的爱情还是学业，统统越描越黑，那惨不忍睹的成绩单说明了一切。体育生是差学生的代名词。在和她妈结婚前，他爸曾和一个体育老师谈过，据说这女人买菜不会算账，几毛钱的菜，掰着手指头都算不过来，他妈只要提起这事就一脸鄙夷。

就在众势力要剿灭他时，马大葱挺身而出，和他爹妈说这是再正常不过的事，只要引导有方，或许还有好处。他爸他妈听得下巴要掉了。马大葱就举出日本和美国学校的例子，用了几个小时的时间告诉他们，围追堵截不是办法，反而会把你儿子推向破罐破摔的境地。

陈麦去敲她的办公室，嬉皮笑脸地感谢，被马大葱一顿狠批：你真以为我觉得是好事，完全不在意吗？陈麦乖乖地听了，知道她是为他好，就老实很多，除了上课，没事就在家里看书。老梅最近集训不能返校，他倒也乐得清闲。

周末，蒌瓜和马桶一早来找他。二人哭丧着脸，脸上都有淤青，马桶掏出几包好烟，蒌瓜掏出了火。陈麦一看就知，这两个学习名列前茅的小子被人揍了，于是偷了他爸的好烟来怂恿他去报仇。陈麦东拉西扯，就是不说帮忙。二人急得挠墙，马桶说回头把他爸的司机叫出来，开吉普车拉他去接老梅；蒌瓜说他爸收的好烟很多，还有外国烟，下次偷几条来。陈麦这才装腔作势问起原委，得知他们被个蒙古族学生揍了，笑得不可开交。学习好有个屁用？蒙生连汉语都不会说，不照样把你们打得鼻青脸肿？

陈麦一副为难相，说教导主任和马大葱盯得他紧，给他画的正字还差一画，再要惹事没准就被开除了。蒌瓜和马桶失望地对视着，马桶说就这一次，只要把他鼻梁打断就行，否则咽不下这口气。蒌瓜说你放开手脚收拾这孙子，学校要开除你，我让我爸去找校长，校长他老婆在我爸手底下干事，他绝不敢开除你。

陈麦勉强地点头，他提出条件，每个月两条好烟。而且，你们要帮我补习功课，要是能把我的成绩提到班里前二十名，以后谁敢动你们就死定了。

蒌瓜和马桶很有特工潜质，什么都知道。这个同学家的爹妈是干吗的，那个老师他老婆跟南蛮子跑了，教导主任在练香功。最后说到马大葱，马桶瞪着天牛一样的小眼，说她和校长有一腿，你知不知道？陈麦心里一惊，又是一凉，随即不屑地摇头。

马桶见他不信，就来了劲。“你咋不信呢？我早就觉得不对劲，校长看马老师那副样子……你知道咱动物园里那个老猴么？那个每天对着笼子外边的女人亮着鸡鸡的那个老流氓猴，对了，校长的眼神就和那老猴一样哪！”

“校长看哪个女人不都这样？我看他瞅扫地的大妈都是那色鬼样儿。”陈麦一把夺过蒌瓜刚点着的烟，自己抽上了。

马桶见他还不信，就看了蒌瓜一眼，蒌瓜故作深沉地又点上一根，像经过深思熟虑一样对马桶说：“告诉他吧，让他开开眼！”

马桶见陈麦瞪着眼睛在听，就得意地站起来，伸个懒腰，向蒌瓜要烟，陈麦一把将他拉得坐下来。“少那么多毛病，快说！要不我敲烂你的牙！”

马桶揉着被他抓疼的胳膊，挤眉弄眼道：“上周三上午，雨，东南风三到四级，全校都在上课，我和蒌瓜没上化学课，赶了两篇为非洲儿童募捐的稿子，去广播站交材料。广播站的李老师看了看，说这个有政治性，最好让校长看一眼再播。我们俩就拿着稿子去校长办公室了。你猜怎么着……”

“少废话，快说！”

“我正要敲门，还是萎瓜耳朵尖，一把把我拽住了。门里有动静，桌子嘎吱嘎吱地响，还有人喘气儿，我们俩就搭了个人梯……萎瓜比我壮就当了梯子。我趴在窗户上这么一看，哥们差点就软了。”

“看见啥了？”虽然猜到了七八分，但陈麦还是忍不住追问。

“还有啥，校长穿着西服打着领带，下面却光着腚。马老师躺在桌子上，也光着腚，两人正在那哼哧哼哧地弄呢。可惜啊，我只能看到他们后面，看不到结合部，可这也把我看得浑身酥软啊……”

“马桶在上面看得上瘾，也不下来替我，我就没看着，就在底下听响儿了。”

“那你怎么知道是马大葱，你不只看到了他们的后面么？”陈麦想到美丽的马大葱被獐头鼠目的校长放在桌子上办，他们上面悬着四个隶书大字：为人师表，胃里一阵翻腾。

“那错不了，一条裤腿儿连着裤子、马靴，都还在脚上呢，就是马大葱那天穿的，就算没看见脸，那声音咱熟吧？化成灰也听得出来她那娇滴滴的细嗓子啊，哎哟你可没见，马大葱那屁股我只看见一半，可那个大、那个白啊！对了，校长的屁股就那么一顺溜儿，屁股蛋子上没二两肉，但是，上面有个胎记，像啥呢？对了，像澳大利亚地图……”

陈麦默然，这真相令他难过，甚至痛苦，像自己被人睡了。这就是他妈常挂在嘴边的那些破鞋了，她怎么就能受得了那老流氓呢？可是，即便定了性，他仍不能做到去厌恶这个女人，他无法把挡在身前的马大葱和校长身下的马老师合为一个人。这太残忍了。

“这事不要说出去，说出去就不值钱了，口说无凭，他们也不会承认，明白么？咱琢磨一下，他们有第一次，就有第二次，咱们再看看。”他竟这么说。

"咱要不想办法给他们拍下来？萎瓜你爸是电视台的，你家有录像机吧？咱们找机会给他们拍下来，看谁还敢拿咱陈麦和老梅开涮！"

"这么下流的事你也能做出来？不能！"陈麦绷着脸说。

"老大，这不都是跟你学的么？"萎瓜和马桶惊异地看着他说。

陈麦低头不语，片刻猛地站起，冲着萎瓜一记耳光，对着马桶就是一脚。二人被打得发懵，却不知何故。见陈麦一张板脸红里透着白，又蹲下狠狠抽烟，眼里露出要杀人的光来，便不敢说话了。

"马大葱待我不错，你们要说出去，我剁了你俩。"陈麦扭过脸，对着二人正色说。

"老大……那，那个蒙生？"马桶揉着被他踹疼的腿，怯怯地问。

"你们放心，他死定了！"陈麦说罢，将烟头在指尖拧灭了。

那个倒霉的蒙生第二天就遭了殃。一个家伙和他撞在一起，一个烂眼镜摔坏了要让他赔一百块钱。这显然是讹诈，蒙生叽里咕噜比划半天要讲理，陈麦早就一砖头拍了上去。蒙古人有俊挺刚毅的鼻梁，但它实在不如砖头结实。蒙生捂着鼻子正欲拼命，见后面冒出来七八个人，就落荒而逃了，没跑几步，迎头撞见萎瓜和马桶，二人像抽羊角风一样扑上去一顿棍棒。陈麦忙拉住这两个狗仗人势不知轻重的家伙，说你们这个打法要破坏民族团结了。

有陈麦罩着，萎瓜和马桶找到不曾有过的自信，学习依然很好，人却孔武起来。二人知恩图报，有什么好吃好喝都会想着他，但是帮他提高学习成绩，还要进入前二十名，这就不是一般的难度了。

陈麦前途堪忧，马大葱觉得不来点狠的，他考不上什么大学。这个家伙上课抄徐志摩，下课就打架，要么打人要么被人打，三天不打就不是他了。这小子穿得像附属医院的精神病，永远是一身绿军装，却偏偏蹬一双红色的皮鞋，头发乱得像草一样，要是戴副眼镜，活脱一个流氓版的爱因斯坦。这家伙不拉帮不结派，永远一个人战斗，别管你多少人，拿什么家伙，他从不会哆嗦，你就是把他打倒，他也要拉个垫背的，是个锤不烂砍不断的滚刀肉。

大哥走了，二哥住校，老梅很想他们，训练又很累，上课就常走神。山西来的英语老师一口醋味，毫不怜香惜玉，揪起昏昏欲睡的她，认定老梅是去火葬场筛热灰的料。老梅撅着嘴一言不发。陈麦心中生恨，琢磨着该收拾一下这该死的家伙。马桶和萎瓜面露难色，说你是为了老梅，我们呢？他对我们挺好的。陈麦大怒，要和他俩撕袍断义，要和蒙生尽释前嫌。二人无计，遂决定两肋插刀。但英语老师毕竟是老师，不过是责备老梅重了点，也没什么天杀的罪过，萎瓜就劝陈麦悠着点。马桶鬼点子最多，说他妈是阳关出名的中医，给他搞点巴豆吧？

这天下课，老梅让陈麦送她，说和二哥吵架了。二哥认为大哥马上退伍复员了，不该再申请去前线，为这场战争要是牺牲了一点不值，全家人都很反感二哥这样说。

老梅问他要是派你去战场你去么？陈麦说有你在这，哪我都不去。老梅笑了，红着脸说请他吃烤红薯。

二人来到回民区一条小街，这里有一流的烤红薯和烤羊肉串，每天都排着长队。陈麦拉着老梅，举着一把零钱钻进人群，买了两个热乎乎的红薯。红薯仍然很烫，老梅拿不住，陈麦就像杂技演员一样把两个红薯换着扔来扔去，不留神演砸了，一个掉在地上，正要低头拣，被一个急匆匆的回民踩了一脚，成了一块红薯饼。老梅拽住要揍人的陈麦，说人家也不是故意的，谁让你逞脸？

二人带着最后的红薯来到河边，坐在河堤上剥皮。陈麦把红薯剥得漂漂亮亮，将最香甜的部分喂给老梅，自己啃着皮上的精华。老梅让他也吃瓤，他却说挨着皮的甜，这东西和锅巴一样，都是糊了的好吃。他翻来覆去地啃，腮帮子上狼狈不堪。老梅吃得仔细，小嘴上一点痕迹都没有，被他滑稽的吃法逗得直笑。

老梅塞了块瓤给他，烫得他直吸溜嘴。吃完后他要用手去擦嘴，老梅不让，她低头去书包里找手帕，发现没带。陈麦见她嘴上清爽，就说自己好办，去下面的河里洗一下就好了。老梅一个劲摇头，说那水太脏，很多像你一样的人在里面撒尿。陈麦没了辙。老梅脸突然红了，说你把眼闭上，我给你擦。

陈麦闭上了眼。天渐渐地冷了下去，夜晚就要盖下来，秋风在他耳边丝丝掠过，泛着甜蜜的味道。他预感到要有美好的事情发生。老梅的手捧起了他的脸颊，他的脸还没来得及变热，老梅的嘴唇已经在他脸上滑动了。她一点点吃掉了粘在他脸上和嘴边的红薯渣子，耐心而周密地把她的吻印上来，她灵巧的舌头游走在他的嘴角和脸庞，舔化了他的心，舔化了这个黄昏。

陈麦僵坐着陶醉在她的红唇里，眼睛都闭得有些生疼。她的唇让他化成一缕青烟，飘摇着飞离了坐在岸边的躯壳。老梅像是在他脸上寻着答案，找来找去，在没有什么可以找之后，双唇和他的合在了一起。他们生涩地吻着，嘴唇颤抖着，牙齿磕碰着，呼吸交织着，火热的双手反复交缠着。他贪婪而害怕，嘴唇上像掠过火焰，身体内如岩浆流淌。他抱住了她。她的吻如此美好，令他明白少年和春天的意义。他偷偷睁开眼，霞光刚好照亮了她美丽的脸，洁净如山丹花上的露水。

时间凝固了，暮色笼罩了河岸。河边人家的炊烟弥漫过来，在河道里顺风流淌，在他们身边黏黏地萦绕。风是甜的，带着米饭的香味，远处的狗吠鸡鸣悠扬着，婴儿没完没了的哭声也不令人厌烦，河对岸忽远忽近飘来那首土得掉渣的《黄土高坡》，竟也带着雨后的清香了。

“走吧，天黑了，我妈要着急了……”老梅低声说，她的头发扎着他的脖子。

陈麦轻轻应了一声，又抱了她一下才站起来。老梅揪了揪衣服，拿出一个小梳子梳头。他让她背过身去，笨拙地帮她梳头。这情景让他陌生，这是徐志摩和叶赛宁常说的爱情吗？他像被丘比特打了一针，而非射了一箭。闻着老梅发间的清香，看着她如云的发，他竟想起了马大葱。他赶紧驱赶这无耻的念头，心像偷了东西一样怦怦乱跳。

二人在回家路上尴尬起来。到了她家门口，陈麦推着车站着，呆呆看着要进去的老梅，仿佛在盼着什么发生；而她只微笑了一下就进去了，然后又回头看他。灯下的老梅手作喇叭状，羞羞地说了句什么，他听不到。老梅又蹦跳着跑过来，四看无人，抱住他的脑袋，在他嘴上狠狠亲出一个响，又扭头跑回去了。陈麦傻笑起来，直到她消失在那道窄门之中。

电线杆上的喇叭播着单田芳的《百年风云》，城市笼罩在这乌鸦般的声音里，带着回声。陈麦嫌它干扰他回味老梅的甜蜜，就撒开车把，双手捂在耳朵上，晃晃悠悠地往家骑去。

过个路口时，陈麦险些被一个飞奔的人撞倒。那人收不住，摔了个结实的跟头。陈麦正要开骂，认出是那个刀疤脸大龙，就有些纳闷。大龙也认出了他，却顾不上寻仇，爬起来一瘸一拐地跑。一帮手持刀枪棍棒的家伙风一般追了上去，喊着要取其狗命。

“二十个砍一个，太过分了吧。”陈麦自言自语道，“行，遇上我，算你小子走运。”陈麦扶起车子追去，从裤裆里抽出了铁管。落在后面的几个，都被他用铁管敲中后脑或是打中脖子，晕乎乎倒了下去。追击者发现有人捣乱，停下来要围住他，陈麦脚下发力，铁棍乱抡，撞开挡路的人，骑到了大龙的身边。大龙愣愣地看着他。

“腿儿挺快啊，我骑车都追不上你。”陈麦微笑道。

“少你妈装蒜，爷用不着你帮忙。”大龙并不买账。

“谁帮你了？我半个月没打架了，看见这热闹就来了，和他们一起揍你太丢人，我还是帮你揍他们吧。你爱帮就帮，不帮就接着跑。”说罢，陈麦把车子一推，自行车挂着书包滴溜溜跑了好远，潇洒地靠在路边的树上。他抹了一把鼻子，挥舞了一下铁管，发出呼呼的风声。

“他们跟我有仇，你没事别掺乎，你瞎掺乎了，我还跑不了了。”大龙从裤腰上解下根链条来，哗啦啦缠在胳膊上说。

“你还跑啥？不是要劈了我么？那也要等把这帮小子收拾了再劈

吧。”陈麦打量着这帮人，迅速判断出了头领，那个一声不吭的就是。此人目光阴沉，别看一副无精打采的样儿，腰上却挂着一把宽刃的长蒙古刀。在阳关市的街头，敢挂这种刀的不是一般人，那是民族工艺用品厂特供的，专门用于外宾礼物。这种刀不敢乱挂，挂错了没准儿就被人灭了。

那人见陈麦死盯着他，就走出来说道：“附中的陈麦吧？听说过，这没你的事，我也不想和你结仇，大龙砍了我的弟兄，你要不问青红皂白非为他出头，也只能连你一勺烩了，你从中作梗丢了面子，传出去你丢人，爷不丢人。”

“他是谁啊？你怎么惹他了？”陈麦问大龙。“回民区的二巴图，我在卖炮，他们收爷的保护费，不给就砸爷摊子，我就砍了他们两刀。”大龙把铁链子在手心捋得哗哗响，手里的茧子令人生畏。

“大龙，少你妈跟爷装，这种事你也不是没干过，你在爷地头上卖炮，当然要给钱。不开眼的傻逼，今天爷就是要废了你，否则爷就不混了。”二巴图面露狰狞，一双小眼带着凶残的光。

“大龙，不是我说你，你也真是的，你就给他五毛钱不就得了？犯得着砍人么？二巴图，咱不打不相识，今天我既然撞见了，能不能给个面子，大龙道个歉，这事就算结了？”陈麦摇头晃脑，一会儿对大龙说，一会儿对众人说，俨然一副调解纠纷的和事佬样子。

“去你妈的，陈麦，你有多远滚多远，爷不用你在这充面子！他的人搞爷的摊子也就算了，连你妈一条腿在那卖袜子的残疾女人都不放过，爷没砍断他们的手，就是给他面子了。道歉？爷去你妈！”大龙愤怒的热血上头，攥着铁链指着陈麦，凶脸上的刀疤更加吓人。

“残疾人？”陈麦又装愣，扭头对二巴图骂道：“爷去你妈！二巴图，你的人吃屎长大的吧？这种下作事也能干出来？你还有脸接着混啊？大龙！爷也去你妈！他们要是撞见我，我非阉了他们不可，你连手都不砍？今天这事我掺乎定了，二巴图，你要非为这事砍大龙，我今天就砍了你个愣球。”陈麦歪着头指着二巴图。一个喽啰凑得近了点，被他上蹿一步，一棍打中肚子，再一把揪过来踩翻在地。

“操你妈的，给我上，劈了这两个愣球！”二巴图拔出蒙古刀，高声喊道。二十多人呼啦围了上来，陈麦和大龙虽然不熟，却都是老手，二人登时心照不宣地背靠背贴在一起。

“陈麦，爷不是不仗义的人，不管今天咋样儿，咱俩的仇都一笔勾销了。”

“废话少说！你要再敢堵老梅，咱俩这仇没完！”

街头打架这事学问很大，那些电视上港片里都是扯淡，李小龙转着圈放倒几十个，陈麦当时一边看一边不屑，说给他半块砖头，指定在李小龙踢出漂亮飞腿的时候准确悠到他后脑勺上。打群架时最危险的就是后背暴露，别管多结实的好汉，一砖就晕。陈麦和大龙背靠背转着圈，对方十多人竟近不了身，稍有胆大冲过来的，不是被陈麦的棍子打伤了胳膊腿，就是被大龙的铁链捎去一块皮肉，饶是二巴图叫得凶，竟拿这两人没招。

“去找砖头，你们几个，快去给爷找砖头……”二巴图对几个人嚷嚷着。陈麦心知不好，砖头一到，他和大龙可就完全被动了。

“大龙，先搞二巴图……”陈麦轻声在他耳边说。“没错，咱冲过去弄住他……”大龙早有此意。二人猛地分开，抡着家伙直取二巴图，也不管身上挨了几下。喽啰们哪里挡得住这两个生猛货。二巴图正在低头拆花坛，二人已经闪电般杀到了。陈麦敲掉了他的蒙古刀，大龙一铁链抽上去，他一闪，被陈麦抓个空，一脚踩住了前脚掌，陈麦在他咽喉上用棍一点，二巴图应声而倒，可脚不能抬起，于是被自己的重量压断了脚踝韧带，登时杀猪般嚎了。

大龙把链子往他脖子上一套，作势要勒死他，陈麦照着二巴图的腿又是一棍，见众人还往近靠，再来一棍，二巴图叫得狼嚎一样，众人见这两人凶狠，终不敢再往前靠。

“警察！”有人大喊一声，众人登时要作鸟兽散。陈麦大吼站住，众人还真站住了。陈麦见一辆警车亮着警灯慢悠悠过来，就对众人说：“把你们老大就这么扔了？抬他走！”二巴图的人战战兢兢过来，抬起仍在嘶喊的二巴图，一溜小跑去了。

“陈麦，爷饶不了你，你妈个逼！”二巴图被抬着仍在喊叫。陈麦嘿嘿一笑，和大龙也不跑了，让大龙掏烟出来抽。二人笑呵呵地叼着烟卷，解开裤门儿往花坛里撒尿。警察觉得有点不对劲，见砖头满地，还有打断的棍棒，就摇下窗户问刚才干吗呢？

“一个叫二巴图的被人揍了，抬走了，那边去了。”陈麦道。

“打人的人呢？”警察显然不信。

“一大帮人往那边去了。”陈麦又往另一边随手一指。

“你俩干啥呢？往花坛里撒尿是要罚款的。”

“我们没撒尿啊。”

“没撒尿你俩掏出鸡鸡来干啥？”警察指着他还没关上的裤门说。

陈麦低头看了一眼，嬉皮笑脸道：“警察叔叔，我自己的东西，想它了，我掏出来看看不行吗？”

警察骂了句小兔崽子，就懒洋洋地追人去了。陈麦冲着警察挺了下身子，拉起裤链，推车子准备走人。

“你和老梅已经定了？”大龙突然问。

“定了。”陈麦脱口而出。大龙垂头丧气，恨恨地说：“行，你牛逼，操你妈的！”

“谢谢了兄弟，以后我要是对她不好，你随时可以砍我。”陈麦握住他的手，把捡来的一把很好的菜刀塞给了他。陈麦认真地看着大龙，他有着强烈的预感，也许这一生都会和这个家伙打交道了。

第四章

·少年陈麦： 坏小子和女老师

·青年陈麦： 看禁片的大学生

·警察陈麦： 巨蟹妻子和狮子情人

1

陈麦如约来到一号楼下。在这里等候的男生都佯装轻松，或抽烟或看报，或故作潇洒地踱来踱去，也有傻乎乎望着窗口不眨眼的。女生们出出进进，对癞蛤蟆一样的男人叽喳地笑；见帅点的，就向人打听他在等谁，如果他等的是个丑女人，她们就又捂着嘴笑起来。看门老头出来打水，凶巴巴地看着这些小子。他抽的烟呛不可闻，像驴马圈里走了水。陈麦避而远之，抽烟踢着路边的小石头。

一只斑鸠飞过眼前，沉甸甸地落在刚抽芽的杨树上，可那里坐着一只打盹的喜鹊，它们便打了起来，啄得羽毛乱飞。校园里人来人往，并无人注意它们。大家脸上都带着笑，眼睛都看着美的事物。微风和发白的泡桐树干，以及只穿着薄线毛衣出来的女孩们，昭示着一个美丽的春天已经来到了。

骆驼从澡堂回来，抱着脸盆趿着拖鞋，一路摆弄着湿漉漉的头发。见陈麦戳在门口，她张口就问等谁呢？陈麦巴不得她快走，但又觉得自己软弱。骆驼就是见识多些，情欲旺些，没什么对不住你的事，兵败军都山是自己练兵不够，并非人家欺负你。最近听说还有不少人追她，倒成了抢手货。骆驼虽然眼神暧昧，却待人真诚，朋友不少，学习也算不错。想到此，陈麦微笑道："那天不好意思，有点肚子疼，改天我再约你吧。"

骆驼将信将疑，斜着眼正要说话，见辛兰光鲜地走了出来。两边一看，骆驼切了一嘴，仿佛早在意料之中，就哼着歌扭进去了。楼道里传来她和大爷嘹亮的对话，陈麦听得肚子直疼。辛兰抖了下腮帮子，缩回了就要浮现的笑容。

陈麦搓着手说："还第一次见你穿运动服。"

"哦，是吗？真的么？"辛兰眼睛亮起来。女人的明知故问多半是对男人好感的流露。

"当然，很合适你的。"他双手又插进了兜，摆弄着里面的打火机。辛兰笑了一下道："刚才聊什么呢？看你那么不自然，你和她怎么样了？"

"嗯？没什么，东拉西扯的，她就是不进去，很烦。"陈麦红着脸说，说完了才发觉并没有回答她的问题，这个狡猾的辛兰，漫不经心地给他下了套。

"是吗？"她又来了。

"我们只是一般朋友。"他压低声音说着，像在告诉辛兰一个不可告人的秘密。

辛兰不再追问，甩了下头发说："走吧，你老在这站着，看门大爷一会又要找你麻烦了。"陈麦回头看了一眼，老头果然在用两百瓦灯泡瞪着他，仿佛他拐走了自己的黄花闺女。

他们轻松地走向校门，不管谈到什么，都能会心一笑。一号楼半夜闹鬼，八号楼半夜捉奸，美学老师不留神穿了开裆裤，教务处主任上厕所时被扔进一枚二踢脚，陈章良在写《刑法哲学》，美术馆有罗丹雕塑展，《废都》里的方块到底是真是假……陈麦把听来的种种奇闻轶事一件件说着，还没有走出校园，辛兰就笑得走不动了。他潇洒地微笑着，对这个开场很满意。但这些只是咯吱人的东西，多了反遭人厌，想要俘获辛兰的心，不能光靠这个。于是他调整话题，开始聊海子和泰戈尔，聊村上春树和渡边淳一，聊霍达的《穆斯林的葬礼》和曹桂明的《北京人在纽约》，甚至聊到卡夫卡的《城堡》和马尔克斯的《百年孤独》，最后又拐到洛克赛特和罗大佑。辛兰显然被提起了兴致，尤其是罗大佑，她很喜欢他的那首《坟》，是改编自徐志摩的一首英文诗，可陈麦竟还没听过，便说一定去听。辛兰忙说我借给你，正好手边有本他的英文诗集。

他们走进了油大，天色还好，云彩微薄，阳光充满善意。油大和它的名字一样，洋溢着油乎乎的富足味道和傻呵呵的学呆气息。建筑和雕塑真材实料地花了大钱，却没砸出一个大学该有的韵味。这边一个铁地球，那边一个钢火炬，楼房上的玻璃穹顶既像科技馆，又像乡镇企业总部，反正不像大学。虽然是周末，它仍如往常一样冷清。虽然只隔一条马路，从法大来到这里，却仿佛两个世界。

安静会让人胡思乱想，胡思乱想就会使人亲近。不知不觉二人便挨得近了些，手和胳膊碰了几下。他很想去抓她的手，他没有充足的理由，却有充足过头的勇气。

“嗨！陈麦，你们也来了？”

一个熟悉的声音在后面响起。陈麦正欲伸手，好事被这人叫停，竟憋出一层汗来。回头一看，晃晃悠悠走来2班的高驴，一个酒色兼具的东北混子，打架一流，麻将二流，泡妞三流，长相不入流。旁边跟着叼着烟的老二和梳着伪中分的老四。老四本来说要进城的，竟莫名其妙和他俩凑在一起，活像菜市场里烧鹅、板鸭和烧鸡挂在一起。三人穿着随意，姿势歪斜，看脸色好像中午还喝了点小酒。

“高驴啊，你们去干啥啊？老四你们不是进城去了么？”陈麦笑着问道。

“不去了，山高路远没人陪，懒得动弹。”老四对老六瞒着他去看这场录像耿耿于怀。

“还能干啥？看录像啊，哎，那谁呢？老六呢？他和我们一起占的座啊。”高驴的头发像猪鬃那般钢直，坚硬的三角眼嵌在冬瓜脸上，把他肥厚的鼻子几乎挤出油来。但这张脸并不讨人厌，这奇怪的摆设反倒有令人亲切的效果。

“他突然精神病发作，要去图书馆看书，我就把辛兰叫来了。”那三人的眼神说明，他们显然不信这套鬼话，老六是谁？会去图书馆看书？看妞还差不多。

三人颇有深意地坏笑着，老二抖着腮帮子说：“不对啊，图书馆没什么黄书啊，他去那儿干啥啊？这鸡巴有啥劲啊？”老四接茬说：“你不知道了吧？他把刑事解剖学当黄书看呢，尤其是女尸图片比较多的那几本。”

“你们文明点吧，没见辛兰在这呢？别把她吓着了，一会还得看录像呢。”高驴装出一本正经的样子，活像讲企业法的老教授，常常抽着雁牌雪茄讲革命道理。他的表演立刻招致两个恶友的攻击。

老二说：“辛兰你别搭理他，五号楼数老六最流氓。今天的录像他占了三个座，他本来想请六班的小颖来看，顺便挂上老四这个当灯泡的，可他被小颖放鸽子了，这鸡巴很操蛋……他就又把我从床上拉来垫背，我还得领他的情，这片子我都不知道看过多少遍了，台词都背下来了……”

这三个活宝没完没了，把陈麦好不容易营造出来的浪漫气氛搅得乌烟瘴气，但他依然高兴。辛兰眼里闪烁着兴奋的光，大方地说：“你们可真损，朋友请你们看录像，你们还说三道四的，也不怕嘴上长疮？老六哪有你们说的那么坏？他看过这片子，我把他的票抢过来了，你们回头可别说陈麦出卖朋友，我可是不依的。”

“嘴上长疮还算轻的，别长了痔疮……”陈麦阴阴说道。

“陈麦，嘴上积点德行不？辛兰啊，我们哪会呢？陈麦和我们，楼上楼下随便挑床睡的，陈麦要是能出卖朋友，老二就能出卖色相，老四就能出卖中华人民共和国。”高驴一脸奸诈道。陈麦忙递过一支烟。

老二耸着肩膀说：“快走吧，我们的座位要是被油大的给占了，还要费口舌，辛兰在，咱不要给她留下暴力的印象，更不要给陈麦留出英雄救美的空间，那鸡巴一定不行，快走快走！”

进得录像厅，果然已挤得满坑满谷，烟气腾腾，放眼看去，乖乖坐着的都是油大的，东倒西歪，抽烟放屁的都是法大的。不少人看着他俩，确切点说是看着辛兰，这让他兴奋又紧张。他小心翼翼跟在高驴身后。他听见辛兰在后面哎呀了一声，就不由分说抓住了她的手，拉着她在人群里前进。

座位果然被三个人占了，老四摆出政法精英的架势，礼貌地上去和油大朋友商量，无果。对方说你们放本《中国革命思想史》占座不算数，我们还在座位下贴了纸条呢。老二上去粗暴地恐吓，亦无果。对方说你们法大的好歹都学法律，应该讲讲道理，怎么都和流氓似的？你们在我们学校占的座位不受我校校规保护，你们还是回法大混去吧！陈麦被拱起了火，还没说话，身高马大的高驴已经把嘴硬的那个像拎小鸡一样拎了起来，丢麻包一样扔到一边的阶梯上，摔得眼镜歪斜，屁股散架。另外两人见此人凶猛，忙拉着人逃了。

“你们在人家地头上还欺负人，不怕人家叫人来报复？人家不报复，你们也不怕给学校抹黑？”辛兰竟不紧张，诧异地说。

“就他们？不会，再说了，你没见这屋里百十号人一多半是法大的么？他就是叫来十几号人，谁打谁还不一定呢，咱学校够黑的了，多抹一下不算啥，你且安坐，莫要操心。”老二赖了吧唧地说道。

“他们咋这么没眼力劲呢？见了陈麦和辛兰拉着手来了，居然还不让座？这就需要镇压一下了。”老四用几根丘比特式的手指拨弄着他希特勒款式的头发。陈麦被他说得一笑，回头看了一眼辛兰，见她也在笑着，就又握住她的手，这一次意义不同，于是辛兰红了脸。

一个声音从喇叭里传来：同学们，今天原定播放的《布拉格之恋》因录像带报废，不能播出，故换成梁家辉主演的新片《情人》，请大家谅解。

“操你大爷……傻逼……你个傻逼早干啥了……退票……赔钱……付违约金……付赔偿金……赔精神损失费……”录像厅登时炸了锅，烟头、饮料纸盒、还有占座用的书纷纷扔向前面。

老板满脸堆笑地出来，躲过一本飞来的《法理学》，挥着双手说：“真对不起，对不起大家，刚才要放了才发现，这盘录像带放的次数太多，连磁粉都没了，啥也放不出来了，本来有一盘翻录带，上周被你们学校的领导借走，现在还没还回来，这才抓瞎了。同学们，我向大家保证，这个《情人》绝不比《布拉格之恋》差，也有全裸的镜头，这在你们法大也是禁片啊！”

“少他妈蒙人，退票！”仍有人高叫着要走。老二站起来，像个流氓头子：“这是违约，这是欺诈！这鸡巴不行！假一罚十，丫必须赔我们十场录像，否则砸了丫的店。”

“陈麦，我知道这个电影，是根据杜拉斯的小说改的，小说很好看，是一个法国女孩和中国男子的爱情故事。”辛兰在他耳边轻轻说。陈麦会意地点头，他也知道这部作品。他才不在乎演什么，只要别散场就好。法大这帮家伙绝非他们表现的那般愤怒，只是唯恐找不到茬捣乱罢了。

录像厅的小老板给了承诺：“就依大家的，除了这个《情人》，再给大家放一部港片《玉蒲团》，不要钱，怎么样？”

“是不是删节版？”

“不是不是，足版的，绝无删减，我要是放删节版你们不得砸我的店啊？诸位包涵，小店就这么点生意，多多照顾，多多照顾啊。”

众人不说话了，纷纷坐下。一个人又突兀地站起来，双手叉腰，肚皮外顶，裤腰带快要勒到胸口了，却是刘一民。陈麦一惊，他竟也来看录像？刘一民显然很有娱乐精神，他操着官腔说："小老板同志啊，不是我说你，做生意要讲究诚信嘛。知错就要改才是好同志嘛，知错不改你不就是傻逼了吗？你要是傻逼不就得挨揍了么？你要是挨揍了就要告打你的人了吧？但是如果你没有证据，打你的人也就白打了吧？白打了你，这录像也就白看了吧？我看这样好了，你要保证你的店可以用书占座，非但法大来的学生可以占座，老师也可以，教授也可以，甚至校长来也可以！是吧？你这个小同志呢，需要贴个海报出去，这样广大人民群众才会满意是吧？否则他们就跟你丫没完了是吧？"

说罢，刘一民痛快坐下。全场先是一静，然后掌声雷动，高声叫好，老板只能呵呵点头，悉数答应。刘一民又站起来，像孙中山那样挥手四周。

"丫还上瘾了？少给咱们学校现眼了，废话少说，快让他们放录像。"老二见陈麦脸色不善，嘀咕着说。

"他可真行，上得去下得来，难怪同学们喜欢他。"辛兰欣赏地看着刘一民，挥手和他打了招呼。陈麦无话可说，只哼哼了一声。音乐响起，灯光顿暗。

当《情人》的男主人公在汽车上向女孩伸出手时，导演用无声的镜头对准了那两只手，一只左手和一只右手的两根小拇指轻轻碰触，反复地蹭磨着。男人望向窗外，女孩佯装不知。

黑暗中，陈麦觉得身体发沉，仿佛这两根手指扼住了他的咽喉。辛兰在侧，他们和片中男女的位置一样，两只手之间的距离并不比他们长，可是，刚才能够果决地抓住她的陈麦，这一刻却怯懦了。片中的梁家辉慢慢地将一根手指变成两根，两根再变成一只手，然后整个手掌如蛇似水地覆在了女孩的腿上。

画面上的内容越是情欲缠绵，陈麦越是锥心刺骨，他想放弃了，这超出了他的勇气。辛兰轻轻碰了碰他的手，很轻，很柔，很有意味。陈麦觉得自尊心受到挑战，就把那只鬼祟的手捉住，顿了一下，在掌心轻轻地握了。

陈麦在黑暗里感受着这只手，盼着它进一步的动作，面上却装作无动于衷。陈麦听到二人急速的心跳。中文字幕的翻译像是喝多了，常把男女之间的情话说走了味，或是故意出格。女主人公问的是“想要我吗？”字幕却是“干我吧！”直白到有些恐怖。

“翻译得真差。”辛兰轻轻说。陈麦有了扭脸的理由，见她很是紧张，自己倒松弛下来，如此狗胆便包了天，他果断地松开她那只汗津津的手，将胳膊环绕过她的身体，放在她柔软的腰上。辛兰没有拒绝，身子挺了一下，慢慢靠在了他的肩上。

就这么简单？这么容易？他失望了。她绯红的脸和闪烁的眼神说明，她只是被画面唤起了情欲。于是他恼怒地不老实起来，手在辛兰的腰上轻轻摩挲。没多久，手背上撕心裂肺地疼了下。陈麦像被老鼠夹夹了，却硬生生忍了，他报复般地将手放在她的腿上。辛兰用力推着这只手，发现它纹丝不动，便罢了。

“真拿你没办法，你怎么这么喜欢强迫别人，这么多人……”她把他这只手轻轻捉了，牢牢按在腿上，貌似接受，却带着不过如此的意思，瞬间扭转了二人的攻守态势。陈麦在黑暗里咬着牙，觉得自己是只勇闯鸡窝的黄鼠狼，刚抱起一颗蛋，发现旁边蹲着一只不动声色的老猫。它眯缝着眼，十爪尖出，轻蔑地捻着胡须。

陈麦疼出一身汗，手心把她的运动裤都潮了一块。松手有些没面子，再摸又有些下流，一动不动又实在尴尬。高驴和老四似乎发现了情况，正擦着眼睛往黑暗里瞅。肩膀一松，辛兰轻轻离开了他，把双手轻轻放在了他的手背上，几根手指揉着他的疼处。

陈麦轻轻地松了口气，对她略带感激。辛兰却似笑非笑，鼻子里哼了一声，慢慢靠近他的耳边说：“死要面子活受罪，该！”

陈麦心里当啷敲了一下，这么吵的地方，竟听得如此真切。多年前的那一天，老梅也和他这样说过。情景如昨，话语在心，两句相同的话像绳子的两端，将陈麦松散的记忆串吊起来，像两只同样材质的皮鞭，抽打着他的痛苦，让他猝不及防地难过着。

2

儿子的肺部确诊出一个瘤子，黄豆大小，是不是恶性还不知道。陈麦还没回过神来，马璐又被查出了糖尿病，医生说有遗传的成分，但主要是生孩子后不控制体重，长期吃高热量食物，被诱发了。这糖尿病无药可救，文局已经得了好几年，有时开着会血糖指数跑偏了，就掀起衣服在颤悠悠的肚皮上来那么一针。

老婆得这病倒不意外，她常常深夜边吃边看电视剧边等他回家，吃的都是高热量的方便食品。可儿子是怎么回事呢？医生告诉他：儿子病因很多，如今年头不同了，喝的牛奶、吃的汉堡、炸的鸡腿、打的酱油、甚至新鲜的果蔬，都或多或少含有致癌物，你知道他吃过什么？看你的样子烟瘾不小吧？二手烟对孩子危害也大呢。

一家总共才仨，一下子病了俩，陈麦脑袋发胀。他一直以为，在这所城市，各路朋友，黑白两道，都给他三分薄面，没有他陈麦搞不定的事情……可是，在老婆和儿子突如其来的大病面前，他束手无策。生活猛地波折起来，失去了原有的节奏，未来凶险未知，令他泛起阵阵的恐惧，也就在此时他才知道，亲情也能像爱情一样如此揪痛他的心。

陈麦想请几天假，照顾一下同在医院的母子。文局温馨体贴地否决了：严打就要开始了，你不在，支队就得别人挂帅。现在维稳工作多么重要？社会就像到处是火星的干旱草原，你不知道哪里腾地就烧起来。全局都要加班，老孙死了爹都坚持在岗，你可不能闪人啊，你不在，工作上我们不放心啊。

这是不能抗拒的命令，他听得懂。老孙死的是他干爹，他巴不得那老家伙赶紧咽气，却还拿这事来显摆。云铁山是要提防，他的确有借着公干弄自己的嫌疑。就是最近老向他瞪眼的任大江，也难保不会跑到自己几个罩着的地方查毒，谁说得准呢？广东一个市局局长刚被抓了，连同几个支队队长一勺烩了，据说就是被禁毒支队的人搞的鬼，还是小心为妙。大龙那里名声在外，还有几个类似的地方黄赌毒样样俱全，虽然提前打了招呼，但拔起萝卜带出泥，终是有些忐忑。

他回家给老婆和儿子拿东西。关上门，拉开灯，把车钥匙扔在鞋柜，帽子挂在衣架上，再换掉硬硬的皮鞋，拿出长了毛球的布拖鞋来换上。转角黄牛皮沙发上放着一个大红的抱枕，茶几上扔着马璐织了一半的难看毛衣；走廊里那个大钟是她的嫁妆，是她妈当年从北京潘家园淘来的假冒伪劣产品，从来走不准字儿，自打儿子踹了它一脚，它就再没按点儿报过时。屋里有股说不清楚的味道，马璐的香水、擦地板的蜡油、炒菜的油烟、衣柜里的卫生球、儿子的臭球鞋、还有好久没洗的地毯，它们混成一股熟悉又无法分辨的气味，渗进他的身体。生活就像这股味道，你不喜欢它，刻意去改变它，它也只能消失片刻，过不了多久，它终归会变个讨厌的味道再回来。

家里没人，照进屋里的余晖带着苍白，他有些难过，这是孤独，有很多理由会令他如此。他妈给他打来电话，问起马璐和孩子，陈麦不想让她操心，就骗她说她娘俩跟着旅游团玩去了。老妈说我可管不了你们，我活不了几年了，你们也别管我，保姆伺候得好着呢，就是喜欢浪费，塑料瓶子能换钱的，她非要全扔了……

老四来了短信：昨天说的事，何时认真聊一下？那块地两个月后就要挂牌了。陈麦想了想，没有回复，现在说这件事不太是时候。他快速收拾好一堆被褥毛巾，又拿了马璐在看的几本书，见里面有本《失乐园》，她似乎看了很久，还做了不少标注。他感到惊异，又有些担心，但没时间想那么多，他赶紧把它们都捎上了拿去病房。老婆声明自己不是不能动弹，糖尿病又死不了，孩子还有她和父母，能照顾过来，别让这些事拖你的后腿，说罢就抹泪。陈麦酸了鼻子，拍了拍她的手和脑袋，又摸了摸还在发烧的儿子的脸蛋，就赶回局里安排工作。

朱局主持严打工作会议。陈麦要来了让小白准备的行动准备汇报稿，看着有点眼熟。小白说时间紧，他翻出去年严打用的讲话稿，电脑上改了改，百度了一些新鲜词汇。陈麦骂了这偷懒的小子，但知道这也已经足够了，反正没人听。讲稿基本内容是：要求各单位根据市局和支队的总体部署，迅速行动起来，谋划好本单位的工作措施和工作重点，将任务指标落实到具体人头上，强化责任落实，彰显工作实效，振奋精神，准确定位，立即行动，严肃纪律，形成合力，落实奖惩，打出我们的声威，等等。会结束得很快，各位领导想必也都急着通风报信。他婉拒了一个饭局，拨了艾楠的电话，没接；拨了小约翰的电话，关机；再拨老六的电话，不在服务区。这结果令他沮丧，觉得自己像只被遗弃的流浪猫，就又拨了大龙的电话，这人从不关机，坐飞机也不关，也永远不会不接他的电话。

大龙手头正忙乎着，在电话里对陈麦说："你来吧，我正好有个事，要和你说。"放下电话陈麦哑然而笑，想去"幸运星座"并不是因为要帮大龙，那只要一个电话就可以了，他非要去是因为那个有趣的小梅。这无耻的念头让他惭愧，挠着他肚子里那个叫良心的东西。但他就是不可救药地这么想了，对此他毫无办法。

出得门来，天竟然阴了。大青山本就已经去掉了绿意，如此便黑得一塌糊涂。那山虽然连绵无尽，接天矗地，却挡不住早来的北风。犹豫的南风还没完全退去，两股气流在城市上空交战多日，上午你来下午我往，把这一方天气弄得冷热交织，就像艾楠最近对他的态度。

尼采今天竟光着屁股，浑身涂满了黑墨，在一个欧式破椅子上做思想者状。行人纷纷街拍。女人们弯腰去看乞丐的下面，看到黑粗的甘蔗一般的一截，就淫荡地笑。乞丐一动不动，眼白甚是耀眼，真不知他如何能忍得了这天气的冷和女人的调笑。

大龙在二楼的包间等他，烟灰在桌子上弹成个小山。“任大江抓了两个走货的，我审了一下，干巴巴的，就放了，悄悄盯着呢！你记一下电话，和他们接触一下，先买货，买多点，熟了再了解后面的大鱼，这事我不能让任大江抢了先。”他对大龙说。

“晓得了。”大龙剧烈地咳嗽了几下，又点了一支烟。陈麦说：“我得到消息了，可能是金城分局的人过来查，现在还不知道是谁带队，回头我和你打招呼，但保险起见，把那些稀奇古怪的设施都先拆了，把那些‘忽悠悠’之类的东西都倒进马桶，嘴不牢的人都先打发走，哪怕半个月不开工，也别出事，出了事我兜不住。”

“记住了，你放心。”

“最近我应酬多，给你添麻烦了。”陈麦低声说。

“你咋了这是？脑子被驴踢了？你还跟我说这个？对了，你老婆孩子都住院了，你怎么不告诉我，老六让人去医院刷卡，医药费这王八蛋全包了，咋啦？爷的钱不是钱啊？”大龙一副生气的样子说。

“不是，本来就没想和你们说，这么点钱还要你们出？你当我是要饭的？病是大事，钱却是小钱，你别往心里去。”陈麦惊讶于大龙的消息灵通。“陈麦，我听说二巴图要当分局二把手了，你知道了么？”“不知道啊，你听谁说的？”“金城分局的一个朋友跟我说的，说二巴图那晚上喝多了，趁着酒劲和几个下属说来着，但是酒醒之后又不承认了。”陈麦沉默了片刻说：“他当他的，各有各家的锅灶，各赚各的钱，对咱没什么影响。”

大龙沉默了。和二巴图这死对头，他们大战小战七八次，彼此身上都有对方留下的刀疤。自从新华广场那次血战后，双方元气大伤，抓的抓，跑的跑，二巴图也在鬼门关走了一趟。虽说少年的过节不算数，但和二巴图，就算成了同行，甚至一起开会一起吃饭，也永远无法冰释前嫌，只是时过境迁，大家都在这城市混，混来混去，谁好谁坏也分不清了，这笔账稀里糊涂就拖了二十年。

“你这儿那个小梅哪去了？”见大龙有点发愣，他又补充道，“就是上次被老六现场直播那个。”“哦，那个妞啊，这几天她病了，一直在宿舍呆着。怎么？”大龙诧异地看着他。“哦，没什么，那天心烦，对她有点不客气，其实没她的错。”陈麦一边吃着菜一边说，大龙狐疑地看他。“一个鸡而已，你还过这心？那女孩有啥好的？我和她弄过，要腚没腚要胸没胸，下面还夹得我那玩意儿生疼，跟大闸蟹似的，没弄完我就中场换人了。”大龙给陈麦倒着酒说。

陈麦瞟了大龙一眼，被他说得反胃，但很快就说服自己，大龙是对的，不过一只鸡而已，下次好好干她一次，收拾得她嗷嗷叫，也就不再当回事了。

“她得了什么病？该不是艾滋吧？你可别染上病。”陈麦装作阴笑着道。

“她有癫痫，前天被老六现场直播了，又陪了你一宿，中午就发病了，满地打滚，咔咔乱咬，弄得人一身唾沫。”

“没送医院啊？”陈麦吐出一块咬不动的排骨。

“还送什么医院？瞎浪费钱么？等她能动弹了，找个机会就把她开了，要和客人弄着弄着犯了病，恶心人不说，没准儿还得赔钱呢。”大龙说。

“也别那么狠吧？一个小姑娘，人生地不熟的，我看她还算听话，让她干点别的也成。”

“你哪根筋抽着了？怎么了这是？”大龙笑着又要给他倒酒，陈麦一摆手推了。

“马上就要行动了，别节外生枝，现在维稳比啥都重要，你不稳我就不稳，别开她，让人照顾一下，就说我等她病好了去找她。”

大龙愣了半天，点一点头道：“行，我服了你了，你孩子住院，你在这大发善心了，我给你好好伺候她，给你养得白白胖胖的，弄起来也舒服。”

“哪那么多废话。哎，大龙你这儿那个甘肃姑娘叫啥？就上次被老四拒收那个，那屁股那个圆啊……”

说这话的时候，他想起了艾楠。她曾问过他最喜欢自己的哪个部位？陈麦想都没想就说是屁股。但其实，他根本不是这么想的，就像现在一样。

晚饭都过了，艾楠才回电话，说一直在游泳没听到。陈麦登时消了气，还没等他开口，艾楠就说开车出去走走，绕着环城高速听音乐。陈麦看了看表，应了。

绕着城只开了小半圈，他们就在紧急停车带停下来。艾楠得知了他老婆的事，颇为关切。她的关心反倒让他沉重起来。艾楠便抱着他的胳膊安慰他。他热了起来。但一道无形的道德屏障似乎戳在车里，他无法像平日那样拉她到后座去。艾楠微笑着抚摸着他，说知道你心里紧，家人住了院，马上又要严打了，你需要放松……

环城高速像一条闪光的传送带，传递着城市的罪恶和欲望。他们在黑暗里交织着，摆着尽可能丰富的姿势。他在她的身体里总能找到一种平静，那里就像他的归宿。他对此很是费解，他不相信自己会因肉欲爱上一个女人，但这事实正在发生，这令他非常绝望。一辆辆掠过的汽车掀动着这辆震荡的警车，灯光照亮了他们裸露的身体，像在暗夜的银幕后起舞的幽灵。

“会被看到吗？”艾楠喘息着问。

“会吧，他们都挑着大灯……”

“那就让他们看吧……你想我吗？”

他不明白为何他的负罪感和欲望总是相伴相生，负罪感越深，欲望越强，他不知这是堕落还是解脱。艾楠的问题他没有回答，或者说，他已经用他暴风般的身体在回答了。

3

陈麦废了二巴图一只脚的消息顷刻传遍了阳关小流氓圈子。陈麦行情看涨，走在校园，颇得师兄师弟们的侧目。萎瓜和马桶哄抬物价，逢人便吹他们老大一人单挑二巴图的壮举，说得添油加醋，神乎其神。

惹了二巴图不是小事，那可是个敢杀人的家伙。陈麦每天提着气，书包里揣把菜刀，后腰上别根铁棍，上课都不离身。萎瓜和马桶长了志气，要两肋插刀，打扮得比他更像流氓。越来越多的人穿起了红皮鞋，来向陈麦老大效忠。有了马桶和萎瓜两个楷模，众多好学生聚到了陈麦麾下，成了附中奇怪的"好学生流氓"。放学回家，几十辆自行车车铃响成一片，绿军装和红皮鞋们浩浩荡荡涌出北门，要么唱着《一无所有》，要么吼着《北方的狼》。见有不善的来者，这些歌星就哗啦啦围成一团，变戏法般掏出各自的家伙。

这天关华在讲社会主义制度的优越性。他听得无聊，就写了一首诗让人传给老梅，半途被关华捉了去。陈麦既恼火又害怕，怕这小四眼当堂骂人。但他只是低下头来瞪着陈麦，死死地瞪着，像看着一个端坐的僵尸。陈麦正被他瞪得发毛，他却一仰头，继续讲他的四项基本原则。陈麦对这人有点怵，看了老梅一眼。老梅吐了下舌头。陈麦恨恨地拿起笔，大不了再写一个。

马大葱又把他传唤到了办公室。"最近有点得意忘形啊？要成气候了，都搞地下工作了，要搞工人运动啊？"马大葱一边喝水一边笑眯眯地说，这笑有点假。她不像看上去那么放松，有着龌龊秘密的女人大概都会这样吧？陈麦想。

"您别损我，我啥也没干啊。"陈麦还是决定装一个乖学生。

"赵老师今天请假了，说昨天上完课就闹了肚子，去了几十次厕所，今天都脱水了，在医院差点没救了，医生说是泻药过量，他的家属就找到学校来了。这事是你干的吧？”马大葱眼神冰冷。

“我怎么能干这事呢？老师你把我当什么了？我怎么能陷害人民教师啊？我也不是五毒教的，哪里来的泻药啊？”

“除了你，谁能干出这种事来？他们家属十几口子都挤到校长那去了，要不是我帮你拦着，他们可就报警了呢，警察来了你跑得了么？”马大葱充满试探地看着他。

“您要报就报好了，什么都往我头上扣，龌龊事儿我不做，正好让警察给我个清白。”一听她提校长，他就愤怒起来。这愤怒让他有了强烈的自信。他怕马大葱看出这愤怒，就低头看着她的脚——她仍然没有穿高跟鞋。

马大葱见他低头，以为他心虚了，就笑了。“算了，估计你也不认，你坐了牢，对我也没什么好处。陈麦，最近班里的好学生们天天揣着菜刀铁棍跟你混呢，你们到底要干什么？你不告诉我，我可就要再把你爸请来了。”

“他们就是被人欺负惯了，我帮几个尿包出了头，他们找到了自信，开始武装自己，您可别把事情弄大了。他们帮我补习功课，我帮他们强身健体，这是多好的事儿啊？”

“你的诗写得不错……”马大葱突然换了话题。陈麦一愣，随即笑道：“我哪里会写诗？马老师你抬举我了……”“这一首就不错啊，你看，关老师给我的……”

愿望在清晨凝结成雨

眼泪在梦境中不再燃烧

夜色弥漫了往事

往事覆盖着悲伤

悲伤流满了你的手掌

青春渐远

在发黄的日记里徘徊

何时花开

何时花败

是谁在伤

是谁在爱

是谁的故事带着雷声倾盆而落

填满了这个冬天

那片没有名字的蓝色的海

马大葱将纸条念了出来。陈麦第一次听人念自己的诗，像被她扒了裤子，羞得脖子都红了。见那张被关华揉烂的纸被她仔细地压平，他感激地看着马大葱，觉得她念诗的样子很好看。马大葱念完了摇了摇头说："陈麦，初中能写出这样的诗句，很是难得，关华老师也很夸你。冲你这首诗，我们这次饶了你。拿去，直接给她吧，别这么鬼鬼祟祟的，我早说过，你们之间我无权反对，喜欢她就去说好了。"

"马老师，你不反对早恋吗？"陈麦惊讶道。的确，和其他老师动辄上纲上线相比，马大葱确实不同。

"反对干什么？我反对还是不反对，不还是要发生？再说了，我在她这个年纪，也曾喜欢过一个男同学，所以我理解。但是你要有度，别因此耽误学习，处理得好，这事对你们有好处，处理不好，可就全是坏处。我对老梅严厉，是为了这个班的整体，而非只针对她，她是好孩子，我知道。"

陈麦又开始怀疑马桶和萎瓜那次目击的真实性了。他实在无法把眼前这个女人同校长身下那个淫妇联系在一起。女人，可以有这么多的脸孔吗？

“前十名的好学生里有一半都跟着你混了，要连个名次都不能帮你弄上去，你就白当他们老大了。”

“行，我上去了，你给啥奖励？”

“到时候再说，少废话，懒惰者没有赏钱。”马大葱撩了一下头发，陈麦注意到她右脸上有一块淤青，眼睛里仍有血丝，像是哭过。

“陈麦，坚持写诗吧，懂诗的人，也一定会懂得爱，只是别走极端。生命一场，远远不止是爱情那么简单。你保留这个爱好吧，在诗意里成长，总有一天你会放弃菜刀的。”马大葱摸了摸他的头。

陈麦像被人从天灵盖输了真气，猛然血涌上头。她的香气悠悠地浸润了他，她的温柔冲垮了他，他眼睁睁看着一只左手伸向马大葱的裙子。也许是害怕马大葱用一记耳光结束他的试探，他闭上了眼，像从门缝里看见寡妇和野男人野合，更像蒙着双眼的死囚在等待枪声响起。这短暂而可怕的空白让他汗涌而出，手抖如筛，肌肉痉挛，汗毛乍立……他不知道还要过多久才能摸到她，更不知道这之后的结果，他唯一肯定的一件事就是，他一定要这样做！是的，这就是了。陈麦打了一个寒战，猛地睁开了双眼，暗涌的汗使他冰凉。她没有动，甚至姿势都没有变，只是愣愣地看着他。他摸到的是她的膝盖靠上一点，他感觉到了这条腿的圆润和颤抖。他呆呆地看着她，而那只手并没有停在原处，它罪恶地缓缓上滑，直到深入进她裙子深处看不见了，卡在一个他说不出是什么地方的地方，于是他的手就不敢再动了。

墙上的石英钟敲了三下。教务处的钟表慢了半分钟，上课铃会在三十秒后响起。楼道里人声嘈杂，学生们趁着这最后的三十秒尽情地说笑着，奔跑着。陈麦没有等到耳光，他觉得自己罪该万死。

马大葱保持着刚才的姿势和眼神，只是微微前倾了一些。她轻叹一声，各种情绪涌出双眼。陈麦不能承受她的叹息，一下抱住了她，将头埋进她的腰。那里起伏温暖，他听到里面咕噜作响，他不知道想要什么，不知道想说什么……他像是倒吊在悬崖边上的幼鸟，对着拍岸的惊涛不知所措。

上课铃响了。它们挂在楼道的两边，一响就是一串，震得像在宣告着世界末日。

马大葱轻轻推开他的头。“去上课吧……傻小子……”马大葱默默走到一边，像怕冷一样抱着双臂，去拿桌上的卫生纸，想要擦眼，但没有泪，就把纸轻轻揉了，扔进垃圾桶。纸球弹在桶的边缘，歪歪扭扭地蹦到陈麦脚下，在他脚边一碰，滴溜溜地转着。陈麦盯着它，等着它静止的那一刻，仿佛它停下来，他的羞耻和无助也会如水退去。

陈麦不知道是如何走出那间办公室的，只知道迎面撞见眼神诡异的关华，他的手里拿着一本《追忆似水年华》，似乎正要去敲马大葱的门。见他出来了，先是一笑，又一皱眉，然后又死死瞪着他了。陈麦干笑了一声，本想谢谢他，如此便没了兴致，遂板着脸走开。快回到教室的时候，他本能地回头，见关华弯着腰，把耳朵靠在马大葱的门上，一只脚小心地翘着，像敲个鸡蛋那样在敲门。陈麦握紧了拳头。但他只能离去，他罕见地低着头溜回座位，老梅纳闷地看他，仿佛在看一个漏网的逃犯。

放学时，他和老梅骑车走，老梅掏出个漂亮的随身听，强迫他戴上耳机，说这是现在最流行的录音带。陈麦被吵得耳朵嗡嗡作响，里面有人合唱：杀了你喂猪，杀了你喂猪……他就回头对老梅说：“这歌写得也太狠了，我们街上混的管杀管埋，他们可好，杀了全喂猪……”

老梅灵巧地一拽夺回耳机，把他耳朵眼拽得生疼。老梅说好容易从“瓶盖儿”那儿借来，先给你听，你就只听出这句？你才是猪！说罢把两耳一塞，自顾自骑走了。陈麦想追，见马大葱悠悠地骑出了校门，她的裙子被风撩起来一些，露出洁白丰腴的腿，他的手就又热了起来。天色晚下去了，下班的和放学的自行车汇成纷乱的车海，老梅的红色裙子和马大葱的蓝色裙子在车流中影影绰绰，宛如起起落落的蝴蝶。

4

一部《情人》，把一屋子大学生看得气喘吁吁，津汗淋漓。影片结束，人们如蒙大赦，满意地活动着四肢，故作热烈地讨论着。陈麦看了看肿起的手背，见黑紫起来，就故意吸了口凉气。辛兰看了一眼，得意地笑了。陈麦问她要不要走？这个《玉蒲团》可是三级片。辛兰笑着摇头：为什么不能看？就当开开眼呗。

《玉蒲团》的情欲渲染指数远在《情人》之上，一开篇就咿咿呀呀。陈麦觉得喉咙里像堵了一个豆包，胸口如压了大石，裤裆里上蹿下跳。辛兰抱着双臂，嘴唇紧咬，靠在椅背上一动不动，胸脯夸张地起伏着。他又想去抓她的手，但颇觉淫秽，毕竟片子不同了。

"你说，古人真的对这些事……这么有兴趣，这么在行吗？我觉得有点匪夷所思呢。"辛兰凑过来在他耳边说。

"这个，古人也没录像看，又没电灯电话，到了晚上没事干，就研究这个呗，我想对这个，他们比现代人要研究得透吧？"陈麦故作认真地回答，觉得辛兰问这么个问题匪夷所思。

"虽然恶心，但是……挺美的，你看这画面，你看这女主人公的身材……"她故作高深。

"她身材不如你……"他故作挑逗。

"你说你们男人，怎么就那么喜欢这些片子呢？"她继续高深。

"嗯？你怎么知道我对这个感兴趣呢？"他步步紧逼。

"我知道，你看后面的那几个男的，眼睛都直了，你是装的，因为我在。"

想是怕教授看成了禽兽，刘一民在《玉蒲团》开演时就离去了。但有得有失，万一这小子在，没准儿就走到一块儿，他和辛兰就不能单独回去了。

从油大的录像馆出来，高驴三人识相地消失。陈麦特意选择了一条稍远的路，从油大的北门出去。二人依旧说着无关紧要的话，调侃着《玉蒲团》里那夸张的表演。陈麦绞尽脑汁做着试探。辛兰像一条油滑的鳗鱼，在他精心设计的言辞陷阱中四边不靠，游刃有余，即便碰到，轻轻一弹便腾挪而去。于是他又谈起一些严肃话题，比如无因管理之债的几个疑难案例到底如何处理，但这个话题显然是失败的，辛兰答得心不在焉。他心里猫抓狗挠，却装作满不在乎，这才明白为何说男女之间的你来我往是场角力。

穿过一个塑胶地面的小操场，是一条细石板路，这里人影稀疏，方便作案。但他反倒厌恶这方便，在他们关系没有到那一层前，这方便毫无意义，只会让尴尬变本加厉。辛兰可能说得累了，悄悄噤了声。她抓起他那只手看了一眼，夸张地惊讶道："怎么就这样了？我有用那么大劲么？疼不疼？"

"疼！从来没这么疼过，你好狠。"

"谁让你侵犯我？未经允许，胆大包天，流氓罪虽然取消了，但劳教你一年也不冤枉。"

"以后我还会的，且以牙还牙，咬回去……"他深信这话不会招致她的反感。

"真的很疼么？"辛兰果然不反感。

"不疼，骗你的……"他去闻青紫的地方。

辛兰推了一下他的胳膊说："干吗呢你，别那么恶心。"

"我闻一下啊，话说赠人玫瑰，手有余香，把人拧烂，原来也有香味呢。"

"你属什么的？这么记仇。"

"嗯？我属耗子。"

"哦，对了，你是11月中旬的生日对吧？"

“是啊，你怎么知道？”

“上学期你不是过生日了么？听说你们闹得很凶，啤酒喝了很多，骆驼见一个灭一个是么？”她又在明知故问。

大一生日。在兄弟们的撺掇和串联下，规模被无限扩大化，楼上楼下，男男女女，几个班来了几十号人，老六放了鞭炮，老二编了对联：天涯何处无芳草，何必非在法大找，横批：今天就搞！陈麦那时酒量肤浅，一瓶啤酒下去就不省人事，被扔在5401自生自灭。骆驼成了人来疯，反客为主，粉墨登场，黄白不拒，的确是来一个灭一个，吹得男人们到水房里排着串儿去吐。待众人疲软，醉醺醺的骆驼盘腿坐在桌上，宣布要给陈麦同学生龙凤胎。于是，他又被拎过来灌进一瓶，彻底歇菜。田晓玲把陈麦的糗样进行了小喇叭广播，就差他和骆驼在宿舍里洞房花烛了。

“嗯，经验欠缺，那天纯属胡闹了，我什么都不记得了，一上来就被人灌倒，骆驼怎么样我不知道，都是后来听老大说的。”陈麦小心地说道。

“然后你就跟人家掰了？人家喝酒可是给你撑面子，在我们东北，男人不能喝酒，就得女人上呢。”辛兰跳上路边的花坛，在边上灵巧地走着，像玩平衡木的运动员。

“还是不要的好，我宁可自己喝死，也不让女人喝。我看骆驼不是为我，她就喜欢那样，不折腾点花活出来就不甘心。这号人我惹不起。哎，辛兰，你说话经常藏一些潜台词，你刚才说我因此和她掰了，前提就是我们在一起过。形式逻辑中的三段论，你倒能活学活用，可我和她不是你想的那样。”

陈麦仰着头看着辛兰，等她接招。可辛兰没有表情，只是专注于蹦。这令他失望。辛兰又扯开来，高驴在舞池泡了个女朋友啦，内蒙的奶茶啦，吉林的雾凇啦，还有最近要演的电影啦。这让他不解，觉得录像厅里黑灯瞎火算不得数，见光就死，活像聂小倩的魂。那只拧过他又抚摸过他的手，藏在运动衣的口袋里，张着还是握着都看不出来，如同她无法捉摸的心。

辛兰问他知不知道星座？陈麦说知道些，小时候经常看星星。辛兰说他没听懂，她说的是西方的星座学，他是天蝎座，她是双子座，某种程度上二人很契合，但又很难走到一起。

“星座源于西方的占星学，它根据人的出生地、出生时间和天体的位置来解释人的性格和命运。你这个星座有很独特的神秘感，男人往往很有魅力，气场很强，有着强烈的第六感、洞察力及吸引力，做事凭直觉，有时候喜欢靠直觉来决定一切，做事之前会思虑再三，一旦下手就不计后果，尤其是对待感情，就像你刚才在录像厅里那样……”辛兰摆弄着头发，一下子蹦下来。

“刚才是我唐突了，还望你原谅。”他不晓得这是极端的示弱，还是勇敢的进攻，一时拿捏不准，但是话都到了嘴边，由它去吧。

“什么？没什么呀，我都忘了，你别往心里去了，呵呵，再说，是我不小心先碰的你。”

“是不小心么？”说完这话，他就觉得自己脑子短路，直想嚼了自己的舌头。

“当然是了，你以为我故意的啊？你也太多心了。”果然，辛兰轻松地给了他这个难堪。他像泄气的皮球一样沮丧了。

“暑假你要去看父母吗？”

“不去。”她毫不犹豫。

“哦，多久没见到他们了？”

“我不想说这事……”她第一次生硬地回答他。他愣了，知道选错了话题。

碎石小径弯曲地伸进树林，树林层层摇曳，像是要暗示着什么。路太窄，二人无法并排，陈麦就走前面，回头拉她的手。辛兰微笑了一下，和他拉在一起。二人躲避着密密麻麻伸将过来的松树枝，曲折前进。树顶上落了一阵风，树林沙沙地响。一只在树枝上昏睡的喜鹊被惊起，扑啦啦飞了出来，从二人的眼前一掠而过。辛兰尖叫一声，抓住了他的胳膊。陈麦仿佛就在等着这一刻，便一把将她抱在怀里，辛兰像猜到了这结果，并不反抗。虽然抱着，她并不热烈，他像在踢一颗没气了的足球。陈麦对这温柔的拒绝无计可施，当他想吻她时，辛兰却一步就退出了他的怀抱。

一阵风吹乱了她的头发，他帮她拂开。辛兰眼睛眨眨的，眼帘低垂。她回过身，快步地走向前面，一边走一边将头发束起来，用根橡皮筋灵巧地扎住，像农夫扎住一捆刚出地的韭菜。陈麦还在原地站着，有些后悔，却觉得没必要道歉。

"走吧，还是一起回去吧？"辛兰回头叫他。他想走过去，又觉得有些泄气，他强迫自己挤出一个微笑，却没有动，去还是不去，他都觉得很被动。

辛兰见他不动，缓缓地走了回来，在他眼前只站了一下，就吻住了他的嘴唇。陈麦猝不及防地迎接这回马枪，却盖不住她突如其来的热烈，有些喘不过气来。她柔软的嘴唇在摧毁他。她摩挲着他麻木的脸，拂过他凉飕飕的双眼。这感觉似曾相识，但这温度却没有将他点燃，反而冷却了他，就像她在黑暗里靠上他的肩。他又推开了辛兰的脸，果然，他没在这张脸上看到爱意。

辛兰微笑，把头扎在他怀里，双臂绕着他的腰。"怎么？你抱了我，我也吻了你，你还有什么不平衡的？"她的进攻打乱了他的阵脚，他只能沉默。辛兰抱了抱他就松开了，退后两步收拾衣服，还掏出一根口红，若无其事地补妆。

"你真让我不懂呢。"

"干吗非要懂？你倒少见多怪。"辛兰哂然一笑，扭身就走。陈麦一阵脸红，这一仗输得很惨，他不曾想到辛兰矜持的外表下，竟是如此具备进攻性。电话里那个温柔单纯的辛兰，怎会有如此强悍的一面？

进校门的时候，他扭脸看了她一眼，她也看他，她的眼神有他没见过的冷漠和怀疑，她泛红的嘴唇暗淡下去，像校门口褪了色的灯笼。

他们来到图书馆阶梯前看布告，辛兰热情地和每一个认识的人说笑着。她的优雅和聪明令他喜爱，但见她和各色人等说个不停，陈麦又烦起来，主角变成了配角，甚至有再变成跑龙套的危险。他不适应她的转变，反应一时迟钝，便插不进嘴，手在裤兜里搓着大腿。他只能时不时蹦几个字儿，弄几句不着边际的话，却丝毫不能融入她构建的交流场。

角色的瞬变让他不满，他大声地和两个女同学打招呼，要打破这一边倒的颓势，和她们说着扯淡的闲事。但这也只是片刻的缓解，像牙疼时吃片阿司匹林，虽然管用，但用不了多久，那疼来得就更加剧烈。

图书馆门口出现一个穿黑风衣的人，像冷不丁在那戳起个雕塑。他戴着薄薄的皮手套，抱着几本书，眼睛一闪闪地看向这边，灰底红格的围巾飞舞着。见他们也在看他，他便夹着书走下来，一步步走得潇洒，像明星走在楼梯的红地毯上。

陈麦认得这是从台湾交流来的研究生郭宇，本科在台北大学，学国际法的，听说有笔不俗的书法。郭宇身材高挑，目若朗星，周身泛着成熟和稳重。他礼貌地对他点了个头，陈麦微笑回应，握握手就算了，这人来者不善。

果然，郭宇不是来和他说话的，只静静地看着辛兰，微笑着等她和老乡说完，毫无等待的局促。辛兰立刻转向了他，构建了新的对话。陈麦嗅出了危险的味道，像病榻的猎人听到鬣狗在屋外徘徊，他颤抖、恐惧，却束手无策。

“辛兰，你上次说的那本书，我让家人从台北寄来了。”他的声音并不像台湾电视剧里那般肉麻，陈麦甚至对这声音产生了好感。他沉稳的气质让陈麦感到畏惧，觉得这气质非一日之功。

“真的呀？郭宇你还记得啊，我还以为你忘了呢，难得你如此有心，谢谢了！”辛兰兴奋过头，就带了风骚。陈麦像是嚼了一颗生柠檬，酸得肚脐眼丝丝发麻。

“答应过你的事，怎么敢忘呢？晚饭后我给你送来吧？你那时在宿舍么？”

“好啊，我在宿舍等着，该怎么谢你呢？”辛兰晃着肩膀，像在舞会上卖弄风骚的玛蒂尔德。

“不用，一本书而已，大陆早晚也能买到，我就怕你看不了竖版的，上面还有我瞎写的评注。”郭宇也许是累了，他将夹在左边腋下的书换到了右边，辛兰便不失时机地去看那几本书，发现有一本张爱玲的《红玫瑰与白玫瑰》，就大惊小怪起来。

“这本书我看过的呀，你也喜欢张爱玲吗？我在初中就开始看她的作品了。”辛兰像看到了宝贝，拿过来翻弄，见郭宇果然作了批注，就想仔细去看。郭宇忙一把抽了回来，竟羞红了脸。

“今天瞎写的，你还是不看的好。”

“呵呵，你脸红什么？在书上作批注，钱钟书也喜欢这样呢。”陈麦见辛兰这个作态，心生厌恶，但他有理由认为她是在做给自己看，于是又坦然起来。

“嗯，我倒不是喜欢她，是喜欢她的部分作品，比如这本，但看的时候有时会有疑问，觉得她的作品中关于人物性格的描写，也有一些矛盾的地方，就记下来琢磨一下。”面对辛兰略带奉承的话，难得郭宇能如此清醒。

“张爱玲二十五岁之前就完成了几乎全部作品，我最喜欢《倾城之恋》。她作品中的人物有性格矛盾并不奇怪，她是女人，女人的作品会有情绪化甚至神经质的一面。她在创作过程中，也在经历现实的情感波折，当然就有矛盾了，尤其是白流苏，我觉得定有着张爱玲自己的影子。”陈麦的声音参与进来，看得出郭宇对他表示了认同，甚至想和他交流，可辛兰却故作麻木，丝毫没有把这话题接下去的意思，硬邦邦地斩断了：“郭宇你啥时候再回台北？帮我们宿舍带点槟榔吧？”这话题粗鄙无趣，辛兰却说得认真。陈麦毫无办法，他此刻只是个被刻意忽略的旁观者。角色决定位置，愤怒不是攻城锥，发作出来没准引火烧身，自取其辱。

“下个月要回去一次，我多带点回来，上次带得不多，都被同学们半夜当夜宵吃了。”

“呵呵，你下个月就回去啊？为什么啊？”她似乎要没完没了地把这话题继续下去，也或是在等着他的离开。陈麦决定继续若无其事，谁说脸皮厚不是战术？

“我爸六十大寿，兄弟姐妹们都要回去，我负责给他写寿贴。”郭宇似乎看出了陈麦的不耐，低头看了下表。

“哦，是哦，你书法那么好，当然要你写了。那你怎么回去……哦，我的意思是，你从北京怎么回去？”辛兰一边说一边笑。陈麦突然想起，中午的时候，辛兰说要请老六吃晚饭的，可她刚才又答应了郭宇等他送书，两下似乎矛盾。

“嗯，我先飞到香港，然后从那边转机去台北，挺费周折的。”郭宇作无奈状，表明这一路的难挨。

“真是太远了，我长这么大，最远就是来北京。我妈妈对台湾的印象很好，她几年前作为访问学者在台湾游历过，说台湾很有人文气息，有根的意味，有机会还想去。”辛兰双手合十。

陈麦像看着一场没完没了的双人舞，枯燥乏味，却还不能离场。他们每一次舞步的交替，身形的旋转，都是对他的折磨。他只能再看表，别无他法。辛兰似乎觉得需要缓和，就揪了他一把说：“陈麦，不是说请老六吃饭么？郭宇你一会没事吧？咱们一起去吧，今晚我请客。”

陈麦和郭宇对视了一眼，他是略带敌意的，但郭宇的眼神依然是温和的。他礼貌地回绝了。

“不了，你们去吧，我还有事儿，你也不要赶，我晚一点再去给你送书。”

“一起去吧，饭总是要吃的，不耽误事。”陈麦虚头八脑地说。郭宇的婉拒让他歉疚。

刘一民阴魂不散地来凑热闹，刚在录像馆还一身休闲，一部《玉蒲团》的工夫就西服笔挺了，想必又要去做个讲座。陈麦欣赏这留法博士的才华，却讨厌这人的眼神，他记忆中的色鬼都是这白多黑少的样儿，一见漂亮女孩便直勾勾地发出色光。听老六说常有不同的女孩子出入他的宿舍，夜不归宿。据传辛兰也常和他有着联系，她会不会在这些人之中呢？

刘一民和众人打招呼。郭宇和他看来挺熟，聊得蛮热乎。突然多了个敌人，陈麦不知该把他当老师还是当情敌，说话有点跑题。辛兰应付自如，像老上海的交际花，闪转腾挪，三拐两拐，塞纳河和罗浮宫就聊了出来。刘一民如沐春风很是受用，夸耀辛兰有法国小姐的韵味，还带着普罗旺斯女郎的奔放，又拽了几句法语，辛兰就笑成了吉普赛女郎式的豪放，直让陈麦有拿破仑输掉滑铁卢时的悲愤了。

郭宇颇有风度地点着头，用台湾式的添油加醋将刘一民对辛兰的赞美说得温文尔雅，说她如果生在了阿里山，那就会再多一份日月潭的妩媚了。

陈麦左看看右看看，真想一巴掌扇一个。夸女人这事，他自愧不如。等刚要憋出几句有着草原特色的赞美之词，这两人却要告别了。刘一民拍了陈麦的肩，郭宇握了辛兰的手。二人像一对老友那样说笑着去了。辛兰看着他们远去，面带留恋。

“看来两岸关系突破障碍，要渐入佳境啊。海外关系也越来越好，要文化输出了。”辛兰扭过头来，捅了他一下说：“你干吗那么紧张？我都替你出汗了。”

他不知和郭宇算不算是朋友。他们的友谊貌似坚硬，有着共生的土壤，但一场春雨便浇个狼藉，一个爱的忘我，一个爱的犹疑，都不能恰好射中靶心。回到台湾的郭宇打电话还在干你娘。他知道这友谊无法挽回。郭宇描述他的无耻，似乎言过，但绝不冤枉。大家都在辛兰莫名其妙的犹疑和卖弄中自作多情，自以为主角的他们编了剧本，写了台词，自导自演，吹拉弹唱，为他们自己的表演感天动地，眼泪哗哗；而当一曲唱罢，灯光亮起，却发现辛兰正和别人在台下卿卿我我，根本没有看这台上的表演。

军都夜岭覆云开，
陵湖秋月洗霜白。
大梦一生无家处，
君在阳关我在台。

虽然交恶，毕业临走之前郭宇仍写了这首诗给他。他们还合作着给辛兰留了一幅字，陈麦作诗，郭宇行文。他满以为郭宇临别会给他个拥抱，谁料却挨了他一记重拳，他左边的后槽牙就此不知影踪。郭宇回了台湾，做了检察官，大学十年回首时辛兰没来，他也没来，听说他娶了一个印度姑娘，笑起来很像辛兰。

保送清华的马桶来法大找他，剃了平头，像个新崛起的江湖老大，他说清华的压力实在太大，除了学习啥也干不了，隔三差五就有人跳楼。陈麦说你看着倒不像，有没有带点好货来？

马桶给了他一条中华，说他爱上了北京二外一个姑娘。他在地铁里跟她面对面坐着，她穿着一袭花裙子，美得像草原上的彩虹，在低头看着一本英文版的《在路上》。他和她搭上话了，但车厢里人太多，他不好意思跟她多说话，也没敢要电话，人家就那么走了。他隔着玻璃看那姑娘也在回头看他，就知道这怯懦实在太傻逼了。陈麦说那就去二外找她呗。马桶皱着眉头说：“不是没想过，但无名无姓也不知道哪级哪系，每个女生楼去蹲点，需要时间，而且，这事我一个人不敢干……”

陈麦说难怪你给爷拿一条中华来，这差事我才不跟你去，你到报纸上登寻爱启事去吧，我自己还没着落呢。

马桶说在阳大生物系的尿布似乎病得不轻，已经休学住院了，似乎是胰腺癌，不知要休学多久。陈麦挠头不语。二人闷着头抽了几根烟，马桶就要走了。

送走马桶，陈麦在图书馆的台阶上发呆，阳光被教学楼遮出巨大的影子。和他一起在街头奋战的少年们，或生或死，都会因为爱情而变得柔软和深沉。孤独像走不出的迷宫，想真爱一场，却不知爱人躲在哪个角落。面前的女生楼就是个欲望垒砌的迷宫，6楼的辛兰是这迷宫里游弋的风，他不知能否得到她，就算得到了，也不知是九天揽了片月，还是海底捉了只鳖。

瘸腿黄狗格劳秀斯长大不少，三条腿飞奔过图书馆门口，嘴里叼着一本《围城》，边跑边提防地看着四周，想必是哪个家伙不留神使书沾了肉味。陈麦忽然觉得自己和格劳秀斯差不多，这份感情只是沾了爱情的肉味的粗粮面包，自己却当做一根肘子似的叼着不放。

小王八蛋请他喝酒，说得唯唯诺诺。陈麦紧张地答应，却怕这是鸿门宴，担心小王八蛋酒里下毒，袖里藏刀，或像刑法案例写的那样用一根鱼刺扎他的太阳穴。但小王八蛋一扫诡异和冷漠，这顿饭热情异常。他一边劝着陈麦喝，一边说着他家乡的事，给他描绘着竹子在夜里生长的声音。正常的小王八蛋让陈麦觉得很不正常，他一言不发吃着。餐馆门口走过一个管院的少妇，长得出奇的白，令他想起《废都》里的唐宛儿，于是脑子里塞满了那些删去的方格子。小王八蛋见他走神，一把抓住他的手大叫："陈麦，爷操你妈，你到底爱不爱辛兰？"

陈麦如遭鬼喝，浑身一哆嗦，一杯酒全洒在了裤子上。他厌恶地打开了他的手说："那和你有啥关系？我爱不爱有啥用？你得去问她！"

小王八蛋突然哇哇大哭，像幼儿园没人领的孩子。陈麦被他弄得浑身发痒，哄他他犯浑，劝还劝不住，干脆大声问他："你到底要说什么？

你个傻逼哭个屁？你要是想追辛兰，自己去争啊，谁把你拴在床架子上了？自己没用，少来我面前装孙子！”

见他愤然要走，小王八蛋一把抓住他的手，像劳苦大众拽着无产阶级的领路人，他哭丧着脸道：“兄弟，我追不了辛兰了，我他妈的……得了癌症……”

5

一个舞厅唱歌的姑娘给陈麦发短信，问寒问暖，东拉西扯，最后提出能不能借三万块钱给她妈治病。陈麦毫不犹豫删掉了短信，把这号码加进黑名单。如今他已不干这良心大哥，对这世界行善，就像你对着大海撒尿，你那点骚哄哄的水流丝毫不会影响明晚的潮汐。

市检察院的朋友说，贪污了几个亿的市煤炭局局长抗拒抓捕，开着一辆路虎一路飞驰，开着车跳进了岩浆一样的“天眼”，据说哧溜一声就连人带车化了。煤炭局长跳进了燃烧的炭坑，真是死得其所。云铁山说某阳关著名慈善家和老婆吵架，他老婆抱着孩子开着巡洋舰要走，前进档放在了倒车档，一脚油门轰下，出来追人的慈善家就被顶烂在他家门口的石狮子上。这每月都要开苞处女的老流氓有此下场，说明老天爷还自有分寸，在掂量着这人间的罪恶。他陈麦不是什么好人，但自忖比这些人好多了。

但儿子和老婆的病让他警觉起来，这是报应么？是神灵要给他的惩罚么？只是既要来，干吗不冲着自己来？莫非神灵也知道，对最亲的人的伤害，才会伤到他最敏感的那根神经？

陈麦摸了摸孩子的前额，似乎退了些烧，他又摸摸那张酷似他的脸，心下惭愧，孩子的脑子或许就是这么烧出毛病了。他能花去那么多灯红酒绿的夜晚，却始终没带他去过草原，孩子已有意无意地说了很多次了。

陈麦到门口买烟，小铺老板瞅着眼熟，倒先认出他来，说十多年前你坐过我的板车，你忘了？你和一个后生，拉着一个哇哇叫的局长？陈麦登时想起他姓关，他竟老得不成样子了。提起往事，老关一脸愁容：“下岗啦，全家人就仗着这个小铺子挣个活命钱……哎呀你可不一样，成了大警察了！你管不管这片儿？罩着我点吧？医院的人欺负我就算了，就是要点钱，这条街的小流氓动不动就来惹是生非，每次都要带个一两条烟走……”

陈麦给他留了电话，告诉他有什么难处就打电话。老板红着眼圈塞给他一条软中华，他推辞不掉。

马璐的父母来了，让他俩回家去，说姑爷这几天又要忙了。岳母又随之嘱咐马璐给他熬点好汤，对陈麦说你可不能倒，你是家里的天啊。

陈麦又亲了亲儿子，拉着依依不舍的马璐回家。沙尘暴在夜晚悄悄降临，将路灯悄悄笼罩。一路上二人无话，陈麦慢慢地开着车。路灯一片一排地掠向车后，想说些什么，嘟着嘴又不知怎么开口，马璐很少如此沉默。马璐突然抽泣起来，陈麦想握住她的手，她不给，侧过半个身子对着窗外，吸了一口鼻子。“你以为我真的不知道你在外边干什么吗？陈麦，一天两天不知道，一年两年不知道，九年了，你以为我还不知道？”

“什么？你说什么？”他慌乱起来。而马璐却沉默了，这沉默的压力像一堵墙，让他有无处可逃的恐惧。

“我……没干什么，你别瞎说，好多都是应酬，没办法的……”说谎虽然已经是他最娴熟的本事，可在她的眼泪面前，这谎言好像一出来就要烫坏了舌头。

“我知道你后悔娶我……我有自知之明，我不拉你的后腿……这么多年了，我对你怎么样？我对你父母怎么样？我对这个家怎么样？孩子这病也不是一天两天了，你拿我不当回事没关系，可你不能拿他不当回事。你就真那么忙？大龙那里应酬真那么多？还要在那里过夜？每一次都要有个女人陪着？夜总会里陪也就算了，我就当你是应酬，你在外边还勾三搭四，陈麦你不要欺人太甚！我哥没了，你就更觉得没人能治你了，你早晚会把我们母子俩扔了……”

马璐飞快地说着，看着车窗外抹泪，把车窗弄得雾蒙蒙的。陈麦被说得一阵眼晕，羞愧感积累起来，慢慢变成了愤怒。这不对劲，但这情绪只有转向愤怒，并用饱受委屈的方式发作出来，似乎才能抗衡马璐的指责。她说的那些事，别管她是真知道还是假知道，总之不能让她这样说下去了。

“你胡说些什么？我啥时候有女人陪着啦？唱歌的时候是叫了小姐，那有什么了？别人叫了你不叫，人家以为你要算计他呢，现在就是这么个世道！在大龙那里过夜，那当然是喝多了。咋了？你还让我晕乎乎地开车回家？我在外边累成这样，脂肪肝几年了，再几年保不齐就肝硬化了，你还这样说我？孩子的病也不是我拖出来的，从小就有，咱们也不知道是这个问题啊！以前体检不是也没检查出来么？你怎么就都怪到我头上了呢？早知这样，我还不如不干这个支队长！我还不如和老六去做生意，睡觉睡到自然醒，实在无聊就也和他一样吸点粉……”

陈麦把一通假话屁话说得掷地有声，理直气壮，连他自己都觉得快是真话了。不知道哪句话勾了自己的情肠，竟眼泪汪汪，声音都带了哭腔。脚下油门应景地轰了一下，车胎在路面上磨出了刺耳的声响，仿佛他整个人都因这误解而陷入了被冤枉的委屈和愤怒中。

马璐忙把手搭在他的右小臂上说：“干吗呢你？别开快了，马上就到家了。我也没想让你怎么着，哥哥没了，儿子要动手术了，我这心里没底……”

“……这些年我对你照顾不周，对孩子也关心得少，但是我没办法，我要是天天下班回家，就怕是连这个位子都保不住。玉泉分局的老方你知道吧？老老实实的一个人，四边不靠，不给人办方便事，也不和领导走串，也不照顾下面的弟兄们，最后怎么样？他悄悄去按摩房里找小姐打炮，光着屁股被治管大队抓个正着。这事发生得蹊跷，八成是被人给盯着做了。这年头谁没点小龌龊，装逼可以，但别装过头了，真把自己搞得油盐不浸了，那不就自掘坟墓了么？你哥走了就有人砸黑砖，你知道为什么没人砸得动吗？就是因为他有一大帮朋友，有我这样的人顶着。”

江湖被他说成了深渊，一步行差踏错便万劫不复。老方的事并没有他说的这般严重，老方不是被人算计。治管大队只是例行巡查，老方光着屁股还跟人耍威风。虽然在一个分局办公，但对这个四边不靠的队长，还真有不少同事不认识，光着屁股的就更不认识了。年轻人们被拱出了火，拉着他就上了车。一出门，老方被市晚报的记者拍个正着，这张大脸半夜就上了网，那谁还能保他？大家都乐得见这个装逼犯早点滚蛋了。

“你还是小心点，我倒不怕你被人黑，我就是觉得，你……离这个家越来越远了，总像出了远门儿一样，外边世道这么乱，你这行的风险那么大，我真怕你哪天回不来……我有一次梦见你死在街上了，被人扎了好多刀。我哭着去找你，远远看见你躺在地上，满地的血，我想抱着你哭，可是，我看见已经有一个女人在你旁边哭，我不知道该怎么办……醒来后我还在哭，可你不在，你的被窝是凉的，我都不知道你在哪……和哪个女人在一起……”马璐又哭起来。

陈麦心里一惊，这梦他也做过，他心里又一软，被她的眼泪打动着。他以为一切都瞒天过海，风平浪静，想不到她心里装着这么深的怨气。这梦境让他恐惧，不同的是，扑向他尸体的那个女人不是马璐，也不是老梅，而是艾楠。

镶金边的喇嘛发来一条短信：“本月禁女色，少饮酒，莫远行，或有血光之灾……”

陈麦慢慢删去了。前方灯影昏黄，像梦里海底的黄昏。他莫名地感到一阵压抑，这世界和他的谎言一样虚伪，一个被沙尘覆盖，一个被眼泪抹杀，危机暗伏于内，不知何日昭彰。

“五年前我爸去世的时候，拉着我的手说要对你好，说你是老天赐给我的好女人，这话我记得。亲爱的，不管我做了什么错事，你都是我的老婆。我这警察招怨太多，想杀我的人不少，让你担惊受怕，我心里很不是滋味。”陈麦淡淡地说，这倒是真话，他又感动起来。马璐抱住了他的右臂，把脸贴在上面，陈麦拍了拍她的脸，上面泪水犹在，和她的脸一样热乎乎的。

拐过市局门口时，马璐猛地大喊一声。陈麦忙一脚刹车，见乞丐一身长衣站在车前，头发竖成了冠，手拿蒲扇，背对着他们边走边跳，念念有词，念着念着，对着黄彤彤的月亮作了个揖。

“是疯子吗？”马璐怯怯地问。

“别怕，他从不伤人。”

陈麦微笑着绕开他，把他留在沙尘里的月光下。乞丐继续他的舞蹈。风掀起他的长袍，路灯拉长了他的身影，远看过去，像空荡舞台上一个从古代穿越到今天的士大夫。

如果在古代，我陈麦会是个什么人？是个农夫还是一名剑客？是个酷吏还是一个文士？他曾梦见自己在一座古城上背刀夜行，在大殿的屋顶看着如盆的月亮。那座城池庞大而清冷，敲梆子的人昏昏欲睡。他的刀很锋利，好像要在当晚夺去一些人的命。他的怀里散着芬芳，似乎要归还一个女人的香囊。远方是座燃着灯笼的高楼，那里杀机四伏，机关密布，他不知能否活着回来……

第五章

- **少年陈麦**：300流氓月夜奇袭
- **青年陈麦**：血战军都山
- **警察陈麦**：寒风中，与请愿的越战老兵赤膊相对

1

对于办公室那次斗胆的摸，陈麦总想找机会表示歉意，却又不知会否招致耳光。经验里没这个，爹妈没说过，书上也没写过，《窗外》里是老男人泡小姑娘，他这个是小少年摸大老师。自己想不透，又不能和外人说，这内疚而慌乱的滋味真不好受。

马大葱照常上课，并无反常，即便和他在楼道撞见，也只点一下头。那段日子他像个惴惴的贼。大龙和老梅都认为他暗中干了坏事，要么偷了东西，要么害了哪个老师，他越是否认，就越让他们笃信不疑。

二巴图不会瘸着腿来寻仇，至少要养一个月。陈麦乐得清闲，晨练见效，虽然姿势搞怪，却是跑得快了不少。老梅的队友们已接受了这家伙，常指点他一些诀窍。

陈麦家门口竖起来一个银光闪闪的铁塔，俨然是城市第一高。他拉着老梅从下面过，老梅随口说了一句，这么高的塔怎么上啊？敢上去的人才是真男人。说者无心，他却当了事，最近被老梅抓得血痕处处，需

要做点什么扭转颓势。

他糊了个巨大的风筝，方头方脑长尾巴，在上面写了老梅的名字。一大早他来到塔下，躲过熟睡的看守就往上爬。一路风光无限，城市尽收眼底，他家的平房很快就像个火柴盒了。上去似乎并不难，却很冷，他忙将风筝系住，绳子顺风甩出几十米，让它高高地飞。红色的尾巴哗啦啦地飘，把他的心撩亮了。他想老梅定可看到，一抬头就会微笑起来。陈麦冲着看不见的她招手，大喊着，想象着老梅深情的目光和必定会给他的温柔拥抱。他似乎来到天堂成了上帝，主宰了能看到的世界，还有他正在遨游的爱情。

上山容易下山难，半途起了大风，铁塔在剧烈的变形中摇晃，发出“嘎嘎”的可怕声响，陈麦的手滑脱了一次，吓得眼前发黑，忙抱着栏杆喘气，手心出汗，竟不敢挪步，恨不得把自己绑在上面。塔下的人发现了这家伙，人越来越多，连警察都来了，大喇叭冲上面喊着。可陈麦听不到他们喊什么，只咬着牙一步一步往下探，中间一次踩空，遂尿了裤子，给下面的人下了场骚热的雨。下面骂声一片，但很快人们又哄他：小朋友慢慢来，不过是个小梯子。下梯子就像下油锅，终于到了地面，刚想扮可怜歇会儿，看工地的叔叔们就给他一顿暴揍，警察颠颠跑来，陈麦眼含热泪向他求救，警察却踹来更狠的一脚。

“操你妈的，你摔死了，爷这半年的奖金就没了。”

熊猫眼陈麦被警察拎回了家，父母一个劲点头哈腰，说政府不会冤枉这个儿子。陈麦一只眼肿成了豆包，半夜疼得无法翻身，可一想到天上那只风筝和老梅的笑脸，就忍着疼在笑了。坚强的风筝飘荡了三天，被骤然剧烈的北风撕碎。老梅并不知风筝的存在，慢性结肠炎让她动弹不得，烧得晕乎乎。得知陈麦的壮举，老梅眼含热泪，捧着他仍未消肿的脸亲个不停。她问陈麦想要什么生日礼物，他不假思索地说和你睡觉。老梅红着脸骂他流氓，但这次没有掐他。

大龙请他们周五晚上看录像，算是给他的生日礼物。大龙揣着几个烤红薯来到附中，坐在门口等着他俩。但陈麦把这事儿忘了，拉着老梅一起听马桶辅导功课。大龙抱着几个烫红薯等了个把钟头他们才出来。陈麦骂他傻，为啥不先吃呢？大龙说当然要老梅先挑过才吃啊。陈麦又骂他呆，说你就不会把最大的留给老梅，其次的留给我，你吃最小的么？大龙说我要是这么干了，你一定会说我吃了最大的，我跳进黄河也洗不清了。

三人在街上顶着风啃完了红薯，连撑带凉，弄得老梅放屁不停，陈麦笑得前仰后合，说这是"美女慢撒气"。老梅羞红了脸，就赌气坐上了大龙的车后座。到了录像馆，老梅想看台湾的琼瑶剧，陈麦和大龙想看成龙的《醉拳》，老梅不干。卖票的后生穿个军大衣，叼根大青山，一边整理着零钱一边歪着头说："当然是听你女朋友的，这事儿还有的商量？快点快点，要开了，一块一张。"

陈麦一愣，扭头一看，老梅的脸几乎熟了，正低头踢着一个空饮料瓶呢。

三人就看林青霞、秦汉演的《窗外》。老梅入戏很深，攥着他的手呜呜地哭。陈麦和大龙看得没劲，就聊老梅和林青霞到底谁漂亮。大龙想了半天，认为还是林青霞好看些，陈麦就和他掐了起来，非要他改口不可。

突然，电视声音陡大，屏幕蹦出一对光屁股男女，在床上咿咿呀呀地弄。老梅尖叫起来，女人们都尖叫起来，男人们吹着口哨。陈麦和大龙看得眼睛都直了。画面消失，老板窜出来说不好意思，这是翻录的，中间空白的地方没洗掉，吓着大家了。有人吵吵着换片子，就放刚才光屁股那个。老梅不干，要把正经片子看完。录像厅里几十个人分成了两派，谁也不让谁。陈麦大大咧咧站到了前面，掏出一柄菜刀，问谁想看黄片？怎么这么流氓？爷把你们送到公安局去！有带妞的后生不买账，拿把菜刀装球，站起来刚骂了两句，就发现脖子上凉冰冰架着把匕首，一个刀疤脸恶狠狠地瞪着他，像要剜出他的心肝。

《窗外》在人们的遗憾声中又开演了，老梅感激地握住了他，热乎乎地揉着他的手。

“你说刚才那个光屁股的妞好看么？我都没注意她长啥样……”他轻声对重又陷入剧情的老梅说。

“你个流氓，那么恶心的东西你都看……”陈麦觉得手背上一疼。

“又不是我要看的，突然蹦出来了，闭眼都来不及啊。”

“啥样儿？”

“什么啥样儿？你不是说不想看么？”

“哎呀你坏！那玩意儿啥样儿？”

“和香肠似的，和我的差不多……”

“你个流氓！”

“那我怎么说？我就这一个参照物啊……”

“那个女的呢？”

“她没有……”

“我不是说那玩意儿，她好看么？”

“不好看。”

“我觉得有点像马大葱……”老梅说。

“喂？你不是没看么？看得比我还细啊。嗯，你这么一说，我也觉得有点像，也挺好看啊……你这个什么小屋有啥看头啊？很讨厌他们嗲嗲的台湾腔。”

“你看他们的日子，我羡慕他们可以这样相爱，虽然为世俗不容，但却爱得这么美，他们不用烧蜂窝煤，更不用像你一样拿菜刀，哥哥也不用去打仗……”

几滴眼泪掉在他手背上。陈麦忙抱住她。“我们在一起，什么都会有的，你哥不在，我就是你哥。”

“德性！你哪有我哥帅！秦汉都比不上他。”

“你二哥呢，我比他帅吧？怎么最近送你回家没见他？”

“他拼了命学习，不到半夜都不回家，说要考北京去，以后要当个律师。”

“嗯，他的性格适合做这个。”陈麦并不奇怪，但一想到他的长头发，又觉得不搭调。

“你别每天就知道打架，多看看这个世界，我哥说咱们早晚都要离开这里的……文革时我爸的腿就是被打断的……平反之后，我爸却还想着给国家好好干几年，可现在当我爸领导的，就是当年幕后组织批斗他的人。这人钻营了几年，又莫名其妙地上来了。我爸也算老革命了，身上还有枪眼儿，就不明白为啥是这样一个结果？”

“老人家身体不好，就劝他们别计较了，安度晚年算了。我爸在单位也是受气，但那是他自找的，他也不是什么好人，贪小便宜吃大亏。但他的话没错，他说现在能当领导的，都是溜须拍马登峰造极的大师，有本事的人上不去。说早知道这样还不如就留在军队里。我觉得你哥是对的，你两个哥哥都很了不起，你多幸运啊，不像我，独苗一个，没人和我玩，小时候就坐在房顶瞎琢磨，总寻思着祸害哪家，琢磨琢磨就大了，要不是遇到你，我还说不定咋样呢，没准就和大龙一样了。”

“嘿嘿！你个愣球咋说话呢？你夸老梅就是夸出花来我也没意见，啥叫跟我一样了？你比我好到哪里去了？”大龙在后面阴阳不搭地哼着说，想是受了凉，他开始打嗝，像肚子里藏了个青蛙。

“老实看你的，瞎掺乎啥？”陈麦扔给他半包烟，让他闭了嘴。

“妈让我和我哥争取离开阳关，到更广阔的天地去……我妈一回家就聊她们单位那些恶心事，为了评个中级职称，那些人什么恶心事都做得出来。我爸说社会和从前不一样了，文革后很多东西非但没有根除，反倒渗进人们的骨子里了，他觉得没得救了……陈麦啊……我讨厌这个城市了，没完没了的沙尘暴，没完没了的口号，没完没了的比赛，还有讨厌的课程和马大葱。陈麦啊，我很羡慕你，可以写那么好的诗，我只能跑步，机械地跑步，我讨厌这里的一切，甚至讨厌我自己了……除了你。”老梅说着，慢慢靠向他，轻轻挽住了他的手。

陈麦轻轻揽住她说：“喜欢我写给你的诗吗？”

“嗯，当然喜欢。”

“最喜欢哪一首？”

最后一朵梅花就要绽放
是谁忘了昨日的忧伤
踏着落叶
映着月光
谁在爱情的门口念着彷徨

我走在时光的彼岸
念着夜歌里的诗篇
苍白的路
漆黑的眼
你霓虹般的身影驱走夜晚
恩赐一样降在我梦里的花园

“……谢谢你记得。”

“你给我的诗，我会永远都记得，除非你不喜欢我了。”

“我怎么会不喜欢你？告诉你，你就是嫁人了，生了别人的孩子，我也还是喜欢你！”

“你怎么那么贫啊？有你这么说话的么？”老梅忿忿地捅了他肚子一下。

“大哥说他为共和国打完这一仗，就要复员再去南方打拼了，一部分人已经先富起来了……大哥很聪明的，他才不想找个单位什么混着。咱也好好学吧，我不为别的，就为你我将来能自由地生活，就像你的诗一样。”

“我的诗都是给你的。”陈麦见她记着自己每一首诗，听得动情，就去亲她的脸，老梅轻轻推开了。

“大龙在呢……”老梅低头道，又握住了他的手。

“没事没事，你们啃吧，我有东西啃。”大龙竟然听到了，陈麦一回头，见他正抱着一根烤得焦黑的玉米棒子啃着，弄得一嘴黑。大龙示意他去亲老梅，故意转过半个身子，把已经啃烂的玉米棒子再啃一遍。老梅笑他啃苞米的样子像个地蝼蛄，一颗虎牙活像蝼蛄的钳子。陈麦指着她腮边的痣说：“我想帮你把这颗痣咬掉，刚才它硌我的舌头。”

“你真恶心，我不如把你的虎牙一锤子敲了，你不觉得它也硌我的舌头吗？哎？陈麦你看，那是谁？不是马大葱吧？”老梅突然压低声音。陈麦顺着她的手指看去，那个散着披肩发的丰满女人，那张含蓄中略带顾盼的面孔，不是马大葱是谁？

一个中年男人拉着她进来，在黑暗中摸索着找座位，见后面人多，就将就着坐在前排。两人一坐下就头挨头靠得很近，像情侣那样窃窃私语。陈麦和老梅把头缩在椅子背下面，大龙觉得好奇，也凑到前面来一起缩着。

“这就是你们班主任啊？比老梅差远了，那男的是她相好吧？看着岁数不小，你看都快秃顶了嘿！”大龙瞪着眼说。

那男人的确上了年纪，还戴着一副眼镜，时不时鬼祟地向后看一眼，把三人吓得几乎趴在腿上了。陈麦本以为那是校长，仔细看是另一个老家伙，就琢磨不透这事儿了。

“真想不到，你们班主任好这一口？看着挺年轻的，模样也还不错呢。”大龙不无遗憾地说。

陈麦想起马大葱那天的表情，想起她滴落的泪，想尽力和眼前的情形总结出一些论断来，却终归徒劳。老梅眨着眼睛，像是发现了他的心思，就轻轻捏了他一下说：“你想什么呢？别管人家的事，咱们走吧，从后门走就好了。”“录像你不看了？”陈麦问道。“不看了，让她看见了该不好意思了。”老梅用力拽他的手。“咱有啥不好意思的？看个录像么……”“哎呀笨蛋，不是说你，是说她，走吧走吧……”老梅不由分说地说。

大龙不情愿地跟在后面，一边溜一边嘀咕：“早知如此，还不如看成龙呢。”

从后门出来，三人喘了口气，估计录像一时半会完不了，陈麦就在录像馆门口买了杯热奶茶，给冻得跺脚的老梅喝上，就和大龙走到一边抽烟。

“你们这班主任挺骚的。”大龙冷不丁来了一句。

“你个愣球说啥呢？马大葱人不错，挺好的，对我不错，替我挡过小约翰的刀。”

“反正我觉得挺骚的，你看，她也挺好看的，那么个老男人她还靠着？偷偷跑这来搞对象，那男人一坐下就摸来摸去的，算骚到一块了。”大龙抽烟的样子很嚣张，拇指和食指有力地夹着，斜着脑袋一口就抽完半支，再大手一弹，烟屁在不远处的电线杆上砸出一片火星，把旁边卖羊肉串的吓了一跳。

“你倒看得清楚，搞对象不都这样么？我和老梅不也……”陈麦还要说，老梅早瞪了他一眼，他就笑呵呵地改了口：“我和老梅文明多了，你说得对，哎你说她图啥呢？搞对象搞上个和她爹差不多大的，这马大葱脑子进水了吧？”

正说着，录像厅的门咣当一声开了，门口一张凳子被撞飞，差点砸着大龙。他刚要开骂，棉帘儿一掀，那男人气呼呼地走了出来，马大葱哭着从后面追出，一把揪住他的脖领子，一边打一边喊。

“你这个骗子，老流氓，不讲信用，我教你不得好死，我要去告你，你这个混蛋！”

陈麦三人都愣了。马大葱情绪失控，披头散发，并未看到一边的他们。她伸出双手，把男人本不多的一撮头发扯了下来。那人火了，一个耳光扇过去，紧接着一脚踹出，马大葱像个装满土豆的麻袋摔出去，烟头和红薯皮沾满了她的披肩发。

“我去你妈！你敢威胁我？你去闹啊？看谁丢人，谁答应你了？跟我有啥关系？给脸不要脸的货，你敢胡闹，我就让人把你的烂事抖到你学校去，还你妈当老师？你整个就一婊子！我跟你玩是看得起你，别不知好歹！”

说罢，秃顶吐了口唾沫要走，突然发现眼前站着两个人。还没等他仔细看，左脸上就挨了一下，也不知打他的是什么，总之方方正正又硬又冷，半张脸像是挨了一记铁锤，眼前一黑，嘴里一咸，几颗牙齿在嘴里叮当乱撞着。这疼痛还没来得彻底，他好容易睁开眼，就觉得生殖器像被十字镐撩了一下，老二的剧痛就不用说了，两颗睾丸像是被老虎钳子夹了，疼得要脱囊而出。这迟来的疼痛远远超过脸上的，男人当即把捂着脸的双手移向下腹，抱着老二满地翻滚，可那二人似乎没有罢手的意思，在他翻滚的间隙，穿着硬皮鞋的脚准确地踢在他的脸上腰上眼上鼻子上，让他还没来得及喊疼就晕了过去。

马大葱爬起来，惊讶地看见陈麦将秃顶一砖拍倒，他的同伴照着又是一记撩阴腿，然后二人轮番起脚，将那人踢得满地找牙晕死过去。一切发生得如此之快，等她扑过来拉开二人时，秃顶已经血流满面人事不知了。

“你们干什么？谁让你们打他的？”马大葱声嘶力竭道。

“哦……马老师，我们路过，看见他打你，你帮我打过架，我不能看你被欺负，这才出手的，您没事吧？”陈麦关切地问道。老梅扶着她的胳膊说：“我们刚好骑车路过，在这里买奶茶喝，幸好我们看见了，老师，他怎么能打人呢？”

“我最恨打女人的人，老师你别怕，陈麦和老梅的老师就是我的老师，他再敢欺负你，我就把他老二卸下来。”大龙挺着胸膛说。

围观者越来越多，马大葱既羞又怕，她拉过陈麦说：“陈麦，陈麦……老师求你了，你们把他打坏了，还要担责任。你们帮我把他弄医院去，别让他有事，老师没把事情处理好，老师对不起你们……你们可得帮我瞒住……”说罢就哭。

陈麦本来要看她的笑话，如此便心软起来。这年头怎么回事？难怪他爸说漂亮女人只有两个选择，一种是做了胡同里的破鞋，一种是做了当官的小蜜。陈麦真想去恨这个女人，但对她的可怜又占了上风，且人家对你不错。

想到此，他急忙说：“老师放心，你对我和老梅没说的，今天的事我们三个要是说出去半个字，断子绝孙！”

说完这句狠话，陈麦觉得有点不妥，见老梅瞪着他看，大龙更是一副关我屁事的表情。可见到马大葱被他这句话感动得泪眼汪汪了，陈麦又觉得值。

“马老师，这个欠揍的王八蛋是谁啊？”陈麦歪着头问。

“他是市教育局副局长……其他的你们别问了，送他去医院吧？”马大葱止住了哭，脸在黑暗里红了一下。

“哎哟，是个官儿哎？难怪这么坏呢！”陈麦惊讶地翻过秃头的脸，像看一只地上的屎壳郎。

“陈麦……快点走吧，这里人多……”

“陈麦你快点儿，老师都着急了……”老梅也帮腔道。

陈麦点着头，和大龙架起晕乎乎的副局长，大龙拾起他的眼镜，已经烂得不成样子，却仍然给他戴上。

“戴上戴上，你不戴眼镜跟流氓似的，戴上眼镜，就像领导了……”大龙也不管他断裂的鼻梁，硬生生把眼镜夹在上面。秃顶醒了，活像商场里被捉住的偷东西的知识分子，眼珠子滴溜转着，一副惊恐之态。

老梅拦下了两辆三轮车，几人就奔了医院。老梅和马大葱在后面的车上。

陈麦低头问道："局长贵姓？"

"嗯？刘，我姓刘。"

"那就是刘局长了。你是我们俩打的，看在我们马老师的面子上，我们就不难为你了，你要想报警也可以，咱们现在就可以去公安局。"

"不去，不去……我是副局长，副的……"秃顶战战兢兢道。

"好，不去可以，要不去你家？什么正的副的？你有老婆吧？"

"不去……也不去。"

"嗯，那我们就送你去医院吧，这个你总会去吧？咱丑话说前面，今天就是给你挠挠痒痒，没卸你的零件儿，可你要是再敢动她一根寒毛，再敢对她做一点坏事，我们兄弟下次就不这么客气了。你也是有身份的人，堂堂一个局长，怎么能打女人民教师呢？"

"副的，副的……"秃顶继续辩解着他的职位。

陈麦从他钱包里找出一张照片，对着光看了看说："哦，这就是你老婆啊，难怪你喜欢马老师，你这老婆丑得跟母猪似的，后半夜咬牙干也得戴墨镜啊！照片我留下了，你要是敢给马老师说什么闲话，我们兄弟就把你老婆也找出来打一顿。哦，还有你这个肥猪儿子，还在上小学吧？猪头猪脑的，看着就欠揍啊。"

秃顶吐出半颗牙齿，挣着要起来，发现胳膊分别被压在两个屁股下面，就左右堆笑着说："两位同学，我和你们马老师谈工作有点别扭，不是你们想的那样，这是误会，误会！你们屁股挪一下，我这胳膊，都麻了。"

"麻了小意思，马老师肚子还疼着呢，面对人民教师，我们这些花朵的园丁，你也真下得去脚？"大龙冷冷地看着他。

"对了，刘副局长用哪只脚踹老师来着？"陈麦眯着眼问大龙。

“是左脚吧？”大龙不能肯定。

“什么叫是吧？到底是哪只脚？”陈麦怒道。

“也好像是右脚。”大龙挠头。

“我记得就是右脚啊？”陈麦也挠头。

“不对，他左脸朝咱们时动的手，马老师摔到他右边去了，肯定是左脚。”大龙笃定道。

“你这人，怎么左右都分不清？他明明是右脸朝着咱们啊？”陈麦比划着说。

二人在三轮车上吵得面红耳赤。秃顶慌了。“两位同学……两位同学，你们别吵了，你们问我不就得了？”

三轮车夫也听得烦了，回头说：“就是，谁踹的谁知道，你们问他不就行了，再说了，哪只脚不都一样？”

陈麦作顿悟状，低头问道：“是啊，怎么我们就没想到呢？你是哪只脚踹的马老师啊？”

“左脚，肯定是左脚。”秃顶点着头说。

“为啥？”陈麦瞪着眼问。

“我记得是，而且左脚使劲有点大了，脚脖子还疼……”

陈麦和大龙对视一眼，二人呵呵一笑，同时举起一根棍子，狠狠地砸向了秃顶的左脚。三轮车夫听见背后发出棍子的挥舞声，然后是咔嚓一声，然后是秃顶杀猪般的嚎叫声。他忙回头看，见这个副局长缩着左腿，哭得眼泪鼻涕把一脸血污都糊住了，而那两个后生笑得像两朵花一样，正互相握手，像井冈山朱毛会师那样热烈。

“嘿！你别装，别装了嘿！没给你打断，就是打肿了点，要照我兄弟的意思，你这只脚今天就砍下来了。今天就先欠下，我再重复一遍，你要是再敢对马老师有丝毫的不敬，敢跑到我们学校胡说八道，你这只脚我们要定了，明白么，刘局长？”陈麦把一根点着的烟塞进刘副局长的嘴里说。

“明白了，两位同学，我是副局长，我明白了……”

“你答应我们马老师什么了？为什么不兑现？”陈麦突然低声问。

“没什么，没什么。”一见大龙又举起了棍子，他忙改口道：“有……有，她要我帮忙争取到教育系统优秀教师出国深造名额，我是答应了，但是没办到，全市才5个名额，我真的办不到啊。”

“明知办不到你还敢答应，还敢碰她？”陈麦恶狠狠道。

“是她先找我啊，不是我主动啊！”刘局长带着哭腔说。

“你他娘嘴还硬？”大龙又举起了棍子。

“真的是这样啊，我没骗你们啊，我都不认识她，是她开会来找我的啊。”秃顶看上去胆都要吓破了，这一句应该是真话。

“揍他，这号当官的哪有个好东西？没一句真话，有点权力，他们天天欺男霸女，后生们揍他，王八蛋！”三轮车夫气呼呼地回头说。

“别打了别打了，是我主动，是我主动。”秃顶惊慌地舞着双手，像被警察在火车站抓获的票贩子。

“出国名额的事能办么？”陈麦再问。

“不行，这次肯定办不了，都已经截止了，下周就出去了。”

大龙用铁棍捅了他老二一下，秃顶就又叫道：“不过下一次还有机会，只要他们学校同意，明年初我保证让她去第二批。”

“你说的？”陈麦大喜道。

“我说的，我说的，否则你们来拿我的脚。”

“算你识相，我们兄弟记下了，还有拉车师傅，你也给做个证，少不了你的车钱。”

“好嘞！没问题，这事儿我愿意，我姓关。”车夫高兴道。

“怎么样？车钱我们替你付了啊！”陈麦又掏他的钱包。

“付吧付吧，我钱包里也没多少，你们全拿走……”秃顶故作大方地说。

陈麦和大龙把钱分了，拿一张十元的给了关车夫，三人高兴得像过年一样，关师傅把车骑得飞快，眨眼就到了市医院。

把刘副局长安排进医院，他们三人就和马大葱告别了，马大葱扶着陈麦和老梅的肩膀，不知该说什么。老梅不失时机地递过手帕。马大葱让他们都回家去。陈麦告诉她这个人再也不敢动你了，而且答应你明年的出国名额一定做到。马大葱冲他点头，泪水涌满眼眶，竟过来抱了他一下。

陈麦大觉感动，把刘副局长的钱拿了出来，觉得少，就把大龙那份也要回来，再把自己上衣兜里的一些钱都放上去，一股脑儿地全给了马大葱。

马大葱抓着一把钱，脸上泛起了红。这片红让陈麦和一边的老梅都有些不安，大龙嫌他们婆妈，拉着二人迅速离去。

“你说，她这是干吗呢？哎？马大葱刚才看你的眼神有点不对啊！”老梅在车后座抱着陈麦的腰问。

陈麦没听见她这句话，但他确实在想着马大葱刚才的表情，她那副可怜楚楚的样子似曾相识。

“好容易得了一笔横财，几十块啊！就这么被你个愣球给捐了！气死我了！”大龙在后面骂骂咧咧地跟着。

“死要面子活受罪，该！”

老梅狠狠地拧了一下他的肚皮，他尖叫了一声，一把抓住老梅的手，吸一口冷冽的空气，把它放进秋衣里面，按在自己热乎乎的胸膛上。老梅羞怯地要缩回来，可他不准，还高兴地唱起歌来。大龙超过了他，顺手摘过他的军帽戴在头上，在前面风一样飞骑，大喊着：好狗不挡道！大愣球陈麦来啦！

行人纷纷闪避，黑暗也在避开。陈麦像个凯旋的将军，携着老梅的手幸福地跟在后面。他周身涌动着不可名状的快感，他的力量和自信，正像清晨的竹笋那样噼里啪啦地伸节拉段，在阳光下变成硬挺的竹。

2

陈麦这几天双眼肿胀，屁眼生疼，说话口气很重，脚底阵阵发着飘。老大说这叫“走火龙”，肝火太大，是心火抑郁所致。天知道，陈麦心里的确憋了一口浑浊的恶气。郭宇那翩翩的样子和刘一民那恶心的脸孔，挥不去，散不开，越想忘记就越清晰。但这感觉只能憋在心里，还要在平常装作毫不介意。上课时大大咧咧，下课时也不贴凑。他人谈起辛兰，他多是满不在乎，时不时还来这么一句感叹：那个东北女人啊……

如此绷了一段时间，直觉得脑门上的皮就要绷断了。他在辛兰的热吻与辛兰奇怪的行为之间，水火煎熬。他没见过这样的女孩子，神秘得像猫，飘忽得像风，你不知她什么时候喜欢你，什么时候讨厌你，哪一句是真话，哪一句是谎言。那些吻，那些眼神，和那些冷漠，那些游移，那些与别人的暧昧，怎么能同时出现在这样一个人身上呢？

周六上午，孙班长号令去昌平街头做免费法律咨询。全班人马背着桌椅板凳上了街，路口一坐，横幅一拉，很快就围上来一群农民，问着千奇百怪的问题：

“律师，我女儿被人强奸了……”甲说。

“啊？这么严重，报案了吗？什么时候？”老四问。

“两年前。”

“两年前？那你女儿现在呢？”老四的眼镜差点掉下来。

“嫁给那个强奸犯了，律师，你说他要不要赔我一笔钱？我女儿给他强奸了，他还把她给娶了，以后可以天天睡了，你说我把女儿养这么大多不容易，这流氓该不该给我一笔钱？”

老四挠头不语。

“律师……”乙问。

"我们还是学生，不是律师。"老二虽然学术不纯，却不似老四那样装逼。

"那差不多，都懂法。"乙并不在意。

"您有什么事要问？"

"我老婆那天睡了，没锁门，邻居老张喝多了走错了门，进了门就上了炕，上了炕就钻我老婆被窝。我老婆以为是我，他们就咔嚓咔嚓黑灯瞎火地弄了，刚弄完我回来了，一开灯，那他妈的可好看了！我就拉着老张和我老婆去公安局了。我要告他强奸，但公安局的人自己吵起来了，有人说是强奸，有人说是误会，有人说是缘分，你说我该咋办？"乙摊开两手看着老六。

"那……这鸡巴……真是缘分呢……"老二悄悄揉了揉下面，红着脸说。

"怎么是缘分呢？这算个啥缘分呢？我老婆不被人白干了么……"乙还要说，他那缘分诡异的老婆来了，一个大耳刮子上去，然后强拉硬拽地把他弄走了。

"老二说的没错，这真是缘分呢……"辛兰红着脸说。

"我看八成是男盗女娼，这男的竟还不知。"陈麦冷笑着应道。

"你这阴暗的天蝎座，就知道你这么想……"辛兰果然这么说。

"律师，我有事要问。"丙坐下就说。

"说吧。"老六双手抱怀，下巴一撅，翘起了二郎腿，装腔作势地皱起眉头。

"那天我老婆娘家的老舅来了，喝了顿大酒，我说一起去买彩票，就横不愣登去了。他没带钱，我也没闲钱，去邻居老王那借了两百，就横不愣登去买彩票了。我说我买，可我没说我买就算他的，我横不愣登买了二十张，说你刮十张我刮十张，随手一分一刮，我的啥也没有，他刮出个大彩电……律师你知道，那是二十二寸的大彩电呐！老舅说这彩电是他的，我说是我的，我老婆也说是我的，借给我钱的邻居老王听说了也来了，妈个逼的横不愣登说是他的，因为买彩票的钱是他的。我们三个都不让，我打了老舅，老舅打了老王，老王还打了我，警察来了，横不愣登把我们全抓了。老舅鼻子被我打破了，要拿砖砸我，警察上来就把他按那一顿揍，然后就抓了。到了派出所一问，警察抠着脚丫子横不愣登地说不清楚，让我老舅把彩票拿出来看看。老舅掏半天找不着，他的衣服兜被警察撕坏了呢，兜里的彩票肯定是掉下去了，妈个逼的找不着了。警察打了个电话，彩票处说那个彩电已经被人领走了，妈了个逼的，律师啊，你说这事横不愣登地到底咋办？”丙侧着脑袋，露出一口黄牙，眼睛被这难题弄得乌糟糟的。

“辛兰，我肚子疼上个厕所，你来回答这位同志。”老六黑着脸离开座位，把一直在旁边的辛兰按在农民面前。陈麦一脸坏笑，老六的民法课顶多听完不当得利之债部分就歇了，怎么能解出这么个难题？辛兰坦然就座，又问了一遍，记下要点，开始剥洋葱一样分析这个案子。对方听不懂，她就再解释一遍，直到农民满意地知道这彩电虽是你的，但因无法举证而拿不到了，横不愣登地骂着警察去了，她才喘了口气。她的耐心和细致令陈麦赞叹，她将来会是个好法官，他不由地想。她抬头看了他一眼，妩媚地笑了一下，像猜到了他的想法。

陈麦像建立逻辑模型那样，建立起一个又一个说服自己的理由，又一个个被自己的论证推翻。想去找辛兰谈个清楚，又觉得像是自投罗网，别旧仇未报，再添新辱。这天见食堂门口贴了海报，有黑豹乐队的演出，就想拉着兄弟们去看，顺便吼两嗓子发泄下。

法大领导神经短路，竟拒绝黑豹乐队在学校礼堂演出，怕学生们控制不住情绪。学生们看着海报骂娘，骂着骂着就炸了锅，敲着饭盆在食堂门口示威。老六声嘶力竭，看着比一天不听黑豹就睡不着觉的老五还要愤怒。老五倒直接，瞪着眼撕掉了学校的通知，掏出打火机烧了。众人纷纷鼓掌，开始谩骂。

“校长校长操你妈!”这是一个89级师兄。

“操得好！”这是唯恐天下不大乱的老大。

“这鸡巴……有道理！”这是永远装作有学问的老二。

新上任的陈校长令人生厌，堂堂一个刑法专家，开口就是八卦。他从台湾东吴大学考察回来，给全校师生开讲座，聊考察心得，开头第一句话：“同学们，你们知道吗？这个台湾东吴大学校长章孝慈，其实是蒋经国的私生子……”

陈麦一愣，像听到一个面的司机说着邻居家扒灰的事。老五呸了一声起身便走，自言自语道：“这是校长吗？这是校长吗？这是个傻逼呀……”

在学生们愤怒的饭盆声讨中，校领导决定把演出放到破破烂烂的昌平剧院去。聊胜于无，学生们虽然不满，仍浩浩荡荡奔了门口，一边走还一边唱。交警紧张地看着他们。陈麦一溜小跑来到图书馆。辛兰刚还在这看书，他就想拉她同去，可辛兰不见了，连占座的书都没了。陈麦见田晓玲在窗口还书，就过去问她。田晓玲欲言又止，一副为难的样子，说好像看到她和刘一民教授一起走了，说是去看黑豹的演出耶。

陈麦心里骂着娘，脸上装出无所谓的样子。

“你为何不去？”

“又没人请我……”田晓玲厚嘴唇一撅。

昌平剧院烟雾腾腾，像垮掉的一代的诗歌朗诵会，五百多人的剧院挤得沆瀣一团，88级的师兄把三条腿的格劳秀斯也牵来了，在人堆里兴奋地汪汪叫。黑豹乐队拉开架势开始热场，学生们就高呼起来。陈麦拉着田晓玲钻过密集的蹦跳的人群，一边找着辛兰，一边找着老五。刘一民和辛兰站在前面，刘一民那夸张的米黄色贝雷帽在一片军大衣中异常显眼，像草地上一坨鲜亮的黄屎；而辛兰就在这坨屎的一边，穿着他很喜欢的蓝色的毛线衣。

陈麦黑着脸，拉着田晓玲走向老五等人。演出开始了，《无地自容》瞬间点燃了全场，人们都跟着唱了起来，一边唱一边敲打着座椅。

田晓玲跳上座位欢呼起来，大屁股扭来扭去。陈麦怕她掉下来，忙上去扶住她的腰。她的屁股遮住了他，在眼前悠悠地晃。陈麦就皱着眉躲开，正见辛兰看向这边。陈麦故作礼貌地点了个头，一把揪下了田晓玲，这女人尖叫着倒进他怀里。辛兰微笑着凑近刘一民耳边，不知说着什么，刘一民哈哈大笑，似乎很开心，台边有人叫他，刘一民就和辛兰说了声进去了。陈麦泛上一口痰，回头去吐，远远看见郭宇和他的兄弟们站在后面。

第一首刚完，幕黑了又亮起来，幕后钻出无处不在的刘一民，陈麦一阵恼火。刘一民拿着话筒，像周恩来那样对台下摆着手，字正腔圆地说："大家都小点声，不要破坏剧场，我们看这场音乐会不容易，别站在凳子上，要踩坏了，别叫得这么凶，影响坏……"

"操你妈，滚下去！""滚下去！""傻逼！滚下去！"

场下一片怒骂声。几个塑料饮料瓶飞了上去，陈麦也解气地骂了几句。刘一民很是意外，见大家不买账，还有更莫名其妙的东西飞来，就夸张地叹了口气，摆了个架势，真的在台上打了个滚，下去了。

全场皆愣，随即大笑，全部鼓掌。演出继续进行。陈麦对这人的聪明很是佩服，难怪辛兰喜欢和他凑。

《Don't break my heart》前奏才刚开始，陈麦看见辛兰宿舍的李菁急匆匆穿过剧院。辛兰听她说了几句，立刻要走。刘一民又钻回了辛兰身边，看着想跟去，好像又不方便。辛兰径直朝陈麦跑来，拉过蹦得正欢的田晓玲，伏在她耳边说了几句，又冲陈麦点了下头，就要走。

陈麦终于忍不住，歌壮情胆，一把拉住了她，在嘈杂的音乐声中在她耳边大喊："你到底什么意思？"

也许是我不懂的事太多

也许是我的错

也许一切已是慢慢地错过

也许不必再说

从未想过你我会这样结束

心境如此难过

只是记得你我彼此的承诺

一次次的冲动

歌至高潮，全场合唱，剧院像翻腾的沼泽地，台上的黑豹大汗淋漓，台下的学生们血脉贲张，游窜在舞台和观众之间的格劳秀斯像只嗑了药的疯狗。而辛兰的脸像平静的湖面，她犹豫了一下，抱过陈麦的脑袋，也在他耳边大喊道："小王八蛋说要见我最后一面！"

小王八蛋得的是胃癌，发现时好像已经无药可治，别看人还能到处蹦跶，没准半年就得去爬烟囱。那天小王八蛋和陈麦哭着说出这事实后，陈麦还装腔作势地开导他，鼓励他向辛兰发动进攻，口是心非地为他出谋划策。陈麦断定辛兰瞅不上这靠菜刀壮胆儿的小子，借他个板凳他也够不着她。

那天晚上，5401宿舍的老大和他又说起小王八蛋，陈麦才知道这人真的命不久矣。陈麦便有些后悔，小王八蛋要是摆出一副将赴刑场的壮烈样，万一把立场宽松的辛兰打动了怎么办？有些女人希望经历一场生死离别的爱情，过程绚烂，结果虚无，小王八蛋完全可以满足辛兰这份虚荣，这样的电影还少吗？这事做得真他妈的横不愣登。风度翩翩的郭宇只轻轻挥了手，却还没有告一段落，又冒出个死了都要爱的小王八蛋，旁边还有个色眼迷迷的刘一民，自己吃着几种味道的醋，酸到一起快成镪水了，这事没准弄得鸡飞狗跳驴上墙啊。

"好好安慰他，好像是活不了多久，但是别骗他……我们的事以后再说。"他很丧气，但藏起了这感觉。

辛兰看着他，欲言又止。陈麦推着她让她快去，在她的额头上飞快地吻了一下。后排的郭宇一定能看到了，他心想。辛兰也没说什么，就去了。

“你又故意亲辛兰……”田晓玲酸酸地对着他笑，一语道破天机，“故意”二字用得好。陈麦苦苦一笑，又把她扶上椅子，撑着她的腰对台上喊将起来。

老六急匆匆跑来，见陈麦举着田晓玲，差点踢出飞脚。陈麦忙把她推给他，田晓玲并不在意挨着谁，只直勾勾看着台上。刘一民在前面故扮青春，摇头晃脑地喝彩。陈麦见老二站在座位的扶手上，手里挥舞着个可乐瓶子，一边敲击一边怪叫着，就上去抢了一个过来。他掂了掂重量，瞄准刘一民的座位，抛了一个弧线出去，想砸在他附近恶心他一下。玻璃瓶子带着哨声飞去，却不偏不倚正中贝雷帽。瓶子碎裂，刘一民捂头低下，帽子一摘，隔这么远，陈麦仍看到鲜血哗哗流下。

场子里炸了锅，帮腔的、起哄的、叫好的、骂人的，乱糟糟闹成一团。陈麦两手揣兜装不知道。有人见老五拎着瓶子站在高处叫好，就以为是他，骂这个四眼猪是傻逼。老五看似文弱，实则暴烈，当即抡瓶子砸了过去。

混战就此开始，全场人很快就打成一锅粥。格劳秀斯拖着绳子满地乱窜，躲着人们纷飞的腿脚。黑豹想必对此司空见惯，在横飞的瓶子和拳头中继续演奏，台下的学生们一部分忘我地战斗，一部分忘我地唱歌。陈麦拉过要参与群殴的老五和老二，说走吧，这里不比校内，警察要抓人的。老五当然不走，说要抓也抓一片，凭啥抓我一个？陈麦却是不依，说你丫跟我走吧，打架我比你有经验。

出得门来，刘一民正半弓着腰小跑，他端着贝雷帽接着脸上的血，像端着个易碎的宝贝。

“打得好，这鸡巴行！让丫白天在讲台上装逼，晚上在教工宿舍干逼，听说法律系那个任月花都被他把肚子搞大了，刚堕了胎。操，恶有恶报，丫让女人流血，这不也还回来了吗？”老二指着刘一民，一脸的不屑。

“如此禽兽，该打，但老三你别让我背黑锅啊，满场子人都以为是我扔的，我不出卖你也就罢了，你还想让我再留一级啊？”老五边走边骂。看得出他毫不在意，只是调侃几句而已。

“有人找你我就招，我又没想打他，我打黑豹呢，你没觉得唱得不卖力么？连屁股都不动，我都怀疑是假唱呢。”

“扯淡，黑豹从来都不假唱，人家大老远来了，一分钱不要来慰问咱农村人，你还挑三拣四？太不要脸了。你也别蒙人，我早看你瞅着刘一民不顺眼。唉，一个辛兰，军都山三流的货色，就让你们都变成了禽兽。简·奥斯丁说了：女人既可以让男人变成天使，也可以让男人变成禽兽。而我，只看到禽兽啊……”老五一边走一边甩着袖子，见前面来一狗，大喝一声：“禽兽让路，陈麦在此！”

陈麦抬脚去踹他，老五轻巧地躲过，三人嘻嘻哈哈地奔学校去了。

3

市府广场出现紧急情况，几十个越战老兵排着队站着不走。他们的军装上挂着明晃晃的军功章，领头的拿着喇叭哇哇叫，像要造反一样。广场派出所的所长去了，没说两句就被一个老兵扇了耳光。这帮老家伙见人打人，谁挡揍谁，叫嚣着要和市长或者书记讲讲理。

陈麦迅速带队前往，文局照例来电说一定要谨慎，这帮人惹不起，要再处置不当，他们敢去天安门闹。能哄就哄，能骗就骗，能散就散，千万别较劲，这帮家伙也上了岁数，也有子女，挺那么几个钟头就受不了了。

几十个老兵竟整齐地站作几排，高低有序，纹丝不动，军功章在风里叮当乱响。带头的老兵声如洪钟，正用喇叭在喊：“走长征的算人，老八路的算人，打新中国的算人，抗美援朝的也算人，都他妈的一样为共和国流过血，凭什么我们自卫反击战的不算人？95年爷就下岗，现在抚恤金每年三千多，除去养老保险，球毛不剩！一个月退休工资才一千多，吃饭都不够，抗美援朝前的所有老兵都涨了工资福利，为啥我们不涨？自卫反击战是不是保卫共和国？我们的血不算血？我们的伤残就不是伤残？要这么拿我们不当人，我们就去北京，找老首长说个清楚！”

陈麦带着兄弟们列成阵势，一排人在前挡住，后面再分两道防线。旁边拉着几条狗。市政府派来了一个副秘书长，站在台阶上车轱辘话说个不停，“党和政府不会忘记你们，正在制定解决方案……”老兵们皱着眉头，瞪着老花的眼，显然不信这些鬼话，吵吵着要闯过封锁线，直奔市政府。陈麦忙令各队拦住。老兵们见警察挡道，破口大骂，什么看门狗、王八蛋、狗腿子、小白脸、吃软饭的、丧门星、小绵羊，总之什么难听的他们都骂得出来。

陈麦背着手一言不发，看着花白的头发下面那些通红的脸。一个戴着墨镜的盲军人狠狠地撞着人墙，他的军帽掉了下来，露出一个骇人伤疤，脑袋像是被弹片削去了一小半。陈麦看得沉甸甸的，这里或许就有和老梅大哥出生入死的战友吧？那场战争早已被忘得干净，这些老兵赶上了差年头，昔日的英雄变成了今日的负担，下岗失业是他们必然的命运，时光和国家一样，无意中就遗忘了他们。

但他们骂得太难听，词藻过于丰富，很快就联系到了警察们的母亲和祖宗。兄弟们的脸开始发绿，小白的脸则涨得通红，在这城市，还没人敢这么骂他们。一个独臂老兵要挥着拐杖冲上来，两个弟兄一把就将他推下了台阶，老兵没站稳，就骨碌了下来，拐杖也摔折了。这下老兵炸了锅，一群人哇哇叫着，乱了队形往上冲，像要去拿下敌人的无名高地。小白见陈麦黑着脸一动不动，就令兄弟们往下推。狗汪汪大叫，面露凶光，但这些流过血的老兵不是草民，根本不拿正眼瞧它们。

“一个个这么精神，有时间多想想怎么赚钱过日子，大青山游击队的那些老战士比你们怎样？心态不都比你们好？”小白那时候还穿开裆裤，他显然不了解对越反击战是怎么回事。

当头的老兵怔住了，眼里竟含了泪，“都站住，站好队，成什么样子！”他对后面吼着，他定是个军官。老兵退后几步站住了，其他人也退了下去。

“小后生，你还年轻，不知道我们的事，我不怪你，但你这么说我们，我真想抽你！也罢，老汉今天让你开开眼！”

老头抬起脖子，费力地解开风纪扣，军装脱了，他又脱了长窟窿的衬衫，里面是同样长窟窿的背心，上面的红字已经发白：为人民服务。

老头脱光了上身，黑亮的老肉长满了斑，前胸和胳膊上伤疤处处，右胸那个伤疤竟有碗口般大。他的战友们都无声地除去衣衫，一群老头挺胸撅肚，裸陈着满是故事的身体。每个人都有或多或少的伤痕，它们千奇百怪，令人害怕。陈麦看着一个有着几条拉锁一样伤疤的老兵独腿拄着拐，一只裤腿轻飘无物。他想起老梅的大哥被地雷高高炸起的样子，他定像一朵在半空绽放的血肉之花吧？

“后生，你干公安应该有日子了，肯定见过血，但没见过这个吧？老汉我这个伤口是平射高射机枪打的，12.7毫米的子弹，老汉我一条胳膊和半个身子就这么没了……”他又指着其他几个老兵说：“他那个伤口是跳雷炸的，当时肚子里挑出十几个弹片；他虽然没负伤，却比我们更惨，从腰到大腿烂了个透，连鸡巴带蛋，全烂掉了……”

老兵哆嗦着走上两步，歪着脸瞪着小白，像要用不存在的手去指他一样。“后生，你拿大青山游击队和我们比？我没有看不起他们的意思，但好赖没有把蛋烂掉的吧？没有被蚊子和毒蛇咬死的吧？没有掉在敌人的陷阱里被饿死的吧？没有掉进山谷被野兽吃了的吧？我们都老了，这二十年没向国家要功劳，也没向党要求改善条件，我们只想有口饭吃。都残废了，帮不了孩子们，但也别成了他们的累赘。今天我们这些老汉就是来这里喊一喊，见一见市领导，让他们关注一下，这没什么过分吧？”

老兵流下泪来，浑浊而汹涌。小白有些无措，求救般看着陈麦。

副秘书长再次发挥了哪壶不开提哪壶的干部精神，说老同志你先把衣服穿上，这天挺冷的呢……你们当年一定有伤残证明吧？国家也都给了抚恤金吧？那么多战友都战死了，你们都还算幸运……

副秘书长一下住了嘴，像咬了自己的舌头，因背对着他的警察全回过头来，他们眼神诡异，像看着一只站立说话的狗。还没等他想出修正的言辞，改变这敌我不分的尴尬，几个老兵已经冲了上来，抡着拐棍就要玩命。

“爷操你妈！”“老子一棍子把你打回你妈个逼去！”老兵们发了狠，一个个面露狰狞。

陈麦忙伸手拦住了当头老兵。“大哥别急，别激动，让大家停下，我们好好说。”

老兵双眼冒火，见陈麦死活挡路，抬手就一个耳光，扇得又亮又响，比陈麦扇嫌疑犯还响。他的警帽滴溜溜飞出很远，陈麦觉得眼前一黑，耳膜丝丝作响，半边脸火烫地肿起来，怒火隐隐地升腾着，揪着他背后的刀疤。

兄弟们见老大被打了，一个个也火了起来，对老兵们的动作也大了。小白更是要踹那个打他的老兵。陈麦忙一摆手。“都住手！”

众人都看着他。陈麦擦了下嘴角，有血，牙齿略觉松垮，他只觉得辣乎乎的，而不觉得疼。他拿过兄弟捡来的帽子戴正了，对老兵说：“老大哥，这一巴掌我不记恨，你打就打了，但我不能让你过去，你们走吧，别让我难做。”

“兄弟，我看得出你是个有种的，但是，你给我个走的理由！”老兵声嘶力竭地喊着，伤疤霍霍乱跳，断臂的末梢暗褐乌青，像烧糊了的树枝。

陈麦默默看着老兵，叹了口气，慢慢脱去了警服，再脱去衬衫，一身还算强健的肌肉露了出来，上面伤痕累累，一处枪伤，三处刀伤，在他身上构成一副奇怪的图案。

“有伤的都把衣服脱了！”陈麦对兄弟们喊道。

几十个兄弟立刻开始脱衣服，还有两个扔下盾牌也脱起来。大家纷纷露出他们的伤痕，虽然没有老兵们那么显赫，却也触目惊心。小白的前胸坑坑洼洼，那是被人贩子一火枪轰出来的，那一枪险些要了他的命呢。老兵们见警察们如此，倒也安静下来。

“老大哥，我们没你们当年那么苦，但也是在为这个国家出生入死，你可能听说了，上个月我们又死了两个兄弟。你们军令如山，我们也说一不二。今天你们来了，效果已经有了，我想会有人处理；你要是非要过去，就是闹事了，我就只能执行命令。我请求你们回去，我不希望你们再受到伤害，也不希望我的弟兄们受到侮辱，这就是我的理由。”陈麦有些哆嗦，心想这番真诚的表演该有效果。

老兵们互相看了看，沉默无声。当头的老兵看他良久，点了点头，慢慢地退了下去。

“敬礼！”当头的老兵站定了，大喊一声，赤条条的老兵们哗地敬起了军礼。

“敬礼！”陈麦也大声命令道。他随即立正，举起了右手。副秘书长也举起了右手，很快觉得有点二，又悄悄缩了回去。

老兵和警察们都光着上身，在风里互相敬着礼。围观的人群和记者们纷纷按动快门，咔嚓咔嚓的，像相机们在鼓掌。狼狗傻乎乎地两边看着，低声呜咽，不知这些奇怪的人在做什么。

陈麦一下子在人群里看见了艾楠，她正举着一台大相机对自己按个不停。她穿着他送给她的小黑皮衣，围着她最喜欢的Burberry丝巾，刚烫过的头发带着火的颜色，在风里飞舞，让他涌满了暖意。相机放下来时，他看见了她满是爱慕的双眼，他突然觉得很久以前就爱上了她。

老兵们给副秘书长留了材料，就排着队去了。弟兄们收队，小白略带兴奋地说明天咱们就见报了，老大咱们要牛逼了。陈麦穿着衣服，看着离去的老兵，冷冷地说：“我真想放他们过去。”

艾楠除了摄影和文章，厨艺也不错。这天事毕，他便随她来到家里。艾楠说和朋友闹别扭了，她一个人已经过了半个多月。二人顺道买了些菜，艾楠不让他吻她，让他先洗个澡，说他光着膀子被吹得灰头土脸。她围上围裙，戴上厨帽，唱着蔡健雅的歌下了厨。陈麦乐呵呵地洗了个干净，扔纸巾时，一不留神在垃圾桶里看见个避孕套小包装，心里便郁闷地烧起来。

艾楠唱了五首歌，做了四菜一汤，一条红烧鲤鱼，一个尖笋烧肉，一个麻婆豆腐，一个炒青菜，外加一个牡蛎丝瓜汤，味道都很不错。陈麦见她满头大汗，一脸油烟，就又怜爱起来，老老实实坐下吃饭。艾楠笑得像个孩子，恨不得喂到他嘴里。电视上放着《喜羊羊和灰太狼》，她边吃边笑，见灰太狼又挨了平底锅，她笑得喷出饭粒来。艾楠的热情感染着他，令他无法相信那个垃圾筒里的东西与她的阴谋有关。

饭后，他们坐在电脑旁，看着今天的照片，艾楠说他除了白点，身材还算不错，这照片我明天就给你发了微博，没准能招来好多姑娘呢。陈麦轻轻抱住她的腰，吻着她的耳垂，嗅着她的头发。她靠过来，他把双手兜上来抚摸着她的胸脯。艾楠闭着眼，说你每次见我都要这样么？就不能好好说说话么？他的手感觉不到她的冲动，再听着这话，就知道她不想要，这个结果将那个垃圾筒联系起来，让他觉得在和一个吃撑了的人谈烧烤大餐。

于是他要走，还找了个堂皇的借口，说领导要找他谈心。艾楠貌似有些不快，问他晚上还回不回来，他没准备好这个答案，就支吾着说不知道要谈到几时。艾楠失望地拉开了门，帮他拿起了衣服，气氛尴尬起来。他出门时觉得过意不去，就回头去吻她的脸，她却一扭脸避开了。

“没事，你去吧，我习惯了……”

陈麦知道这离去对她是种侮辱，比每次做完就穿裤子回家还要无情。他犹豫了一下，横下心出了门，到了楼下发现没带车钥匙，就懊恼地回来拿。敲开门还没说话，艾楠一把抱住了他，吻着他，解着他的皮带。陈麦被她点燃起来，瞬间硬得像铁。沙发上温软舒适，一场交战似乎在所难免，但他又有被戏弄的感觉，好像自己的欲望始终控制在她的手心一样，他越想要她，这感觉便越强烈。就在艾楠要打开她时，他的电话不知趣地响起来，彩铃是张杰的《勿忘心安》。艾楠当然不让他接，按着他的头要继续，但那电话执着地响个不停，一遍遍唱着，像紧箍咒一样勒着他的神经，令他进退维谷，犹豫间他的眼神犹疑了，那里轻轻一跳，软了下去。

艾楠叹了口气，松开紧紧夹住他的长腿，起身去卫生间了。陈麦抓过手机，见第一个是马璐的电话，第二个是文局的电话，就先回给文局。文局表扬了他在广场事件的灵活处置，让他现在到家里去喝茶。陈麦一口应了。挂了电话再打马璐的，马璐旁敲侧击地问他在哪里，和谁一起，何时回家。他说正准备去文局家里喝茶，马璐便挂了电话。他喘了口气，见艾楠仍在卫生间卸妆，他走进去。艾楠眼神漠然，刚脱掉的牛仔裤又穿得紧紧的。

“有个台湾女作家说，每天她都会在老公下班前仔细打扮一番，让老公回家时看到最美的她。我不知道这样好不好，只是知道，我打扮得再美，你也不会留下来过夜，是的，你从来不会和我过夜，每次做完了你就穿衣服走了……你回到温暖的家，哄着你的儿子和老婆，而我却睡不着，有时会哭，有时会笑，有时会一整晚胡思乱想……唉……这些你从来不问，但我一不满足你，你就不高兴，不高兴就伤感情。我主动来迎你，你却为了你老婆的一个电话而放弃我，是的，我永远都排在后面，这我知道……”

陈麦听着酸楚，却无话可说。艾楠说的都对，从一开始，这场游戏的角色就设定了。艾楠见他在门口发愣，就又微笑了一下，轻轻把他推了出去，说快走吧，也别想太多，我知道你也没办法。

陈麦点着头，找到了钥匙，这一次再出门时，他抱着艾楠吻了很久，直吻到口干舌燥，像在迎接一番突如其来的生离死别。艾楠既不主动，也不拒绝，双眼略带迷离，嘴唇却绵软无力，像一个在红尘里早已无怨的女人。

“我可能爱上你了……”进电梯前，他回头低低说了一句。他见艾楠抿着嘴唇，在电梯门关上的一刹，她的眼泪流了下来。

4

人们常说一个人最快乐的日子是童年，但陈麦的童年像随意涂鸦的画，线条凌乱，色块斑驳。童年的幸福无非是过年盼着穿上新衣，等着领十块压岁钱。他最真切的快乐时期，是情热如火、无忧无虑等待收获的十七岁。

电视上说人类有了新的绝症，曰艾滋病，和鸡巴有关。陈麦最近的症状和这病很像，头晕、低烧、鸡巴疼，吓得他小脸焦黄。想去医院，不敢；想和大龙说说，没用；又想和老梅说说，就觉得自己脑袋也得了病。他纳闷这感觉的来由，自己还是个雏儿，怎么下面就肿了？是不是和健康街那流氓打架，被他抓破了一把，而这小子竟是个艾滋病呢？

陈麦吓得不敢出门，但没过几天，这些症状消失了，陈麦用放大镜仔细研究那器物，觉得和往常并无不同，就是长了一些，就把心放回了肚子里。这番惊吓让他觉得，这世界总有些东西，是会让你害怕的。

陈麦从马桶和萎瓜那里学到了高效的学习方法，他的成绩大幅提高，这个期末果然进了前十五名。马大葱跌了眼镜，同学们咬牙切齿，这王八蛋既没耽误搞对象，也没耽误打架，每天穿着大裆裤和红皮鞋在楼道里闲扯淡，实在无聊就写写歪诗，怎么学习就好了呢？这不符合常识，除了语文他没说的，其它的他能考五十分都算烧高香了！

老师们开始以为他是抄的，没准考试的时候持菜刀威胁监考老师。当陈麦在课堂上解出不同科目的几道难题后，人们终于相信这小子天眼开了。学习虽好了，这人却仍是个流氓，这一点显然没变。他上讲台在黑板上做题，做着做着裤裆里就掉下一把三棱刮刀，差点扎了物理老师的脚。学校里谁要是敢多看老梅几眼，不知深浅地蹭上去溜舔老梅，恭喜你了，这个穿着绿裤子和红皮鞋的家伙很快会找到你，谁护着都没用，因为这顿打你是跑不了了。

这臭名昭著的流氓自打和老梅拉手之后，再不去招惹别的女孩，长再漂亮也没用。有错把流氓当英雄的女同学不服气，外号“骚羊”的那姑娘，每天打扮得含苞待放，她自忖长相身段都不输给老梅，还画得一笔好丹青，就想和老梅打擂台，娇滴滴地来让陈麦在她的一树梨花画上写诗。陈麦提笔就写：

芳园曲径通幽处，
密林深处听箫吹。
红墙根下寻骚绿，
却见梨花落成灰。

骚羊同学怒目而去，陈麦在后面追喊：“骚羊等等啊，我还没有落款呢……”

老梅认为他对女同胞的态度有问题，说对喜欢你的女同学没必要这么极端，万一咱俩将来不成呢？陈麦就急了，说你再说这话，我可要给你写歪诗了，至少也是梅花夜里三三弄……

这年刚过，陈麦他爸闹了心脏病，摔掉两颗门牙，多亏抢救及时，抢回了一条老命。从那之后老头就脾气骤变，烟和酒一晚上就戒了，跟谁也不发火了，见着花花草草都面带笑容了，陈麦这个流氓儿子爱干啥干啥去吧，你就是坐牢老子也不跟你急了。陈麦笑他怕死，认为他活到世界末日都没问题，你不抽烟不喝酒也不骂人，过几天我可就要不认得你了。

寒假上午，陈麦蹬着车子去老梅家学习。上厕所时听见她妈略显紧张地和老头说："咱女儿毕竟是早恋，这不好吧？"她爹就急了："早恋怎么了？革命都要趁早！刘胡兰牺牲那年还没谈过恋爱，多遗憾？我当年喜欢你不也这么大？要不是你爹天天拿大棍子拦着，我早就扑上去了。陈麦是个好孩子，对她的影响是正面的，他那流氓外表下面，不比当年的我差！"

每天学习结束，陈麦都会拉着老梅出去玩，哪里好玩去哪。他们去人民公园结冰的湖上滑冰，去回民区吃羊肉串，去气象局大院玩废弃的加农炮，从后门溜进工人文化宫看电影。陈麦的鬼点子层出不穷，绝不重样。老梅一周有几天冬训，他就在一边穿着军大衣看书，冻得一个劲蹦，见老梅只穿绒衣绒裤还跑得一头汗，他就伸出大拇指咧着嘴笑。老梅见他样子可爱，有时会飞奔过来，跳得高高的，扑到像只大熊一样的陈麦的怀里。

这一天，老梅的姐妹们饿了，逼着他去买烤红薯。陈麦数了数兜里的钱，瘪着嘴去了，一会儿得意洋洋回来，后面跟着个推车的。校门口卖烤红薯的连人带车被他捉来。烤红薯的戴着翘耳朵皮帽子，哭丧着脸蹲在一边。陈麦站在汽油桶做成的烤炉后面，戴起袖套，吆三喝四地拿个火钳翻着红薯。烤红薯的知道今天没得赚了，这个穷凶极恶的家伙一边烤一边吃，烫得一个劲吸溜，看样子要把这一炉香喷喷的红薯招待操场上的女娃娃了。

老梅等人吃得高兴，老梅不想让人家吃亏，就掏了点钱补了。陈麦说她观音在世，这王八蛋天天缺斤少两，不吃他吃谁？

大哥寄回信来，问陈麦有没有执行好他交代的任务，说他又缴获了一把美制匕首，发现是把美越战争时的真家伙，回来就送给他。陈麦大喜，说这下牛逼了，阳关市的混混们能有把钢刃的蒙古刀就不错了，谁能有这玩意儿？

大龙的父亲去世了，陈麦买了几斤带鱼上门看望。大龙他爹三个月前得了肺癌，发现时已是晚期，化疗了几次人就不行了，医生说他的肺都快变成棉花套子了。老头在棉纺厂车间工作了三十年，像他这样死法的人并不少见。厂子照例给追认了劳模和优秀员工，穿着黑衣的领导送来锦旗。大龙他妈对领导笑脸相迎，等他们走了，就把锦旗塞进了燃烧的灶台。

大龙拉着他到门口抽烟。陈麦见他的黑袖箍一个劲往下出溜，就坐在门槛上帮他弄，又给他点了支烟。大龙皱着眉头抽着，说你去照顾老梅好了，别为我犯难。陈麦骂他没良心，说你这不是把我往重色轻友的路上推么？你还让我混不混了？

“陈麦，我不能这么混下去了……我爸走了。”

陈麦不知道他要说什么，就先沉默了。

“我想明白了，就我这块料儿，上不上学的不重要了，就是上完高中也是个球毛疙蛋的，没啥出息，还不如想办法挣点钱。”

“你这是刚死了爹，心里难受，过段时间就好了，不上学了，你连个朋友也没有，咋挣钱？挣啥钱？不能让我和你去抢银行吧？”陈麦略带调侃地说。

大龙没说话，盯着胡同里一只赖毛流浪狗，嘴绷得像铁闸一样。那狗本来想凑过来，见这人面露凶光，便识相地夹起尾巴，一溜烟儿跑了。陈麦登时觉得不对劲。

“咋了大龙？你走啥邪心思呢？真想上这条道儿啊？你别跟我来这一套，你要是胡思乱想，我非但不帮你，没准还给你报了警！你的刀再快，见了警察，惹了共产党，你也一样完蛋球的。”

大龙猛地抬起头，眼睛里带着血丝和泪水说：“爷爸没了，爷得挣钱养妈！”

“别跟我整得这么惨兮兮的，我不是说不让你挣钱，就是挣钱，也得好好琢磨一下吧？你一个人弄不了，我帮你还不行？就算偷井盖卖钱，你一个人也搬不动不是？”

大龙低下了头，几滴泪水重重地砸在破烂的木门槛上。“我妈一身是病，那点退休金连药钱都不够。陈麦，你和我不一样，你有脑子，说学就能学好，我不行，看见书就头疼。”

“慢慢来嘛，你妈也不是明天就得饿死……你别瞪我啊！我说的可是跟你掏心窝子的话，你还真别说，前几天老梅训练的时候，我捉了一个卖红薯的，连车带人弄到操场边上，十几个大红薯，把我攒了半个月的钱都弄光了，那可是五六块钱啊！你要觉得这事能行，咱俩就弄两个摊子，附中门口放一个，你们学校门口放一个，其他的咱俩都拿刀砍走，我不信赚不了你妈的药钱。”

“卖烤红薯？是不是……有点愣，丢人吧……”大龙眼里露出了喜悦的光芒，但是疑虑更多。

“去你妈的！你没钱就不丢人了？我都不怕丢人，你怕个甚啊？你说你！难怪老梅看不上你，烂泥糊不上墙，拿不起放不下，我咋交了你这么个人？我就该让二巴图砍死你个球的！”陈麦轻蔑地用一根指头指着他，再掏出嘴里的烟，照着门对面的墙上就是一口痰，浓痰像子弹一样砸在墙上，就那么糊住不动了。“看见了没，看准了就弄，做事就得这样，这样才能糊在墙上。”陈麦得意地指着墙上的痰说。

“少跟爷提这个，哪壶不开你提哪壶，要不是看老梅的面子，我好几次想剁了你个愣球！”

“来啊，你又不是没试过，就凭你？我空着手也能废了你。”

“操你大爷的……”大龙猛地脱下一只鞋砸他，光着一只脚扑过来，二人就在胡同里打了起来，连摔带扳，争着把对方放倒在地。两人衣服领子都扯坏了，陈麦一只鞋掉了，大龙的裤带折了，二人在地上翻滚着，弄了一身脏兮兮的土，谁也占不了便宜，开始还骂得凶狠，后来就哈哈笑了。大龙扭住了他一条胳膊，陈麦一把抓住了大龙的老二，二人俱都嗷嗷叫了起来。

“陈麦，谁要是敢动你和老梅，我一定会弄死他，别管是谁。”大龙按着他的头说。

“你去死吧，老梅还用得着你护着？你不是也被我护着？起来起来，娘们烂气的，你压着我的蛋了，赶紧起来，爷给你爸写了个悼词，烧了送送老头……”

回来的路上，陈麦突然想起儿时的事。他爸拎着那个揍了他的坏孩子对他说：“谁敢动你和你妈，我一定会弄死他。”想到此他笑了，却笑了个泪流满面。擦干了进家门，见他爸正在用一根火钩子勾着房顶上晒的大葱，在那里弄得满头大汗，一头葱皮。陈麦忙上去让他坐下，上房拿下大葱来，再搀着发愣的老爸进了屋。他爸觉得太阳从西边出来了，就问是不是老梅让你来跟我装蒜的？我还没老到搞不定这几根葱。

正月二十二是老梅他爸的六十大寿。陈麦买了个蛋糕前去。在门口撞见了她二哥，邋遢得像个神农架野人。陈麦捂着鼻子，皱着眉说他臭得像从粪坑里掏出来的。二哥说一个月没空洗澡了，还能香得跟我妹似的？你小子弄得油头粉面的，听说天天在我家混吃混喝，你早点倒插门过来算了，这样我要是去了北京，你就能名正言顺陪着我妹了。

老人家穿着老伴儿用心缝制的灰色中山装，满面红光。老梅用体校发的补助给老头买了一条红色的羊毛围巾，老头嫌太艳，有点老不正经。陈麦说大爷你错了，我天天穿绿裤子配红鞋，人家都看着不顺眼，你们不是也看惯了么？不是咱们太艳，而是他们太土，你看去年墨西哥世界杯上，人家外国人都跟蜻蜓似的。咱满街都是灰黑兰，我看你这灰的配红的，再好看不过了，回头我挣了钱，还想给你买个花格子鸭舌帽，美国黑帮片里老大都戴这个呢。

酒菜齐备，陈麦切了蛋糕，老梅她妈说咱家没有木把儿的菜刀啊？就你切蛋糕这个，是二小你新买的么？二哥呵呵笑着，说陈麦有心，不光买了蛋糕，还买一送一了一把菜刀呢。

老寿星要说两句，第一句颇有感慨：儿女孝顺，那些不愉快的事儿能忘就忘了吧；第二句，祝愿在边疆的老大勇猛杀敌，为祖国再建新功；第三句，祝愿老二心随所想，考到北京去；第四句，希望小女儿在陈麦的帮助之下日渐成长和进步，还有，希望有生之年能看到你们俩的婚礼……

老梅的脸红得就像墙上那张“万山红遍”的画，见二哥在一边装腔作势地摇头，抓起一块蛋糕糊在陈麦的脸上，把他抹成了戏台上的曹操模样。全家人大笑，陈麦一边吃着脸上的奶油一边埋怨，说你知道这蛋糕多贵么？我卖了五个井盖儿才攒够这些钱哪！

全家人正乐着，大哥从南边来了电话，陈麦也上去说了两句。告诉他老梅的学习态度大为端正，成绩大幅提高，得到了老师和同学的广泛表扬……还没说完，老梅已经在拧他的耳朵，陈麦还想让老梅和他说几句，电话断了。

这一晚，老梅全家沉浸在欢乐的氛围里。陈麦和二哥喝了几杯啤酒，两人舌头就不太好使了。

月光正好
我的心也正好
摘一瓣月
盛满热血和皮鞭
流星落下
在生死的崖岸起舞
暴雨横流
在痛苦的山坳燃烧

它们都为你读着一首关于爱情的诗篇

而你爱我的那天

我将死在别人的笔端

这世界太远

太小

太冰凉

没有我能爱你的春天

二哥念起他的诗来。“是写给我妹妹的么？”

“嗯？这一首不是，瞎写的，我不知道自己要说什么。”

“那倒没关系，我觉得诗不能解释，你说出它要说什么，反倒没了意思……但是在中国，诗人是没有出路的。对了，陈麦，你知道叶赛宁是怎么死的吗？你知道吗？俄罗斯最伟大的诗人。”

陈麦摇头不知，二哥遗憾地摇头，就换了话题。

“你……回头了解一下，看看真正的诗人是什么样的……”

“嗯，大哥有什么消息吗？”陈麦觉得话题有些沉重，就主动换了话题。

“……你啊，别看大哥牛气哄哄的，走哪儿都是一副英雄的架子……呃……跟我爸妈装，跟我妹装，估计也跟你装，打个电话回来都弄得神秘兮兮，呃……像趴在猫耳洞里似的。”

“这个我知道……”

“你不知道，军人只能扶国，却不能救国，只有思想才能救国。军人的天职是服从和执行，而文人的天职是思考和表达。军人再了不起，也挡不住政治的迫害，不说那些新中国的元帅，就拿我爸说，看见我爸的腿了么？那条腿当年为共和国挨过子弹，钻过弹片，那都没断，文革里要顶天立地宁折不弯，就被一铁锹打折了腿。什么是英雄？我问你什么是英雄？中国有英雄么？没有！这个国家没有英雄，你去过北京么？

见过天安门广场上的纪念碑么？你看到一个有名有姓的了么……你什么都不懂，陈麦你看着，咱们和越南这事就快完了，这不是一场多了不起的战争，只是地区冲突而已。陈麦你看着，不出二十年，人们会把这场战争忘得干干净净！”

“二哥你喝多了……”

“我没喝多……”

陈麦看着他缩着脖子走向门口，一只花猫在他脚边蹦蹦跳跳，见这个人无意搭理它，就跳上树蹲到月光里去了。夜风吹乱了二哥浓密的发，嘴里的烟火星四溅，他靠在门口，低头在想着什么，烟头的光芒照亮了他半个脸。陈麦对这副脸孔产生了敬畏，似曾相识，却想不起来在哪里见过。

5

刘一民扎着绷带来讲课，说正听着黑豹，不知是哪个天使扔来的爱物打破了他的头，比起丘比特的一箭穿心，这瓶子似乎还要仁慈一点……学生们哄堂大笑，奉献了掌声。陈麦也鼓了掌，他终究是有些愧疚的。

老六极其严肃地让陈麦离田晓玲远点，否则和他撕袍断义。陈麦诚恳地告诉他摸田晓玲的腰是给辛兰看的。老六更加愤怒，说我去摸辛兰的胸给田晓玲看，你等着吧！

二人脱得光溜溜地洗澡，水房里只有他俩。老六骂个不停，仿佛陈麦那一摸夺走了本该属于他的田晓玲的初夜权。陈麦笑其无耻，很随意地说让他去追辛兰，把田晓玲留给自己，他随便搞一个都行。说罢给他浇了一盆冷水，老六被激得抖缩成一只酱板鸭，呆呆地看着他，良久啐了一口唾沫，嘟囔说：“我就知道，你妈个逼的，你和辛兰就是一对狗男女，别说你们比我认真。”

这一夜，陈麦踯躅在楼道里，一根一根抽着烟，看着青烟在楼道的灯管周围绕来绕去。回到宿舍，老六已鼾声如雷，老大一边放屁一边咬牙，搅得下面在读聂鲁达的老二烦躁不堪；老五不知是喜欢上谁了，这些天明显话少，此时枕着录音机一遍又一遍地放着《The Famous blue raincoat》，眼里烁烁放光。

《百年孤独》依然孤独地放在桌上，上面沾了几个干硬的饭粒。他把它抓过来。他总看不下去这本书，每次翻十几页就烦躁不堪，早早作罢。这一次也不例外，他干脆直接翻到最后一页，见老五在那里写道：我愿意有一天像婴儿一样被蚂蚁们运去草原，让我能看见最蓝的天。

“老三，我想写小说了……”老二轻轻地说。

“写吧，你又不是不能。”

“有人看吗？”

“那关你屁事？”他拿起笔，想在老五那句话后面补点什么。

“也是，那我就写个吧？”老二坐了起来，“你爱过谁吗？”

“什么？”陈麦笔尖一抖。

“别装蒜，你听见了……”老二并没看他，他藏在黑暗里，手指神经质地打着响。

“没有吧？这个字太重了。”他开始写。

“辛兰不适合你。”

“和我有什么关系……”

“她谁都不适合，我要把她写进小说里去。”

“写呗，我可以给你很多素材。”

“明天就写……”

“嗯，明年就给我看。”

“写不完呢。”

“啥时候写完我啥时候看。”

他脑子里想着辛兰，看见自己的手在老五那句话后面写了一行字：

草原上没有你，便没有蓝天。

田晓玲一大早跑来，在楼下哇哇喊人，声音像卖豆腐脑的那般洪亮。她先喊的陈麦，老六正要骂娘，她又喊了老六。老六噌地钻到窗口，大声地应着。陈麦呵呵直笑，说你跳下去算了，田晓玲肯定感动得要死，当场就和你以身相许。

田晓玲问他们有没有空去山后面玩，山里风景好，那柿子苹果也都熟了，她们三人同去。老六也不征询陈麦的意见就答应了。陈麦本想今天看完辛兰借给他的徐志摩英语诗集，就有些犹豫，也不好意思问辛兰是否同去。但书被老六一把抢了，说一百年太久，现在就走。

辛兰果然在，T恤仔裤旅游鞋，一副去踏青的帅样。田晓玲一派风骚，把花衬衫下摆系在腰上，解开了胸前的扣子，那颗大痣甚是耀眼，和老六站在一起活像一对鸡鸭。既是机会，陈麦就去孙班长那里借来了相机，决定好好和辛兰拍些合影。

一下楼，他就觉得上了当，老六也有些头大。郭宇一身装备地来到楼下，和他们站到一起。很帅的户外运动装，很酷的高尔夫帽，他还戴了很贵的墨镜，拎着一个昂贵的照相机。陈麦恶狠狠地看着老六，老六委屈地瘪着嘴，一副关我屁事的样子。辛兰兴奋地像看见了张学友，和郭宇说我们两个穿的颜色很搭啊，我要再多个帽子就更搭了。郭宇微微一笑，变戏法一样从旅行包里掏出一个帽子，相同款式，颜色却不同，显然是为她准备的。辛兰惊喜得像要化了，兴奋地戴上，抓着郭宇的胳膊，对着发愣的陈麦就是一句：“陈麦，帮我俩先拍一张！”

陈麦觉得一股岩浆从肚子里漫上来，烧得心肝肺都快成了碳，但他只能铁青着脸举起相机，准备将这愤怒定格下来。郭宇却轻轻地拦了，说这里光不好，拍了也是浪费胶卷，山上风景那么好，还是等一会吧。

逼上贼船，陈麦想不去已经晚了。老六见田晓玲竟穿了皮鞋，就说你这样肯定崴脚。田晓玲不屑地将几瓶水扔给他背，说我山里长大的，别说皮鞋，踩着高跷也能上山。

五人出发，队伍乱七八糟。老六想和田晓玲走一块，可她拽着陈麦问这问那，谈山聊水。陈麦自然想和辛兰一起，但辛兰总是窜来窜去，于是莫名其妙地，他和郭宇走到了一起。

“辛兰喊我来，我正好也没事。”郭宇似乎在安慰他。

“也好，还没在结果子的时候进过山，我在看书，老六非要把我拽来……”他也干脆撇清。

五人轻快地向北走去，从盘山公路上去，过了十三陵水库，一路往西就有大片的果园。果园里藏着几个没有开发的帝王陵墓。郭宇提出往景陵的方向走，那里有几棵很老的松树。陈麦当然同意，没准还能应景地写首诗。

郭宇果然提了他发在《经法》报上的诗，问他那个断了几年的知己是谁，那诗写得悲切，像是和她远隔天涯，再无见面的可能。陈麦对郭宇的细心感到惊讶，但郭宇的坦诚令他感动，就简略地说了他和老梅的初恋，至于为什么没有结果，他只说缘分不到，没办法。郭宇递给他一根烟，说自己也有类似的经历，只是不像你这么有才，空有一笔书法却抒发不出来，只能去抄别人的诗。偶尔日记里也试着写写，自己都不满意，大多烧了。

陈麦丝毫没有感到一个情敌的威胁，反倒觉得在面对一个真诚的朋友。郭宇礼貌地给所有人拍照，告诉陈麦怎么调相机，怎么构图。他还给陈麦拍了几张非常酷的单人照，告诉他他的右侧面最有质感。

走了一个多小时，女孩子都累了，陈麦见街边有个农家院子，就进去找饭。农家主人不在，只有个老太太看着院子，郭宇上去问能不能做点吃的，老太太目瞎耳聋的，郭宇就说我们给钱，自己做饭，说罢就掏出一百给了老太太。老太太看着大钞，几乎把假牙都笑掉了，说这院子里的东西你们随便吃，包括地上的鸡。

老六看来从小就偷鸡摸狗，两个女孩子半天都捉不住的一只母鸡，他一脚踢上半空，凌空一记重拳，母鸡当场仰仆，立毙。陈麦抢拍了这张老六杀鸡图，说你用这个泡妞，定战无不胜。辛兰自告奋勇进厨房做饭，围上农家的围裙，拎着铲子煞有介事。好吃的人一般手艺都不错，田晓玲把一团面和得风生水起，揪出一个个面疙瘩开始蒸，说半个小时后就是馒头。郭宇和陈麦决定对付这只鸡，郭宇找来了辣椒和葱姜蒜，陈麦把它开膛破肚弄好了鸡块，用酱油和味精先腌了，等田晓玲的馒头出锅前开炒。

馒头上锅，老六和田晓玲就进了树林子，馒头熟了还不见人影。辛兰等不及就开炒，把几个菜炒得色香味俱全。陈麦在树林边喊老六，但见老六和田晓玲连滚带爬地出来，各自用衣服兜抱了一堆水果。田晓玲的衬衫丢了一串扣子，春光泄得一塌糊涂。老六如建大功，说野地偷来的果子就是香，难怪人们都喜欢偷情呢。

这顿饭吃得痛快，却可惜没有酒。大家以茶代酒，首先感谢了大厨辛兰，其次感谢了杀手老六，最后感谢了馒头西施田晓玲。田晓玲的馒头下的碱不太够，陈麦便有感而发："这一锅馒头就和男女的感情一样，感情基础再好，下料不够，发酵不足，看着漂亮，吃到嘴里却有点酸呢。"话一落地，他便有些后悔，因众人都沉默起来。沉默就是尴尬。田晓玲再次发挥了她人精一般的反应。"那就下点猛料呗，宁甜了宁咸了也别酸了，不就得了？"

辛兰最先笑起来，推着田晓玲说你笑话我，明知道我的鸡块放盐多了，不许你吃鸡。

"再说了，反正能吃饱……"老六夹起一截鸡脖子说。陈麦踩了他一脚，闷声猛吃。

饭桌上，郭宇始终是个沉默的绅士，除了夸耀大家，就是和老太太聊天，老太太说两个儿子都进城打工了，地没人种，还在退耕还林，就只剩这个院子养活自己，老伴去年死了，就剩我一个人，连鸡都快喂不动了，哎呀没事你们就多来来，想吃啥吃啥，反正我也带不走……

老太太说得随意，倒把两个女孩说哭了，见桌上剩菜很多，田晓玲逞脸般蒸了一大锅馒头，就知道这顿饭的浪费。陈麦不声不响地又掏出五十元，悄悄放在老太太口袋里。郭宇见了，微微一笑。老六帮老太太喂了鸡，辛兰和田晓玲刷锅洗碗，陈麦和郭宇帮着扎了扎篱笆。之后五人继续上路，直奔景陵。

法大有个阴森森的绰号——十四陵，皆因北京著名的坟墓景点十三陵就在学校的山后。十三座皇帝陵墓、七座妃子墓、一座太监墓，顺着山势延伸到了军都山，开放成景点的只有长陵、定陵、昭陵和神路，个个修得富丽堂皇。还有几个陵荒草丛生，人迹罕至，乌鸦成群，倒更像埋死人的地方。

法大的学生们智商总体一般，情商天下无敌。新校建校以来，学生们迅速把那些没有开放的陵墓和柳浪婆娑的水库边开辟成了恋爱场所。一到周末，男男女女就消失在山水之中。后半夜常有浑身沾着树叶青草的男女回来，裤带稀松，衣衫垮垮，在看门大爷那凛然的目光里，贼猫一般悄然回到各自的宿舍。

景陵是明宣宗朱瞻基的陵墓，因没有保护，破得像乱坟冈。牌楼已经松垮摇晃，墓前的碑剥裂不堪，墓中间一条巨大的缝，那是盗墓和风化以及文革破坏的结果。这里人迹罕至，尚未开放旅游，野草和松柏都长得肆无忌惮。一条很细的小溪绕过陵墓，斜斜地伸进山谷，幽幽回转。陵前有一块被砸掉角的碑，上面的墓铭似乎也被昔日的造反派刻意磨平。陈麦摸着这块碑，努力辨识着上面的字，心想就是再美的文字，也终有一日会因灾祸而没了踪影。

到了这里，郭宇话就多了起来，指着各处遗迹和辛兰说个不停。辛兰也听得认真。陈麦抓拍了几张郭宇和她说话的照片，很是传神，郭宇含情的样子令人动容。他觉得自己也算有气量，做这事，像看着一只猫在吃自己盘子里的鱼。辛兰已然顾盼神飞，热情得有些过分，他觉得她故意将两个男人叫来同游，有坐山观虎斗的卑鄙，也有哄抬物价的虚伪，不知郭宇对此怎么看。

临近黄昏，天气便冷了起来，还有微微的小雨，但阳光却依然可爱，这是军都山特有的垂阳挂雾，有点像江南梅雨，并不常见。郭宇见他看着青山若有所思，就帮他拍了几张，又示意辛兰去悄悄和他合个影。辛兰走到他身后，突然在背后抱了个结实，把脸贴在了他的背上。陈麦一愣，听见郭宇那边咔嚓一声，他和辛兰一张亲密的照片便在夕阳里定了格。

“陈麦，来首诗吧，我知道你在想。”郭宇放下相机微笑道。陈麦对自己的狭隘颇为惭愧，和这样一个手中无剑的对手交锋，还没动手便先输了。

“是有一首，但是太草了，这么写也怪怪的。”

“快说快说，我们就写在这个碑上，反正上面的字也磨没了。”辛兰蹦跳着说，她的真心仍带着一点假，这过分的热情像是逼迫，令他稍觉不快。

“嗯，我觉得也要写出来，陈麦一见美景便有佳句，校报上那些我都一个个地剪下来收着。”郭宇微笑着说。

“快写快写，辛兰这有口红，就用这个往碑上写吧。”田晓玲立刻开始翻辛兰的旅行袋。

“好吧，我说，老六你先用笔写下来……”

雾里故道雨中丘，
诗画军都墨里愁。
荒冢空余纶巾绿，
一碑道尽水冬秋。

陈麦说完，郭宇反复念着，然后将这首诗工整地用口红写在那古碑之上。辛兰大声地念着，说你这天蝎座出手就如此伤怀，真是阴郁得不可救药，但画面感很强，苍凉到人的心里去了。

“写得不好，格律不严谨。”陈麦只能作谦。

“格律是古人的东西，我认为不必执着于此。如果大家死抱着格律不放，那唐诗之后就没有宋词，宋词之后便没有元曲。很多台湾文人动不动就说新体诗格律乱七八糟，然后掏出几本线装书，一边作诗一边查格律，最后造出来的东西读起来生涩拗口，不知所云……”

老六却扶着碑做叹息状：“唉，有此泡妞利器，大业何愁不成？我不如也，我不如也……”

众人都要在这碑前照相，大家排列组合了一遍。陈麦特意让辛兰挎着郭宇照了一张，觉得这样算扯平了。虽然高兴，但他对辛兰突然抱住自己的居心颇有怀疑，这么做无疑会伤害郭宇，可是，她为什么要这么做呢?

回来路上，田晓玲和老六玩的都是高难度，一会上树，一会爬悬崖。看见一只无人管的毛驴，田晓玲非要骑上去照相，老六扛着她上去了，刚拍了两张，那驴就嘶吼起来，震得几人浑身发麻。这也罢了，不知从哪里震出十几个人来，个个面带愠色，衣衫破落，一看就是山里的村民。他们把几人围住，当头一恶汉看来喝高了，指着驴上的田晓玲说给钱，不给钱就别走，没钱就给人，你骑我的驴，我就骑你的人……

田晓玲在场，老六变得横气很多，一把推开那人，威胁说敢动她一根汗毛就废了他。那人自恃人多，见老六瘦得麻秆一般，一个带风巴掌就扇了上去，耳光响亮，老六竟没躲开。老六怒极，跳起一头多高，脚板踹到该人脖子上，踹出几米开外。对方登时大乱，纷纷抄起了家伙。

陈麦知道这一架要吃亏，但老六莽撞地动了手，再无缓和余地。他忙让辛兰揪下还在驴上发呆的田晓玲，看准一个拎着棍子的来人，一拳打在脖子上，对方登时闭气。他顺势抢过棍子，劈头盖脸击退几个，两手一摊，喝令大家住手，有话好好说。郭宇也上来拦着，一个家伙冲他踹了一脚，郭宇受了，继续高声叫着停下来。

农民们见他们不敢打，声音就大了起来，群情激奋，仿佛在声讨欺男霸女的地主恶霸。陈麦纵是嗓门不小，却盖不过他们。眼见更多的人从村里溜达出来，陈麦情知不妙。两个女孩已经吓得花容失色，辛兰还算好的，还能和他们理论，田晓玲已经怕得像必遭强暴的女俘。

村里又来几个混混，见这边吵架，二话不说，上来就冲陈麦和郭宇动手。陈麦心知不妙，但已没有办法。

“老六，你带他们跑，去那边的邮政局，那里有电话！”陈麦一棍子打翻一个拎着铁锹的农民，对着要拼命的老六大声喊，一块砖头带着风声飞来，他低头一让，见郭宇抢了一根铁棍，抡圆了在和几个人打，竟毫无惧色，就知道这家伙有种。他和郭宇背靠着背，在路中间往后退，老六和两个女孩跑向邮政局。他可以在那里打电话，或者报警，或者搬救兵。辛兰不时回头看他们一眼，眼神焦灼，不知更关心哪一个。

“郭宇，顶不住你就先跑，守住邮政局，等警察来，这帮农民不敢拆国家的地方。”

“陈麦，你小看我了，以前我也在街头和人干过，杨德昌的电影你看过么？我也是玩过刀的……”

“是吗？我还以为你们只会嗲嗲地泡妞呢。”

“别受伤，坚持住，我好歹是个台胞，只要警察来了，我们就没事儿了。”

混战中，郭宇一棍子磕开砸来的一根犁头，用棍尖一点，正中那人咽喉，倒下一个。陈麦一脚踹飞一个小个子，斜刺里戳来一根长竹竿，眼看就躲不过。郭宇一脚踢飞了竹竿，自己被横过来的一根棍子打中腹部，忽地倒了下去。陈麦忙护住他，不得不对来人下些重手，棍子便上了头，打花了几张脸。他扶起郭宇，快步跑向就在前面的邮政局。

老六已经打了电话，既报了警，又叫了学校的援兵，说老二告诉了老四，老四告诉了高驴，高驴告诉了孙班长，孙班长告诉了全楼道，大家估计都在路上了。

坚守邮政局不是难事，门窗都是防盗网，桌子在门口一顶，纵是外面怎么踹就是不开，有人用大钳子来夹防盗网，陈麦见一个开水壶在旁边，拎起来浇上去，外边登时惨叫一片。

邮政局的人也很紧张，却不知该帮哪边，又打电话报了一遍警。外边的村民越来越多，砸了玻璃，拼命踹着邮政所的门。后门被踹开一个大洞，几个村民用铁锹砸着。郭宇和陈麦各守一边，打出那些伸进来的脑袋和腿脚。陈麦脑袋被扫了一下，糊了一脸血；郭宇的腿上也见了血。辛兰去看陈麦的伤，陈麦让她去看郭宇，郭宇说你别过来，我没事，赶紧帮他包扎。

但没有可包扎的东西，辛兰就帮他用纸巾擦血。陈麦心里感动，就趁她不备吻了她的嘴唇。辛兰激动着笑，脸红得像昌平柿子。

“你这人，上了战场上也忘不了这个。”见血糊了他的眼，辛兰就小心地擦着他的眼睛。一块石头穿过破碎的窗户，蹦跳着落在辛兰身边，陈麦忙推她到桌子后面，让她俩藏好。

对方攻不进来，就拿砖头瓦块拼命往里砸。郭宇有点吃不消，就把老六叫过去帮忙。

“大陆农民怎么这么凶？不就骑了骑他的驴吗？至于这么玩命吗？”郭宇大喊着砸开一块砖头。

“这你不懂了吧？他们不玩命，怎么把国民党赶你们岛上去的？骑驴事小，在驴上照相事大，尤其是一个穿低胸装的女人骑着他们的驴照相，这叫侮辱无产阶级生产工具。”

“哪有这么损人的，陈麦！你说我侮辱了一只驴？”田晓玲站起来大叫，一块石头飞来，砸在她后面的柜子上，碎得稀里哗啦。田晓玲又尖叫一声钻在了桌子下。

她们俩躲在柜台后面，哇哇叫着躲避着飞来的砖头瓦片和啤酒瓶子。老六帮着郭宇堵后门，见桌子下面有一捆闪光雷花炮，估计是谁结婚没用完的。他分了郭宇和陈麦一人两只。外边的人没料到这手，被炸得四散奔逃。但这也更加激怒了他们，有人已经叫嚷着回去取炸药，炸死这几个不识相的小流氓。陈麦和郭宇对视一眼，都有些绝望，他们又同时去看辛兰，见辛兰站在那里，看了这个看那个，颇有些无措。

外边突然一阵混乱，打闹声大了起来，沸腾成一大片。陈麦趴在窗户上看，见七八辆三轮摩托上跳下来几十号人，个个手持棍棒，为首的正是孙班长和高驴、老二等人。学生们毕竟齐心，哗啦冲上去，登时逼退了这帮农民。格劳秀斯夹在队伍里，三条腿还冲上去咬人。陈麦和郭宇拉开邮政所的门，拎着棍子出来。老二见他们在这，大喊一声："没事了，两个班的兄弟们都鸡巴来了……"

农民毕竟在自己地头，慌了一阵，又开始反攻。但学生勇武，又很抱团，且会些以多打少的战术，村民竟被一路打回村里。高驴等人不过瘾，还要攻进村子，村民就不干了，全村老少恨不得都出来拼命了。双方在村口开始僵持，格劳秀斯叫得和军犬一样。天快黑时，警察应景地到了，几个校领导也到了，这场骚乱遂到此为止。

辛兰看着一身是血的郭宇和陈麦，颇为关切。陈麦故作乐观，让辛兰给他和郭宇拍张照片，说这是海峡两岸的战斗友谊。辛兰拿着相机，犹豫半天，让这两个一身是血的家伙说个能咧嘴笑的词。郭宇和陈麦对视一眼，异口同声地说："辛兰！"

被警察放回来时，已是后半夜，校领导给兄弟们租了十几辆三轮摩的，浩浩荡荡开回法大，一路上他们唱着唐朝乐队的《国际歌》，山路上喊得声嘶力竭。郭宇和陈麦挤在一辆车上，辛兰在他俩对面微笑。田晓玲抱着老六，在众人眼皮底下亲个不停，说为了骑驴这事，我要骑你，你就是我以后的小毛驴……

一大排三轮摩托在山路上歪歪扭扭地开，因为装的人太多，几次都要翻了，但是乘客们无所畏惧，依然高唱凯歌，一路乐哈哈地笑着。当停到校门口，陈麦和郭宇搀扶着跳下来时，却见辛兰哭了，二人俱都一愣，郭宇向她伸出手去，辛兰轻轻握住下了车。

"你怎么了？"郭宇轻轻问。

“我不知道，可能是被风吹了。”辛兰往前快走了几步，没走多远又回过头，站在校门口发愣。路灯把她照得宛如夜间下凡的天使。兄弟们起着哄，唱着歌进了校门。

陈麦冲郭宇点了下头，郭宇也冲他点了下头，但是，他们都不想抢先迈出那一步。辛兰见他们都愣在那里，就又扭过身，走进校园那带着暧昧的灯影里了。

6

陈麦已经忘了上次和马璐亲热是什么时候，隐约能记起来的日子，又不能肯定是她。儿子慢慢长大，耳聪目明，二人半夜亲热总有些招架不开，恨不得上面戴上口罩，下面装上消音器。也难怪，这年头盖的房子隔音都不好，对门那个卖药的和他老婆折腾一次，就够楼上楼下的女人们嘚吧几天。马璐对这家邻居充满着不屑，认为那就是一对儿牲口，丝毫不顾及邻居的感受。陈麦倒不觉得怎样，“幸运星座”的包房隔音更差，大龙说要的就是这感觉，都不用放毛片，客人们一进去，听见前后左右房间里的淫声浪语，早就按捺不住了。

这一宿，对门邻居唱完卡拉OK，照例拉灯上炕，毫无前戏地开始咿咿呀呀上下翻腾。马璐照旧换上整齐的睡衣，像履行仪式般摆好拖鞋，点上熏香，设好闹钟，戴上头罩准备睡觉。陈麦看着她的身影陷在床里，身体突然热了起来，他慢慢地爬过去，轻轻地把她的睡衣脱去。马璐竟有些害羞，浑身烧得火烫，久违的亲密和有些陌生的黑暗激起了他的欲望。

马璐开始还矜持着，很快也像隔壁女人那样尖叫了。陈麦鼓励着她，让她再大声点，反正儿子不在。马璐感激地抱住了他。他幸福轻松地悠荡着，不由得凝神提气，越战越勇，以实际行动再次否定了蒙古大夫的胡说八道。这毕竟是自己的女人，她的欢乐和泪水是真实的，这真实的情感应该让他心动，于是他就真的被感动了。

事毕之后，马璐羞答答地缩在他的怀里，一次次吻着他的胸膛。陈麦抚摸着她的腰身，开玩笑说以后就这样，他们做我们就做，你尽情地喊叫，栽赃给他们就行了。马璐说那太频繁了，你身子会吃不消的。陈麦没再说话，只紧紧地把她抱在怀里，想着等儿子好了，一定要带她出去走走看看，结婚这么多年，答应过她的出国旅行还没实现呢。

老四又来了短信，再次强调那事的重要性，像是已经给陈麦预支了千万的收入，不拿白不拿。陈麦知道自己还弄不动这么大一件事，就想小约翰出面。五个区的地头蛇都会给他面子，但他插了手，绝不是小钱就能打发的。想到此，他短信和小约翰轻描淡写地说了几句。小约翰也轻描淡写地说可以谈，明晚。

街口的尼采今天光了屁股，弄了一身的锅底黑，在板凳上装思想者。行人纷纷驻足观看，手机拍个不停。女人们红着脸往下看，看到棍状山药般的一截巨物，就叽叽喳喳地笑。小孩子们用木棍去逗他，捅他的蛋，搔他的痒，尼采也一动不动。陈麦见他的眼珠子滴溜乱转，不知在想着什么了不得的事。

最后一次严打协调会开了。文局继续强调各条战线的任务布置，并要做好保密工作，咱们阳关市就要争取全国和谐城市了，各位务必要打出咱阳关市公安局的威风来。陈麦见二巴图坐在对面的斜角上，冲他点了下头，就回点了下。心想这家伙升得还挺快，心狠手黑的人在这一行吃得开。

孟局最近和文局交了恶，二人本就关系一般，因大楼拆迁一事二人走了生分，会上就相互冷着脸。他们俩生分了，下面就开始重新站队，这也是文局上周叫他去家里喝茶的原因。文局说老孟在背后搞我，还捎带手说你的问题。就说这个广场事件，老孟和政法委书记说你这事处理得有违原则，而且太突出自己，把市政府副秘书长弄得很没面子。妈了个逼的，他砸块黑砖倒也罢了，还弄个一石三鸟，以后可要防着点。

文局赞扬了禁毒支队和治安支队在联合扫除毒品行动中的表现，并传达了省厅更高的要求。孟局很不识趣地插话进来，问任大江你们的人是否盯得紧？线人打进去没有？任大江硬邦邦顶了回去，说孟局你不是不知道规矩吧？这种事会上不好说吧？孟局业务不精，脸一红，就黑下脸问陈麦，你们最近怎么效率那么低？出警慢，处理稀松。陈麦也不客气，说刚盖好的指挥大楼，这么一拆，把人心也拆散了，家里不舒服，兄弟们出去干活当然不爽。

文局猛地拍了桌子，一桌子茶杯当当乱跳，把孟局吓一大跳。“你们这是什么态度？和孟局怎么说话呢？什么爽不爽的？以前我们在小民房里办案的时候，哪有这么多讲究？”文局又提起了他一人一枪捉住三个通缉犯的陈年老事。众人心领神会纷纷点头，那次任务孟局被通缉犯用把假枪吓得尿了裤子。陈麦不想参与领导们的战争，哈欠连天，眼皮上翻，像第无数遍听着一个老女人讲着她的风流往事。

散会时，陈麦收拾东西要走，被二巴图客气地拦住了。

“见我来你就走啊，真不给面子啊？”二巴图微笑道。

陈麦冷冷地看着他，心里的刀噌噌出鞘，虽然日久，那里仍在寒光四射里隐隐作痛。

“陈麦，啥时候叫大龙一起吃个饭？好久不见了。小约翰老大也跟我说过，我有些话想和你说呢。”

“……祝贺你，听说要高升了？你那前任要被判十年了吧？你还是小心点。”听他称小约翰为老大，陈麦立刻警觉起来。

二巴图惊讶地说：“情报很准啊，陈麦，你就别说话夹枪带棒了，咱们都是有身份的人了，你还有老婆孩子。我虽然孤身一个，但也是死过几回的人了，没什么放不下的，你要是还这么绷着，我来市局找你办事可不方便。我反正说透了，剩下的就看你了。”

陈麦把头低在比他矮一截的二巴图眼前说：“有事你就来说事，没事也别来串门，大龙现在划到你那一片儿，归你管了，你要是真都放下了，就罩着他点，要不大家就新账旧账一起算了，怎么样？”

“陈麦你说啥呢？你真就这么看不起我？就算我以前不管那一片，你以为我就废不了大龙？你在我地头上抄那几个夜总会，这招谁不会？大龙那儿你放心，我还想去喝一杯呢！我最近只是在他附近抓了几个贩毒的，从他那出出进进的，我只在外边抓，而且我抓的这几个人，说不定你还用得着……”

陈麦一愣，知道他说的是贩毒渠道的事，却装出不想听他废话的样子。见朱局凑了过来，他就伸出一只手，二巴图会意地握住了，陈麦一使劲，二巴图被动地开始反抗，二人半斤八两，彼此握得生疼，但脸上却都换作了微笑。

“你们俩干吗呢？亲热成这个样子？陈麦你的报告呢，怎么还没交上来？”朱局拱着厚厚的嘴唇说。

“下午就交，绝不再拖，我和杨局叙旧呢，想起十几年前的事了。”陈麦笑里带着刀。

“都啥时候了，叙个什么旧啊？赶紧回你们岗位去，文局三令五申让你们提高效率，没事多叙叙工作，还这么松松散散？”

“这就去了，朱局，陈麦这是对我有意见呢，等忙完了这一场，我约你们一起喝酒。”二巴图被陈麦捏得青筋暴露，仍在笑着。朱局嘟囔两句就去了，粗壮的身体晃得像颗炮弹。陈麦松了劲，疼得一个劲喘。二巴图也一边揉着手一边摇头，却不再说什么，二人就此分开。

陈麦给大龙去了电话，大龙说已经和几个本地毒贩子接上头，每天小赌一把，再混熟点就能打听那些事了。陈麦开玩笑说让他把这些料子鬼的钱多收点，干脆一锅端了，大猫干掉，小猫全抓起来，没准你还能黑点钱。

大龙说最近有个叫“二敢刀”的毒贩子在找他的麻烦，抬高了他的采购价格，还要先收钱才给货。这些人嚣张得很，说马铁死了，公安暂时拿他们没辙，来幸运星座喝酒，口气大得很，一次招呼十几个道友来折腾，每个人都玩双飞。那个小梅被他们惹恼了，打了人，被他们在房间里扒光了要轮着来。大龙的人进去和他们打起来，二敢刀知道大龙是陈麦的兄弟，没怎么还手，但走的时候说这事算是记上了。

陈麦听得恼火，但随即冷静了下来，为这个事儿抓人还真犯不着，这个二敢刀有恃无恐地在阳关混，背后一定有什么关系。为了案子的事，大龙可以忍一忍，等办完了正事，找机会把他们连根拔起，公仇私怨一起了了。于是他让大龙和这人搞好关系，等案子有了进展再说。大龙嘟囔着说："要是别的妞，他们干就干吧，又不是不给钱，这不是你上心的么？"

陈麦听着恶心，就岔开了话，问老六来得多不多。大龙说老六常来，且最近吸毒有些量大，人好像有些不太对劲。陈麦鄙夷地皱了眉头，说再说吧，一时半会死不了。

艾楠来了电话，说给陈麦买了件杰尼亚的好衬衫，约他今晚在香格里拉见面。陈麦放下电话就订了一间房。一个月没见她，还真的是很想，他觉得自己像只屡被忽略又屡被召唤的猫，才决定气呼呼地离家出走，主人举起一条小鱼便令它屁颠地跑回来。她常为自己买些小东西，花费不大，却足见她的细心和体贴。他想起艾楠一到入秋就手脚冰凉，嘴边总会长痘，蒙古大夫说这是典型的女人肾虚和胃寒。在去接老二老四的路上，他顺道去同仁堂买了几罐即食燕窝，抓了几副上好的调养中药，准备晚上一起捎给她。

经过老市局街口，尼采不知又从哪里搞来一身警服，还戴了顶崭新的警帽，在路上见人就敬礼。陈麦在车上扑哧笑了，十几个城管跑了过来，一个个气喘吁吁。尼采拔腿就跑，边跑边笑，奔跑的姿势很是优美。陈麦下了车挡在了他的面前，尼采一下子跳起来，啪地敬了个标准的礼，就直接朝着马路对面跑去。汽车飞驶过他的身边，他很有节奏感地灵活躲开，最后轻巧地从一辆丰田车前脸跳了过去，迅速地消失在人群中。

陈麦对不知所措的城管们大喊一声："愣什么？快追啊！连个疯子都抓不着？"

城管刚追得没了影，尼采就从另一条胡同跑了回来，从他身边经过时又敬了个礼。陈麦笑呵呵地回敬了。尼采的笑自信而张扬，让陈麦的心情好了不少。

小约翰的办公室在阳关市一栋昂贵的写字楼顶层，足足占了一层楼，半边他自己住，半边是办公室，南北通透，挂满了各类国画和书法，一面墙上放着十几尊青铜器，一个可燃檀香的循环水池发出悦耳的溪声，显得颇为气派雅致。陈麦在楼下停车时，见老二和老四已在大堂门外朝他挥手，就和他们抽了根烟再上去，提醒他们和这位老大千万别说虚的，别玩你们北京那一套。

上来后，小约翰和他们热情地握了手，招呼着三人坐下说："我还以为你们法大的学生都像陈麦这样的，原来也有这么斯文的？"众人皆笑，陈麦就说："与时俱进了，律师现在也玩花样了，甭管什么案子，办案的一来就是俩。和夜总会的服务一样，以前都是一对一，现在全玩起双飞了。"

"大龙的新地方开始弄了没有？两千多万给了他半年了，也没听他说起过。"小约翰轻描淡写地说。陈麦一愣，他并不知道这事儿，更不明白小约翰为何在这时提起。就说："他那里生意好得很呢，想必是没空吧？"

"夜总会这买卖真没什么意思，让他把那商务会所弄起来，你看这些弟兄们来了，有吃有住有钱耍耍该多好。"小约翰这么一说，陈麦就想起来，大龙和他说过，小约翰见他总能赌赢点，就想让他办一个高级会所，主要接受省内富豪们来这里赌一赌，大龙说得随意，他倒忘了。

闲聊之后，老四把那块地和小约翰言简意赅地说了，说得条理清晰，弄明白的和弄不明白的都说到了。陈麦点着头，心想老四挣了钱是有道理的，是有大律师范儿。小约翰看着地图认真听完，问了些问题，仰头想了一会，摇头说你们老板吃不下这块地，你们也办不了这事。那二人不动声色，似乎早有料到。陈麦见小约翰不愿意说，就无所谓道："早和你们说没那么容易吧？我们地头上的钱还等着你们外地人来挣，哪有这么便宜的事。"

老四说希望约翰兄弟给指明出路，就是办不成，回去也好交差。小约翰摇了摇头，又点起一根雪茄，说这个项目看上去不错，却是个有去无回的买卖。那块地还有不少钉子户，看着破衣烂衫，其实都是地道流氓，很有几个不要命的……这个陈麦知道，他说前些年做合作开发，外地来一个死一个，都是血本无归。现在政府要把地拿出来拍了，他们就狮子大开口，政府也跟着哄抬物价。你们不找上几家当地的企业一起来经营，很容易招忌，树大招风，就是把地吃下来了，规划、建设、消防、环保，能折腾死你们，到时候你们只能低价把项目转了。而你俩在中间办事，没准哪天腿就被打折了。我们这最讨厌律师，只有公检法那些人的亲戚才敢干这行当。

老四再想多问，小约翰就把话题扯远了，向两个大律师咨询起了和老婆离婚的财产分割问题，咬牙切齿地说准备换老婆了。陈麦见这两人回答得认真，不禁觉得好笑，律师干得再好，也不是小约翰这个没上过大学的对手啊，小约翰虽然满城皆知，却并不像很多暴发户一样有了钱就换老婆。

小约翰天南海北地东拉西扯，老二好容易等了个话茬，就问小约翰到底有没有什么办法？他们俩为这事跑了几个月了，真不想就这么灰溜溜地回去。小约翰笑了一下，说再说吧，看缘分，看运气。

陈麦开车去送走二人，明白小约翰想抢这单生意，他和小约翰联手，这些钉子户算个屁？为此他觉得蛮对不起这两个老同学。同过窗的兄弟就像同过床的女人，情分更多些。这两个家伙一个劲向陈麦打听小约翰的实力，探讨和他合作的可能。陈麦支支吾吾说不出个方略，让两人很是不满。

阳关不比北京城，机场打个来回也就个把钟头。回来之后，小约翰仍在办公室等他。

“……我看咱国家够呛了，处处自焚，贪官满地，重庆在唱红歌，中央在拼命维稳，听说你们的维稳费用都超过军费了，又是攘外必先安内啊……”小约翰轻松地说着，把弄着他的雪茄。

“二巴图最近在和我套近乎。”陈麦不想听他说废话。

“陈麦，算了吧，都过去这么多年了，再过几年孩子都能弄女娃娃了，该拉倒的事儿，别那么认真了。”小约翰收敛了笑容，淡淡地和他说道。

“小约翰，你是收了二巴图的钱还是女人？你跟我说这个？”陈麦阴阴地看着地毯。

“你多心了……我只是觉得，这事老记着不好，咱们那会儿都小，坏事谁都干过，要说他是恶棍，你我也好不到哪去。当年大伙为了一点破事儿打得头破血流的，现在都是当爹的人了，都是经过事儿的人，就要知道啥是大事……”

“我走了……”陈麦拿起帽子要走。

“……你怎么就没点长进呢？要不你当年就砍死他，你要说弄死他，我当年绝没有二话，坐牢咱们几个一起坐。不是那个时候做不了吗？为了老梅的名声不是要忍了吗？不是老梅留下话让你考大学吗？”小约翰见他生气，也动了火。

“这事我很后悔，想起来就受不了。”陈麦拿起帽子，冷冷地看着警徽。

小约翰又拉他坐下，帮他切了一支雪茄，点燃了坐在他身边，硬把雪茄塞给他说：“那些事不说了，你就是心里堵上了……那块地的事其实很简单，解决两个环节就行，一个是市长，一个是规划局局长，这些钉子户你我一起下手，不是什么难事。市长我可以搞定，但规划局局长是二巴图的亲表哥，说难也难，说容易也容易。但不管怎样，这件事要只是帮忙就没意思。这块地我们早就注意过，但没有动过这个念头，如果走附条件定向拍卖，我们自己就能做，为什么要帮别人？”

陈麦皱着眉头问他：“你要抢这单生意，我没意见，别亏了我这两个同学就行，可是，你要为这事去找二巴图？”

小约翰认真地点着头道：“如果这事可以赚几个亿，那就该找，这是生意。”

陈麦不语，然后扔下雪茄，拿起了手机。

“陈麦，老梅的事得过去，谁没有错过？二巴图是该杀，可你回来之后，尤其是你当了官之后，你个王八蛋不该杀？你就那么心安理得？陈麦，咱们都不是什么好东西，光着屁股都是禽兽。咱们的事儿写在纸上，都能判个十年八年。别跟我说你多爱老梅，你这人这辈子就没爱过谁，你就是受不了别人占了老梅。就你这个操行，老梅就是等你上了大学回来嫁给你，你们能过到今天？就是把林青霞、林志玲都给你做了老婆，你能老老实实地过？陈麦，你这个自欺欺人还一根筋的傻逼呀！”

陈麦的背火辣辣地疼起来。小约翰的话如刀似锥，刺出的却不是血，而是这么多年来那浸入肌理的难过和愤怒。他拿过警帽，见上面沾了烟灰，就拿着它在茶几上摔打，越摔越重，帽徽都摔歪了，他才站起身来，一边走一边戴。

“陈麦，你那两位同学比你识相，刚才在机场来了电话，已经提出和我合作。钱多一起赚，什么江湖恩怨你杀我杀，从此都别再提。这年头，生意才是江湖，江湖就是生意。你来不来？来，以往的事儿就一笔勾销，不来，咱们以后就没啥话说了。我是道儿上的人，和他们在生意上绑在一起，这是最明智的办法。你也不例外，二巴图和文局走得比你近，将来上去了，官大一级就压死你。你想明白了，给我一句话。”

小约翰从沙发里站起来，指头几乎要夹断那根粗若火腿肠的雪茄，眼里闪着幽幽的光，像要用它逼出陈麦体内的鬼。陈麦很少见他这样，但他只停了片刻，转身就走了。他听见后面吧嗒一声，有东西掉在地板上，他知道小约翰将雪茄砸在了什么地方，或许是电视，或许是茶几，或许是他们挂在墙上的合影。

艾楠瘦了一圈，胸都小了下去，胸罩里松松垮垮。她说最近工作很繁重，一个人管很多活动，且和男友进入第三个月的冷战。陈麦见她果然一脸痘痘，就笑她是憋的，让她先刮个痧去去火。艾楠报复似的咬着他的嘴唇，腿紧紧地勾住他，说你就是我的败火药，今天饶不了你。

“今天的你是甜的。”他说。他探到她的尽头，像踮着脚去摘一个苹果。

“你爱我，我就永远是甜的。”她的舌尖冒着火，吻着他的耳廓。

“我会的……”

“你上次说过，你说可能爱上我了。”

“嗯。”

“真的吗？”

“是吧？”

“那你说。”

“……”

“……”

“你希望我爱你吗？”他猛烈起来，想以此挨过这个问题。

“我该希望吗？”她不畏惧他的猛烈。

“你希望我就爱。”他咬住她的肩膀，既然没了男友，他决定给她留一串牙印。

“你想我就希望。”果然，她还是扭开了肩膀。

他只能遗憾地吻着她的脖子，但身体却凶狠起来，像要碾碎她一样。她害怕被人看见这串牙印，而他也没有权利留下这串爱之伤痕。

床呀呀作响，他听见血流过耳边，每根肌肉和神经都在战斗。炮火喷出，耳鼓嘶鸣，大地像波浪卷向远方，敌人像羔羊一样嘶叫，白光掠过平原，霹雳击在头顶。他呼吸停止，指尖紧绷，天灵盖隆隆作响，像要隆起一座山丘。他突然闻到了雨水，他睁开眼，见艾楠的眼泪湿了枕头。但他无计可施，只能紧抱着她，羞愧地吻着她的眼角，听任自己汩汩地流进土地，而这仿佛没个尽头，他感受着与她同步的震颤。他分不清那是她的高潮还是哽咽，他幻想他们的血管连在一起，他就可到她心里寻找答案。

“如果你单身，会娶我吗？”

“不嫌我老？”他恨自己的嘴。

她没有再流泪，只坚强地扬起了头，睫毛上泛着珍珠。“要是有一天你老了，我就踹你的拐棍。”

他伤心起来，不忍离开她的身体。“遇到你，我觉得很幸运，也很惭愧。”

“你就是老了，你也还是我的，我会把你写下来，留在我的故事里面……”

也许是为了报答，他又要了她一次，直到把她折腾得求饶了，他才硬邦邦拔了出来。艾楠欣慰地缩在他怀里说：“唉，不要说了，说了就带着假，我知道你在意我，你也知道我在意你，就够了。奢望太多，痛苦也就多，就像它，要的多了，它会肿会疼，好像我欺负了它一样。”

她的手机在包里忙碌地叫着，像藏了一只鼓噪的麻雀。陈麦看着天花板，与你无关，与你无关，与你无关，与你无关……一个声音在他心里反复地念。

艾楠听了电话，半分钟不到就挂了，随即爬到他身上，数着他鼻子上的黑头，不知从哪里变出一个小镊子，一个个为他摘去。她晶亮的眼睛专注地看着他的鼻子，像要用眼睛拔出它们。他闭上眼任由她摆布。艾楠忙活完了躺在一边，摊开一张纸巾给他看她了不起的成就。

“如果我嫁给了你，会是什么样子？我们会幸福吗？”她躺下说。

他犹豫了十几秒钟，故意看了下手机，好像要看时间一样。等他想回答的时候，却见艾楠已经沉沉睡去，打着微微的鼾，胳膊时不时紧抽一下，像在梦里受了惊吓。

7

大兴安岭已经烧了半个多月，千里之外的阳关热浪腾腾，人们聊的是火，看的是火，认定阳关是被烧热的。陈麦他妈坚持认为是那个分不清人种的费翔唱那《冬天里的一把火》招致的这场火灾，她一听陈麦唱那一把火就嘬牙花子，让他赶紧闭嘴，生怕他把前屋后院都唱着了。

这半个学期异常平顺，二巴图没来寻仇，学校里无人挑衅，陈麦有幸天天向上。高考临近，老梅二哥住了校，一天只睡三四个小时。这人的抱负和做事的果决令陈麦佩服，觉得他早晚会是个了不起的厉害人物，他要是混在街头，自己绝非对手。

这天上午，他刚收拾了一个家伙，抢了把崭新的蒙古刀，回来赶上马大葱念成绩。破衣烂衫挂着血的陈麦同学溜到后排，一抬头，见大家都像看鬼一样看着他。马大葱表情严肃地说：“躲什么躲？知不知道你干了什么？”

“嗯？马老师……我，刚才摔了一跤……没干啥啊？”把刀塞进课桌，他怯怯地笑。老梅略带嗔怒地看着他，指着自己的左脸，他会意地擦去了一点血痕。

“你站起来！”马大葱带着愠怒。他忙站起来，腿上一疼，那里被人踢了一脚。

“同学们，为陈麦同学的进步鼓掌！”马大葱鼓起了掌。

掌声如雷，陈麦见老梅伸出两只漂亮的手，做出了“十三”的手势，他才知道是怎么回事。

“不好不好，我还以为前十名呢。”陈麦嬉皮笑脸道。

全班人大笑。一千度近视的刘军发着怪声说道：“扶犁黑手翻执笏！你干脆考第一算了……”

一旁的老梅听见了，用削尖的铅笔扎他的细腰。刘军痛极大怒，回头要打。老梅挑衅地翘起下巴。刘军不比二巴图，想到这个女孩子后面戳着陈麦这个恶霸，活活忍了。

陈麦刚回到座位上，老梅就飞来一物，是个叠得方方正正的手帕。老梅示意他擦擦脖子，陈麦微笑着用衣服袖子擦了，夸张地用手帕在额头上沾来沾去。老梅见他不舍得用，像揣宝贝一样揣进了怀里，羞羞地笑了。

课后，马大葱叫他去办公室。陈麦有点发怔，她多半年没这么干了，那件事过去这么久了，想必她忘了吧？

他去敲门，心怦怦跳，虽然抻着劲儿，仍然砸出不小的声响，把自己吓了一跳。门猛地开了，像要蹿出什么，出来的却是绷着脸的关华。陈麦忙打招呼，可这人目不斜视嘎达嘎达地去了，铁掌刺耳地响着，左右分明，听着像个瘸子。马大葱盘着胳膊，看着窗外的花，像他没有来过一样。

“陈麦，我就要走了。”马大葱微笑着把陈麦迎进门来，关好了门就说。

“嗯？您什么意思？”原来是这事，他放松下来。

马大葱仍按着他的肩，示意他坐下。陈麦见她满眼的微笑，就乖乖坐了。她坐在他对面，像要宣布一件大事似的靠近他，轻轻地说：“陈麦，我要走了，要去日本了，去筑波大学，市教育局安排的，这都要感谢你和你那个朋友。”

“哦？欠揍的刘副局长是吧？好事啊……”一提到那个挨揍的刘副局长，她立刻羞愧起来。他忙换了话题：“那个，您什么时候动身？有什么需要我做的？”

“也没什么……”马大葱盯着他，眼睛一眨不眨，好像早就说过了什么。

“马老师，那一次……我碰你……对不起……后悔死了……”他还是决定说出来。

“……没什么……那次你差点吓着我，但我没事，真的，我还担心你，怕你承受不了，你才多大啊……后来你还帮了我……陈麦啊，我都不知道该怎么谢你，就和你说实话吧。”陈麦失望地看到，马大葱在说那件事的时候，并没有他想象中的难堪。

“那就好，我一直想和你说……那就好……老师你该信得过我，去年的事除了我、老梅和大龙，再没外人知道，我答应你的事一定会做到的。”陈麦坦然起来，心想她不在乎，自己也就舒坦了。她盼着这一天不知多久了，为了能出国，赔上了身体和孩子，这么漂亮的女人，真是可惜。

“陈麦，我不打算回来了……”

“哦？什么？你是说……就留在日本了？”他惊讶不小。

“是的，我已经约好了那边一个朋友，一边学习，一边做点什么，争取能留在日本。”

“嗯，这是好事吧？听说上海那边的人都以能留在日本为荣呢……我应该祝贺你吧？只是，这是不是叛国啊？”

马大葱没有回答，她低下头，握住了陈麦的左手。她的手热乎乎的，不像老梅的那般冰凉，也更细腻柔滑，柔软如他妈新买的羊绒被。陈麦紧张起来。

“陈麦，我住的地方还有很多东西，我只能带走一点，很多书和摆设，你和老梅要是用得上，就都拿走好了。我还有一辆半新的自行车，就送给老梅了。我父母都在包头，这个消息我还没告诉他们，怕老人接受不了。”

“嗯，你先别急着送，我先帮你看着，你要是中间回来了还能用。”陈麦被她摸得出汗了，马大葱觉察到了，便松了手。

“嗯，我半个月后就走了，也就不和同学们打招呼了，这之前你看什么时候有时间，你和老梅去我那里一趟。我走之后，学校给租的房子也就退了，拿不走的，你们卖了就好，也不值什么钱，我到了那边，一切都重新开始了……”

“马老师，关老师他……”

“嗯，他是个好人，但不适合我。”马大葱笑了笑。

马大葱站起来，把头发拢了一下。陈麦注意到她的脖子下方有一颗绿豆般大小的痣，这个女人的秘密就像这颗痣一样，藏在若隐若现的角落，在不经意之间反而看得真切。他又抬头看她，她却看着窗外，身子又像上次那样斜靠在桌子上。她的头微微扬起，眼神像一只要飞出笼子的鸟那样满含喜悦。陈麦第一次见她这样放松，觉得她很真实，也很美，谁会不对这样一个羽衣如此美丽的女人动心呢？

“……陈麦，我和你说，你和老梅……你可能以为你们会永远在一起了，是么？”

“是的，我没想那么远，先想着以后能天天在一起吧。”

“陈麦，这是好的愿望。你可能还不知道爱情究竟是什么。你个性强悍，内心深处的欲望很强大，你喜欢一个人的时候可以不顾一切，有着以火焚身誓不罢休的勇气。这勇气也许会让你所向披靡……但爱情是短暂的，别去期望天长地久，让自已徒增烦恼，随缘而安吧……”

她缓缓地说着，丝毫不像讲课时那样捏腔拿调。他静静地听，每一个字都清晰地印在心里。她的真诚打动了他，在感情上，她定有很多的故事吧。

“马老师……我能为你做点什么？”

“你已经做得够多了……写首诗送给我吧……”马大葱帮他整了整衬衫领子。

多年之后，小约翰说起陈麦和大龙卖红薯的事，仍然赞不绝口，认为他早在《公司法》没有颁布之前就掌握了股份合作和规模经营的秘诀。陈麦找到了熟悉的那个卖红薯的，发动他全家妻儿老小齐上阵，附中、十八中和三十六中门口各放一个桶。陈麦负责形成垄断，和卖红薯的约定二一添作五，算是一分不花就入了股。他和大龙带着狐朋狗友，用了一周时间去恶心其他卖红薯的，不打也不骂，就往人家炉子里扔一串鞭炮，或是装满水的塑料袋。放学时一锅红薯正烤得热乎着，被他们来这么一下，要么炸个满锅飞，要么就都夹生了。烤红薯的都像他们的产品一样，外边焦黑，里面稀松，知道这帮流氓惹不起，没几天就推车溜到别处去了。

大龙一清点，发现收入比陈麦预料的还要好。每个摊子一天的收入几乎可以上百，去除生红薯和蜂窝煤的成本，再减去烤红薯师傅一家人的酬劳，几个烤红薯的摊子，陈麦和大龙竟能分到将近六十多块，那可是陈麦他妈半个月的工资。

“真他妈的来钱，咱要不就干这个好了？再到各处开十几个？”大龙欣喜若狂地说。

陈麦贬斥了大龙这没出息的想法。说这不是挣脸面的事，你能养你妈就行了。

瞬间成了暴发户，陈麦自是得意，没事就带着老梅下馆子，专拣贵的吃。他又给她买了好几身阿迪达斯运动服，自己则受港片的启发，和大龙各买了一身黑西装和白衬衫，配上黑墨镜，军绿书包换了黑皮包，唯一不变的是鲜红的皮鞋。走进校园，他活像海峡那边来的歌星了。

陈麦眼看着马大葱在讲台上眉头舒展，形容亮丽，连胸脯都撅起来了，明白是快乐所致。可这样一个美丽女人一去不回，八成会让日本鬼子睡了，把肚子搞大弄出一串杂种，他又觉得很不是滋味。

马桶和萎瓜每天蹭着他，想撺掇这个大款给他们也买一身行头。陈麦一毛不拔，说你们得寸进尺，每天白吃红薯也就算了，还惦记着我的钱？我的钱还要孝敬老爹爹呢。

陈麦他爸腿脚坏了，坏得毫无预兆，反正睡醒觉就瘸了。医院诊断是重症肌无力，治不好了。老头子见自己渐成废人，又开始拼命抽烟。他妈身体倒还硬朗，天天劝老伴儿宽心。陈麦时常搀他去散步，父亲的眼泪常掉在他手腕上，滚烫滚烫的。

一个好轮椅二百多，陈麦眼都不眨就买了回来，还抱回来各种补钙的营养品。父母以为他打劫了。陈麦将他卖红薯的事从实招来。他爸以为儿子是为了他才下海的，感动得老泪纵横。陈麦情知老头想岔了，也不说破，此时倒还有些感谢大龙。本来只想帮朋友，实际也帮了自己。

旧城传来重大消息：二巴图一帮人被揍趴了。马桶兴高采烈地来报告。陈麦颇为纳闷，他和小约翰，以及三十六中的“老妇女”等流氓团伙都没有发动对二巴图的战争，他是被谁揍的呢？还有谁敢去惹这个家伙呢？他令人速去打探，此事蹊跷，必须弄明白。

小约翰派了个叫朝阳的来到附中，陈麦如临大敌，以为是下战书的，一问才知道是送情报的。朝阳说二巴图等三十多人是被来自新疆的两百多人揍了，众兄弟哄堂大笑。陈麦忙问原因，送情报的朝阳很是镇定，一五一十说了个明白。

近年来，有一种地表植物成了昂贵的食物，这个植物就是发菜。据说广东香港那边很喜欢吃这东西，因为它和“发财”谐音。这东西主要产在内蒙西部和甘肃中部，周围几省的农民一到时候就满地去挖，人多菜少，挖着挖着就挖到一块，挖到一块就打到一块，矛盾和冲突出现了。据说新疆农民吃了亏，于是组织力量东进，一顿棍棒将阳关人打跑了。但阳关人贼不走空，撤退时连夜端了新疆人的存货点，抢跑了他们挖了一周的半吨发菜。两百多新疆朋友吹着胡子，穿着皮褡裢，顶着小花帽，拎着大棍子，坐着火车就到了阳关。一出火车站，他们见人就打，满街祸害。二巴图的人素来在火车站混营生，收着不少小摊贩的保护费，自然要站出来抵抗，但他们如何打得过这么一支红了眼的混血人种。二巴图倒不是个㞞人，举着蒙古刀冲上去，险些成了烈士，他一条胳膊被打断，脑袋也被开了花，要不是他的兄弟手快，这条小命就算交代了。

新疆来的朋友们初战全胜，也不往城里打，就在火车站边上一个小公园驻扎下来，竟自带了帐篷，打出横幅要求阳关市交出被抢走的发菜，否则就没完没了。警察开始还围着，想收拾他们，但高层领导似乎在谈判，怕引起民族纠纷，就只围不打，准备以逸待劳，等他们没钱没粮了再说。但新疆朋友发挥了极强的生存本领，搭炉子支灶烙起了馕，炒起了大盘鸡，每天弄得炊烟袅袅，俨然扎在火车站不走了。

不用商量，陈麦让来人回去告诉小约翰，以前的仇先放下，这事大家一起干，来个联合反击。不是为二巴图报仇，而是这口气咽不下，怎么能让毛子打到家门口来呢？咱们还混不混了？政府惮于民族问题不敢动粗，我们怕谁？别说混血的，就是白种毛子来了也照打，管你谁对谁错，来了爷家，容不得他们撒野！

小约翰当即同意，他去联络旧城的愣三毛、白新宇、赵小牛等几伙力量。陈麦就找老妇女和吴群立、老巴特等人，他还顺便让人给二巴图也过了个话，说你要是没被打残废，这一场反击欢迎你也参加，这是无产阶级流氓战略联盟，你我的小事以后再说。

二巴图派人回复：我的人全体出动，不惜代价，必报此仇。

晚上十点，新华广场上推来一个卖红薯的摊子，过了一会又来一个，没多久就来了五六辆车，上面的红薯满当当的，汽油桶烧得红彤彤的。推车人排成一串，互相打着招呼，很快就知道是那个叫陈麦和大龙的小老板召集他们到这里的，听说要发红薯，可是，人呢？

过了十一点，广场的灯光就暗了，流动的警察回家睡老婆去了。一支支自行车队进入广场北面的花坛前，先是十个八个的，然后一二十个的，不到一个小时，竟来了三四百人，他们都戴着军帽，穿着胶鞋，身上挂着稀奇古怪的武器，有马刀和菜刀，有铁棍和长矛，也有擀面杖和铁水管，甚至有自制的狼牙棒和双截棍。他们共同的行头是一根火把和一副口罩。这些稀奇古怪的人并不喧哗，都悄悄地挤在一起抽烟，说话小声小气，因为就在不远处的纪念碑下，他们的老大们正在开会。

“弟兄们都带口罩了么？”陈麦问。

“带了。”

“都带了。”

“我们带的都是粉红花的口罩，行么？”

“操！你戴粉红口罩干吗去？扮二尾子去？这点东西还要贪便宜，真给爷们丢人。”众人低声嘲笑着老妇女。

老妇女手一摊道：“一个兄弟带来的，他妈是毛纺厂的呀……”

“那也分啥时候啊！这时候不能露怯，该花钱就花啊。”

“我们哪有你们有钱？我又没收人家保护费……”

马桶过来报告，各路好汉都到了，一共316人，大小力量十几支。陈麦让他召集头目们，大家都有头有脸的，别怠慢，让大家都去吃红薯，我和大龙请客。一身黑衣的小约翰和吊着胳膊的二巴图见面握了个手，互相递着烟，看上去诡异得很。小约翰点着了烟，却递给了陈麦，陈麦接过来便抽。吴群立又点了一支烟给小约翰，大家很快默契起来。

“这一架咱不能输，因此要打得有想法。别看我们人多，对方却不是吃素的，都是敢玩命的，我们各自为战未必讨到便宜。我建议行动由一个人说了算，大家都听他调度，集中火力，进退有度，这才有必胜的把握。”陈麦摊开一张地图，用一个手电指着方位，上面有他标出的新疆人露营地的位置和描述。

众人点头称是，纷纷看着小约翰和陈麦，二巴图栽了面子，不会有人建议他当头，但他打了头炮，大家又对他很尊敬。

“我看就让小约翰说了算吧，他脑子好，这种情况不容易乱。”说话的果然是老妇女，一个才十九岁就长成三四十岁妇女模样的家伙。他自幼习武，但脑子笨，打人只会打脸，你要是在三十六中附近看见谁的脸肿得像猪头，那一定是他的杰作。

“他当头可以，但既然大家合作这一遭，就算是联合抗日了，要把丑话说明白了。我的一帮兄弟三天前在公主府被人揍了，是小约翰的人干的，揍了也就揍了，你们还把车子都抢了，这事有点过吧？爷们在保卫阳关，你们抄我后路，这一场仗你当头爷没意见，你有这本事。但是爷要说服兄弟们让你带头，你得给个说法。”二巴图言简意赅，竟无废话。陈麦不由地点了点头，这家伙还是有些脑子的。

“这事我知道，拿你们的车子，今天全带来了，还给你。你的人收我那几个卖烧鸡的小贩的保护费，说过两次他们还来，不打起来才怪。谁对谁错也不说了，你既然提了，我就给个态度，车子还你，那三个卖烧鸡的保护费以后给你收，怎么样？”小约翰似乎早准备好了答案。

二巴图狐疑地看着他，说好意心领了，你的烧鸡还是你留着好。我正在收两个报亭的保护费，你还没有收他们的，但他们仗着你撑腰，我有点头疼。你给打声招呼，我每个月不多要，一个亭子五块，怎么样？小约翰立刻点了头，伸出手，二人握了一下。

“小约翰，你们俩了了，你我的事怎么说？”陈麦心里佩服着小约翰，但嘴上仍然带着怨恨的味道。

“你既然来了，我敬你一马，上次把你打了一顿，你有三个办法可挑：第一，打我一顿，我不还手；第二，你说个价，我给你钱；第三，让我请你喝酒，喝倒为止。怎么样？”

“你这些办法我都不稀罕，我还有一个办法，这事完了，你我单挑，然后再喝酒，怎么样？”

“愿意奉陪。”小约翰微笑着扔给他一支烟，陈麦一把接了。

“咱俩的事呢？”二巴图斜眼看着陈麦说。

“我俩好办，因为该咋办还咋办，你这次要不被打死，我就一直等你。”陈麦不想给他台阶下，这么多人在，别拿他太当人。

“行，这次你也小心点，留着那条腿我来打断。”二巴图一身是伤兀自强悍。

“算了，我想定个规矩，这一仗之后，大家以前的事一笔勾销，谁再找以前的茬，我们就一起打他。新疆人未必一仗就败了，不能仗没打完我们就内乱，大家看怎么样？”小约翰又撕开一包中华，把二十支烟一把抓出来伸到中间。陈麦先拿了一根，然后是吴群立，然后是老妇女，然后是二巴图，十五个头目都拿了烟，这就算是承诺了。

小约翰在图上画着，写着每个老大的名字。大家三路进攻，陈麦带附中和吴群立的三十六中帮、十九中的“铁黑帮”进攻小公园西边，把火烧起来。二巴图带着回民帮和金城帮等三支队伍进攻东边，如法炮制。情报说明，新疆人的吃喝和棍棒都放在东边一个帐篷里，浇上汽油，务必一把火烧光。两边的进攻先只烧不打，保持距离扔砖头，对方应该会分散两边。小约翰带着旧城帮和党委大院帮以及白新宇帮和愣三毛、赵小牛帮进攻中路，火烧棍打，将对方一分为二，来个彻底的中心开花。本次任务以将他们彻底打散为目的，让他们没吃没喝没得住，成了街头盲流，警察就出师有名，出面好收拾了。

陈麦特别强调了一句：别把人打重了，尤其不能死人，否则大家都跑不了，最高底线是打断一条腿……大家别饿着肚子干活，红薯摊子都支好了，今晚随便吃，算兄弟的一点意思。

月光下，三百多辆自行车分三批行动，一串串出了广场。他们悄无声息地在路灯下奔向目的地，路上只有自行车轮发出的嗡嗡声。陈麦带第一队走在最前面，回头一望，见后面车轮滚滚，好汉成群，他心里就豪迈起来：

三百壮士，蒙面飞车，夜半奇袭胡营去；

四方豪杰，笑赴沙场，黎明血祭梅花开。

这诗他又觉得不太吉利，把老梅带进去沾了血，总觉得不祥，且新疆人算不得胡人，但是改已经来不及了，前面就是小公园。

三百壮士分头进入出发地带，放下自行车，掏出火把，浇上汽油，悄悄准备好武器，就等小约翰一声令下。

小公园安静得很，几十顶帐篷披着月光，有些还亮着灯。陈麦抬头看了一眼，满月如盘，星光隐隐。他深吸了一口气，心中涌动着豪壮和幸福，他体会到了老梅大哥的气概，他决定在这一战之后，再找这样一个满月日子，温柔地要了老梅。

第六章

· **少年陈麦：**一生之敌

· **青年陈麦：**天蝎座的爱情

· **警察陈麦：**我的手心灼热，我的枪口冰冷

1

骆驼丢了。

“什么意思？啥叫人丢了？是丢人了还是人丢了？”陈麦惊讶地问涌进宿舍的一群人。睡得懵懂的老六抄起了棍子，以为是来打群架的。打头一人头重脚轻，肩膀不宽，头却长得豁大，像菜地里的油葫芦，正是本班辅导员梁汉辰。此人一如既往地故作高深，眉头紧锁，过大的黑框眼镜像舞台道具，几乎压塌那短小的鼻梁。他绷着脸背着手进了屋，像县委书记来对灾民讲话。想是他太欲营造不怒自威的姿态，就忘了事先组织好的一番话，干瞪着陈麦，却半天没吐出一个字。孙班长等几个班干部原本受了感染，也个个摆得神态庄重，见排头兵稀松了，孙班长就扒着床边说：“骆驼丢了。”但这么一句没头没尾的话让梁汉辰很不满意，就露出愠色来，他拉开孙班长说：“她给我留了张纸条，说她走了，就此和老师同学告别。我们到处找她，宿舍不在，校园里也没有，我们想发动大家去山上找找，怕有什么闪失。去之前，先来问问你知不

知道。”有人抬轿子，梁汉辰迅速找回了感觉，用他浑厚的男低音说。

“这他妈关我屁事？”陈麦险些脱口而出。但这毕竟是辅导员，陈麦铁青着脸忍了，只摇头说不知道，他顺手点上根烟，也不穿衣下地。

“去吧，你去了，没准她就出来了。”梁汉辰似乎洞识了他的心思，略带安慰地拍了拍床边，温和地说。

“走吧，大家一起去吧，这鸡巴不行，好赖都是自己同学，别让人收拾了，咱反正也睡不着。”老二已经起来穿衣服。兄弟发话了，众人就纷纷穿戴起来。陈麦知道呆不住了，跳下了上铺。老六兴奋得满脸放光，挑选着武器，最后从床底下操起一根棒球棍，说没准又要进村，再揍那帮山货一回。陈麦嫌他无聊，一把夺了过来扔下。

“陈麦，你说骆驼会不会给山后的农民给捆了去了？早知道这样，去年你真该办了她，这不白便宜了农民吗？”老六瞪着小眼说。

“这鸡巴不行……大半夜的上山，黑灯瞎火把脚崴了咋办？骆驼这事做得奇怪，给梁老师留个条，不是和梁老师有一腿吧？”老二唧唧歪歪道。

“你说这梁汉辰脑子是不是进水了，怎么能想起来上山找呢？骆驼虽然猛些，但不至于半夜去爬军都山吧？我们一个系的人撒上去也不够啊，男男女女上去，骆驼没找到，别黑灯瞎火自己出了事。”老四斜叼着烟卷，一边说竟照着镜子打领带。

“老四你梦游呢吧？上山找人打什么领带？”老五纳闷道。

“要做个好律师，就得从现在开始衣冠楚楚，无时无刻……”老四眯着眼，一副得意相。

“傻逼！你快赶上咱们系贾银主任了，听说他蹲茅坑都要西装领带，否则就会活活憋死。”老大呵呵笑道。

“那算啥啊，你听说咱们系窦老师的笑话吗？后半夜一屋子都睡着，他腾地坐起来，光着膀子打领带，然后和兄弟们说：咱们现在……开个会。”

“都别废话了，快走，早把骆驼找着，早回来睡。”陈麦皱着眉拉开了门。

几十个人已经等在楼下，有人还点了火把，弄得像要大干一场似的。陈麦摇了摇头，心中叫苦。

“操，这阵势真鸡巴行，咱这是去山上救人……还是……还是去村儿里打劫啊？”老二结巴道。

陈麦吸了几口入秋的凉气，把心定了下来，随着众人来到山下。今晚竟是十五，月亮如一面闪亮的盘，圆润地嵌在天空，连点光晕都无。军都山被照得雪亮，像一丛丛舞台上的假山。这剔透的月光让陈麦清醒，也颇无奈，这么美的月夜，却要去干这么件荒唐鸟事。

骆驼绝不会有事，这不是个为了感情能想不开的人。骆驼那丰满的身体里带着与生俱来的唯恐天下不乱的秉性，让这么多人大费周章，或许正合她意。众人怪叫着上了山，队伍哗地乱了，他终于脱身出来，悄悄退下山路，独自走到山脚下，那里有个破烂的亭子。他宁可在那里欣赏这山月同辉的景色，也不想凑这莫名其妙的热闹。

盘山公路兜转而上，像一条蜿蜒的蛇，在月色下斜斜地滑进深山。山巅的人影忽上忽下，忽隐忽现，火把拖曳着弧光，像鬼火飘在半空，清晰的喊声回荡着，骆驼的名字盖了满山。这带着诡异的夜半，让陈麦恍然堕入幻觉，觉得自己变成了藏匿在戏院里的幽灵，正躲在暗处看着舞台上花枝招展的表演。他又觉得像卡夫卡笔下的K，在黑暗的小道上揣测城堡上那盏暗暗的油灯。这一刻的世界只属于他。他坐在长凳上，悠闲地把腿搭上栏杆，裹紧皮夹克，决定就在这里抽上几根烟等着。

四周太静了，静得让他压抑，连吟诗都没了兴致。抬头一看，人们已消失在山顶，想必是非要去十三陵水库搜上一圈吧？陈麦想自言自语，打破这心慌的寂静，但说出的话含混晦涩，词不达意，只言片语得不成句子，像被鬼魂附了体，争着用他的嘴对话。

一层疙瘩泛起，他闭了嘴。周围猛地一黑，他的影子不见了。抬头看，一大片黑云吃了月亮，夜将山下淹得不见五指。周围有隐约的响动，像风钻过灌木丛，又像小虫在轻声低语。四顾如墨，万籁无声，这陌生的恐惧细密地钻进他的身体，把一身热汗黏黏地逼出体外，在厚重的皮夹克下面凝露成霜。好冷的夜。

校园近在咫尺，山上的人也不过走了七八分钟，而他却觉得过了整晚，一个激灵便来到世界的边缘。要是辛兰在就好了，可以抱着她说些阳光下说不出口的话，他胡思乱想。上次村里一战的偷偷一吻，必是吻进了她的心里。虽然郭宇也表现不俗，但天平显然倾他更多些。可是，那之后却又回到了原点，像什么都没发生。郭宇也沉默了，继续夹着他的书默默独行，换了条黑色的薄围巾。

和辛兰在教室见面，她只问了他的伤，并不提别的事。他的计划里没有这个状态，因此没法应对。这感觉猜不透，问不得，问了像是示弱，不问像是胆怯，不搭理像是糊涂。就算他和郭宇未分高下，辛兰会不会已有决断？算了，不想了，越想越头疼，这夜这么冷，想点高兴的不好吗？比如……

"陈麦？是你么？"

陈麦惊觉地跳起，寒毛倒竖，肾上腺素闪电般涌上了头，连眼睛都亮了起来。他看到黑暗中游蜉在飞，看见藤蔓在悄悄伸展，一只蝴蝶飞过一道灌木，忽地就消失不见。他呆立在那里，像被女鬼定住的书生。这声音从身后传来，像辛兰，可怎么可能？后半夜的军都山下，来找骆驼的荒唐的路边的一个无人光顾的小亭子边，怎么会传来她的声音？

"陈麦，是你么？"

这是她的声音，没错。月光又洒了下来。

"你……辛兰，你在这干什么？"

辛兰款款地走进月光，像怕惊动了黑暗。她从亭边一块刻着字的大石头边绕过来，扶着柱子登上木阶，走到他的眼前才慢慢抬起头来。她面庞清丽，柳眉婆娑，黑眸在月光下闪闪发光。这张脸真实得有些陌生，不笑不怒，不愠不嗔，嵌着她精致的笑，那眼神像送给他的一份礼物，神秘中带着诱惑。

辛兰仰头看着他，像看久未见面的恋人。陈麦想说些什么，却被她无声的凝视逼退了。她站得如此之近，鼻息都拂到了脸上，温暖带着湿意。他不知这是为什么？这是怎么发生的？事后他该如何诠释此刻的感受，他只是记得，辛兰的一只手轻轻揽住了他的脖子，和第一次一样，他只来得及把双手放在她腰上，辛兰的唇已经覆盖了他的世界。

闭上眼睛，他听到了月光的声音。它们驱散黑云，从天而降，落在他微凉的头顶，像化成雾气的冰魄，在他耳边融化，舌尖如火焰般跳跃，爱意嘶嘶作响，月光正在将人间每个骤然发生的爱情照得雪亮。

“怎么了？”

辛兰把头扎进他的怀里，双臂环抱住他的腰。他睁开眼，听见自己问了一句。

“你到底喜不喜欢我？你送我的词里明明说着别的女人……”辛兰仍低着头，她火热的脸颊紧靠在他的皮衣上，温暖透进他的胸膛。

“你先告诉我你怎么在这里？”陈麦捧起她的脸。她闭着眼，任凭他把脸颊捧在手心。“或者说，你是不是曾经喜欢过我？还是只喜欢和别人争我？”她闭着眼继续问，像是没听到他的问题。

“你怎么了？这不像你，你到底怎么了？”陈麦有理由相信，辛兰出现在这里，莫名其妙地扑到他的怀中，必定有着他不敢正视的理由。在没把它弄明白之前，回答她的问题有些愚蠢。

“这才是我，我不在云里，就在这里，你错了……这不是你，你是想要我的……我知道。”辛兰像自言自语一样，又扎进他的怀里，像要钻进他的心窝。

陈麦摸着她的头发。是的，这才是她，也许平时所见的她，不过是她装扮出的世故样子，白昼之下，谁又不是如此？世故？放浪？薄情？冷漠？这些词汇或许都沾边，但用在她身上又觉得有失公允。

“你觉得我是什么样的？你真正地了解过我么？你可能已经了解了郭宇，可你了解我吗？”他抱紧了她，用下巴顶着她的额头。

“你就像藏在贝壳里的蟹，我想了解，却只能碰到你锋利的钳子，于我，除了你的武器，就是你坚硬的壳，一会儿像火，一会儿像冰。”

“我……难道？你一直都在观察着我？”

“是的，每一刻。”辛兰的手像一条冰凉的小蛇，不经意间已经潜入了他的衣服，在他背后摩挲前进着。

“我怎么不知道？”

“你的眼神都在别处，你的笑容都给了他人，我无法靠近你，靠近你，我总怕自己会体无完肤。”

“我竟是一只豪猪么？”

“是的，你是一只周身尖刺、身披烈火的豪猪。”

“那我也要拥有你，在我眼里，你就像树梢的一缕轻风，捉不到，听不着，只能在你从我发梢掠过时感受到，我宁可折断这些坚硬的刺，将火焰逼入心里去燃烧。”

“你不喜欢我的，你喜欢的只是一个影子，我知道那不是我。”

“我已经要爱上你了。”

“不是的，你只是想得到我，为了得到我你可以不惜代价；但是得到了，你就会轻视我，折磨我，甚至抛弃我。”辛兰伤心起来，流下扑簌簌的眼泪。

“我……我怎么会是这样的人呢？”

“你就是这样的人，天蝎座就是这样的人……”

“我不信这些东西，这无非是西方的八卦。”他挥舞着双手，好像能让她收回这话似的。

“由不得你的，但即便你是这样，我也愿意和你一起，就算烧成灰烬，化为齑粉，陈麦，你想和我在一起吗？”

“当然，我亲爱的，我每一秒都想和你在一起……”

“可是，你只是口口声声说喜欢我，你为我做了什么呢？爱不是嘴上说说就可以的呀？连小王八蛋都时不时给我送本书，写封信，下雨的天在楼下等着给我送樱桃，你呢？你为了你的面子，都快装作不认识我了。村里那场战斗，你千万不要以为是为了我，那是为了你自己的尊严。”辛兰耸着肩膀说。

陈麦突然无话可说，于是他走到她眼前，爱惜地捧起她的脸，鼓足勇气想轻轻说一句爱她，但辛兰的脸颊迅速枯萎，变硬变冷。他的右耳发出爆裂的声响，脸上像是挨了一砖，将他砸向地面，却落不下。他像跌在了一片坚硬的风上，或在一张阿拉伯飞毯上，飘飘忽忽地飞出了亭外。亭里的辛兰淡然而冷酷，恶狠狠地看着月亮，她在月光里如鬼似魅，像飘来的小倩。这情形美丽而诡异，而他只能越飘越远，直到左脸和半个身子撞到了什么，眼前迸出一片灿烂的星，他才顿然清醒。

“陈麦，你丫干吗呢？被女鬼扑了是吧？不跟着大伙上山，三更半夜在这里满地打滚？”

拨开满脸的灰土，陈麦仍在恍惚，一股冰凉的风灌进他敞漏的脖子。老二和老六一前一后走来，笑着扶起了他。

“你敢在这做梦啊？骆驼的安危事小，你被这周围女村民先奸后杀事大，你难道不知道咱们学校周围村子里的寡妇多么？”老六给他点上一支烟道。

“这鸡巴不行，寡妇给他还便宜了他，就怕是被一帮久旷女鬼给吸得精尽人亡，一命呜呼，败坏了咱们宿舍的名声。”老二冻得直哆嗦，手插在裤兜里抖个不停。

“别扯了，快把大衣给我，冻死我了！要不是从长椅上掉下来了，我险些就睡过去。”

“那鸡巴更不行了，那成了悬案了，昌平公安局围着你勘验半天，肯定弄不明白这人干吗死在这。先要拉回去对你进行一番尸检，先扒光了，再把肚子剖开，喉咙和屁眼采样，之后不了了之，给你定个为情自杀，然后把你的眼珠子和两个肾都卖给医院，大脚趾上钉个铁牌就送了火葬场。你一溜烟就爬烟囱走了，法大多少女人要为此争风吃醋，茶余饭后，各路骚婆都发着祥林嫂般的感慨：这鸡巴不行，你说陈麦这个傻逼，走就走了，可他到底是不是为我死的呢？”

陈麦对这个荒谬的梦感到难堪，梦里的他在辛兰面前显得如此懦弱，说出来自是丢人。难怪梦里的对话酸得肉麻，像胡编的话剧台词。抽完那根烟后，他决定拉着两个活宝去大喝一顿。骆驼的名字又在山里回荡，那是他们回来了。他的心里仍被那梦境挤得满坑满谷，必须把他们倒将出来才算好过，今晚定要喝醉，一醉不用解千愁，就解这一晚的梦魇便好。

两个活宝当然乐意，且提出了明确的要求。散装啤酒是不喝的，最差也得是瓶装燕京，还要配花生米。这么晚的光景，西门的酒馆全都关了，他们绕过半个学校，来到东门南边那一排小饭馆。这里的小川味饭庄有一双姐妹老板，川中生人，为人豪爽，略有姿色，至今未嫁。不管多晚，只要敲门，大姐必开门迎客，高兴了还能请大家喝上几杯，这在法大早已成为佳话。

“陈麦，你说这小川味的姐妹花，哪个条儿更顺？哪个人更骚？”老六用牙咬开一瓶啤酒，熬得通红的眼盯着柜台前的老板娘。

“老六，你这鸡巴不行……咱好赖是堂堂律政学子，国之大器，别鸡巴动不动就硬了起来。想找条儿顺的，法律系有的是；想找人骚的，国经系一大把；想找又顺又骚的，管院一楼道。犯得着三更半夜在这两个用刷锅水洗澡的女人身上打主意么？这鸡巴不行……”老二撕开一包花生米，嚼得嘎嘎作响，指着老六做不屑状。

陈麦对姐妹花毫无兴趣。坐下喝了几杯，他仍陷在刚才的梦境里，或者还没醒来，凳子上只是一具肉身在推杯换盏，而那真的魂魄仍盘旋在月光之下，在漆黑冰冷的小亭子里徘徊。

见老二和老六没完没了地评论姐妹花的胸脯和屁股，陈麦扭过脸去，看着肮脏的玻璃窗外那冷清的街道。八达岭高速已经修了一年，路边立着破烂的铁皮围网，上面有涂鸦的裸体男女在交配，像远古的壁画。辅路上泥泞不堪，车辙深印，一条条反复倾轧，伸不出多远便被别的车辙替代，一辆拉土的卡车轰然驶过，又把那些车辙轧得七零八落。

陌生的感伤浮上心头，他无法道明。对辛兰的感情像是始终在这条泥泞的辅路上来来去去，而别人或许已经在高速上奔着目标极速狂飙。梦里的辛兰才是他渴望的样子，他多么渴望这个女人主动向他示爱，甚至屈服。为什么会在她耳边说出那么一句话呢？这说明了什么呢？

“陈麦，最近你有些不对劲啊？兄弟俩不是外人，跟老大他们不同，心里有话跟咱俩说说，是为辛兰吧？”老六递过一杯酒，带着早把你猜透的微笑。

“哦，没有啦，不是，嗯，不是……”陈麦还在情绪里晃悠，被老六一语点破，像被针头刺破的气球，心慌到处乱窜。

“你看你看，你只有这种事藏不住，他和郭宇打了个平手，正犯愁呢，老二喝酒，耶！”

老六和老二庄严地碰了杯。老六又说：“其实呢，我知道，辛兰也挺喜欢你的，本来是两块磁铁，烈火干柴，可是呢，你这人太装，非要屁股朝后，那磁极就反了，大好机会自己糟蹋了。辛兰是什么人？兵来将挡水来土掩的主，一般人武装到牙齿日夜猛攻都不一定奏效，你可好，两手揣兜里在那扮酷。郭宇扮酷，你非要比他还酷，这就成了上山不穿底裤——肯定扯着蛋了。你这做派对骆驼可以，对辛兰不行。对辛兰你要下猛药，别管是蒙汗药、迷魂药还是春药，总之得是猛药。”

“那兄弟，这鸡巴该咋办？”老二顿做小学生状，捏着嗓子问道。

“且听洒家道来，第一，对此女须有手段，要有绝招，不能欲擒故纵，需要欲纵故擒。老三你且听来，其他都扯鸡巴蛋，什么感情，什么情绪，什么误会，通通一边去。擒贼先擒王，泡妞先泡身，制造机会，图穷匕见，霸王卸甲，直捣黄龙，咔嚓一枪，红白立现……”

“可兄弟……你这办法听着……这鸡巴是强奸啊……这哪能乱来呢？老三有这器官，却没这心，有心也没这胆，有这个胆，这孙子也没这霸王经验啊。”

“且听洒家继续道来，你丫莫打岔。强奸乃法律名词，俗不可耐，手段虽强，但目的纯正。爱之博大，大巧不工，先斩后奏，亦不为过。以陈麦之尺寸，腾挪之矫健，就是灭绝师太誓死不从，最后也必是哥哥再来，老衲还要。以辛兰之本质，淑女外观，浪女胚子，尼姑架势，妖精真身，不动真格，难现原形。陈麦只需裤带松松，将之一棍打回原形，这一身郁闷、一脸大包便得解药也……”

“大师且慢，你丫只说了手段，该如何实施呢？咱总不能让他半夜爬上一号楼吹迷香去吧？你和田晓玲也没到这阶段啊？要去同去，我也顺一个。哎，陈麦，你说她们宿舍除了辛兰和田晓玲谁还不错，陈旭萧如何？我悄悄办了，也都算在你的头上……”

陈麦早听得铁青了脸，见老二这厮嚣张，一张色脸扮得栩栩如生，便伸出五指，一把将那脸按了回去。

“都他妈闭嘴，说的一套套的，你们先操作一次给我看看。老六你那叫把田晓玲上了？那是她把你当驴骑了。老二你不是喜欢法律系那个飞机场小妹么？都办一下给我看看，你们要是来个咔嚓一枪红白立现，我非把辛兰搞出孩子来不可……”

老六和老二这两个家伙猛地都噤了声，嘴闭得像王八盖子，却不是为他这狠话，他们都在看着他的身后。陈麦诧异地回头，只见脸色铁青的辛兰拉着郭宇的手，二人就依偎着站在他的身后……

2

陈麦关机谢客，打到家来也不接，只开着工作手机。小约翰执着地打到床头，他还是不接。马璐不知道出了什么事，又叫不动他，便和小约翰说他头疼上火带拉稀，总之是废柴一根苟延残喘了。小约翰也不说破，让马璐转告他，明晚在大龙处请文局和二巴图等一帮人吃饭，让他别误了。

马璐给他煮了点荞麦面条，就又要去医院陪孩子了。这些天情况好了些，医生说肿瘤可以采用一种新型的治愈方法，通过针剂注射，让肿瘤饥饿而死，饿得差不多了再打个洞一刀剜去，但因此住院周期要长一些。这些天一直是马璐的父母在陪护，马璐怕父母太累，今天就又去了。陈麦假惺惺地说要同去，马璐说你明天有那么重要的饭局，今晚就好好休息吧，孩子的病是个持久战呢，不急在这一时。

马璐在客厅里窸窸窣窣地穿着衣服，费力地蹬进皮靴，临走前还去厨房倒了点水喝。陈麦闭着眼靠在床上，一副劳累不堪昏昏欲睡的样子。他从每个声音判断着马璐的动作和表情，连她围上围巾的声音都听得真切。这些微弱却强悍的声音连绵地刺激着他，像用针在刺穿皮肤，直到她拿起钥匙出了门，那门咣地一声合拢了，他才喘出一口大气，睁开双眼。

马璐在下楼，声音由近及远，踩出噶嗒噶嗒的响。她的脚步声不徐不疾，步步清晰，这脚步在夜里传来，让陈麦涌动着暖意，又泛着愧意。秋已经深了，夜晚日渐冰凉，这个为了家庭默默奉献的女人，走进夜色时煞显可爱。而他却像一只若无其事的猫，偷吃之后，躲在自己的情绪角落里舔着华丽的毛。惭愧像潮水一样涌来，使他再躺不住，钻出被窝，快步走到窗前，撩起厚重的窗帘去看她的背影，可恰好她转过了楼房之间的拐角，只留下一个长长的影子，一晃一晃地消失了。

陈麦懊恼地拉上了窗帘，把睡衣穿上，像作决定一样把灯都打亮。点起一根烟，打开电视，正在播着一部公安题材剧。一个警察在里面正义凛然，看着像要大义灭亲，把他爹送进看守所。陈麦受不了主人公那做作的声音，觉得这演员把大义灭亲演出了性欲亢奋的感觉，他忙把音量拧到最小，看着舒服多了。窗户被风吹出了哨响，仿佛黑暗在向窗里进攻。他紧了紧睡衣，给艾楠发了短信，问她在做什么。十分钟过去，她没回。他不管不顾地拨了电话，不接。陈麦扔下手机，双耳嗡嗡，眼前浮起她和一个男人在床上忙活的画面。他越想越气，但又突然笑了，是的，多么可笑！还是老问题，这和你有甚相干？一次次想明白，又一次次变糊涂，真是不可救药。

手机响了，他一把抓过，却是小约翰的短信。“抱歉，兄弟，我昨天话说重了，别介意。明晚别误了。”他当然不会介意，这短信他也不想回，小约翰也不会介意。

艾楠仍没有回电。他看看表，她不会睡这么早。这令他报复性地想做点什么。想了他就动了，他飞快地穿上衣裤，拿起车钥匙下了楼。几只野猫在吃着垃圾，一架要降落的飞机慢吞吞掠过铁塔，消失在楼房后面。他开上街道，像被魔鬼牵着般驶去。从家里到“幸运星座”只有五分钟不到。小梅没有客人，他立刻让人把她叫来。

可是，当他看到她时，那股报复的冲动却没有了。她太过柔弱，眼神清如月边的薄云，她只轻轻说了一句：“刚还在想你，你就来了。”他紧攥的拳头松下来，自嘲般微笑了一下。

“加班了，睡不着，找你聊聊天。”陈麦坐进沙发，翘起二郎腿。

“看你眉头都要拧裂了，还聊天？心里有事吧？”小梅笑着端了一杯茶，红茶很香，或许裹了她的味道。

“你很懂星座是吗？”

“不算懂，没事就看看，和姐妹们吹牛用。”小梅侧脸看着他，等着他的问题。

“狮子座的人……嗯，我是说狮子座的女人，和我合适吗？”他喝了口茶，不知是不是脸红了。

“哦，狮子座么？也蛮合适的，但你们是阴阳性格的两极，吸在一起雷都劈不开，但你是至阴，她是至阳，在一起注定鸡飞狗跳，保持距离比如胶似漆好得多。”

“还有呢？”他点起烟，故意吸进一大口，噗地喷出来。

“嗯……狮子座女孩很自傲，也很博爱，爱你的时候能海誓山盟，但背着你和别人也能轰轰烈烈。你们这两个星座的占有欲都太强，也都太过自我，黏在一起，你们的爱能烧化钢水，冷在一处，你们的怨能冻裂海洋……”

“这都从哪看来的？准吗？”他刻意地大笑着，心里暗自吃惊。

“别打岔……”小梅翻看着手机，似是在看网页，“……狮子座的自我和热情不比你弱，她的阳光和你的阴暗刚好相克。久而久之，你们的猜疑和嫉妒，尤其是那种独占的天性，会慢慢蚕食彼此的感情。你要是爱上她，开始很快活，之后会比较惨，她留恋你，却不会在乎你。你可就不一样了，会痛苦得找不到北，拿人没招，只能举刀自裁。”

“呵呵，我还自裁？不裁人就不错了，谁也别惹我，没好果子吃。”陈麦故作轻松。

“你看，这就是你们天蝎男典型的话，喜欢人家，没有回报，就咬牙切齿的。嗯？你有很熟的狮子座女孩？”小梅捏着他的肚子说。

“嗯，没有，就是好奇……你最近生意怎么样？”陈麦不想说太多，就用一串咳嗽掩住了。

“挺好的，昨晚上好几起，被客人弄得腰都疼了，龙哥提前让我休息，怕我癫痫又犯了，还说你交代过要照顾我。”

陈麦不想和她谈这个，就去脱她的衣服。小梅一愣，知道说多了，就顺从地自己脱去。气氛一下子尴尬起来。

黑暗里，小梅低头就范的样子带着淡淡的忧伤。他摸自己的后背，感到一阵痛，仿佛皮肉里新长的大包被重重按了一下，这才明白自己仍被愤怒支配着。为那么多男人能够占有小梅的身体而愤怒，为艾楠被别的男人占有而愤怒，为自己能为这些莫名其妙的女人揪心而愤怒。这愤怒又加剧了疼痛，让他几乎流泪。小梅似乎有些害怕，走上来抱着他，一声不吭地把脸靠在他的胸前。疼痛中他闭上了眼，将她紧紧抱住，像抱住了水里的救生圈，用力得好像要揉碎她一样。他的脑海响起镶金边的喇嘛庙里浑厚的念经声，晃着无数颗锃亮的头。他在诵经声中直硬了起来，仿佛能击碎巨大的木鱼。他很想在众神之前杀个汁水横流，靡音漫漫，菩萨日罗汉，一日就一串。他抓着她瘦小的背，她肋骨柔滑，在他手里溜来溜去，他不忍去蹂躏她。

镶金边的喇嘛说的末日，也许明天就会来临。他今生不能了却的心愿，不能完结的仇恨，不能拥有的爱情，或许能在镶金边的喇嘛说的后世中得以轮回。他望着天花板上镜子里的自己，心一凉便软了，就慢慢坐去床边，低头不语。

小梅不明所以，悄悄地开始穿衣服。“你怎么了？”她摸着他的手问道。

他不回答，翻出手机，想给艾楠再发个短信，打开了却放弃了，却给小约翰回了短信：“明晚我准时到。”

“没关系的，你可能是最近太累了。”小梅怯怯地说。陈麦一愣，随即一笑，她以为自己是因为硬不起来才放弃，还在宽慰自己。

“我老了，想法多了……”

“你们天蝎座想法就是多，纠结也多，而且不管别人，沉在自己的情绪里自虐，喜欢从伤口上揭皮玩。这个星座代表着性和死亡，身体战斗力很强，但是身体不行了，很多方面都会有问题，尤其是脑子……”她似乎有意地用手掌抚弄了一下他那里，声音带着淡淡的甜味。

陈麦摸了摸她的脸说道：“你懂什么？等你将来嫁了人，慢慢地就懂了。”

“你又不要我了，这是你第二次放我鸽子。”小梅跪在床上，双手叉腰，撅着嘴，一副不满的样子。

“事不过三，下次一定收拾你。”没了性致，还疼了一场，他突然饥肠辘辘。他告别有点气呼呼的小梅，开车到新华广场吃东西，在摊上要了一碗馄饨。刚要吃，撞见了同来吃夜宵的小白和Daisy，三人立刻寒暄起来。

“师兄，怎么一个人来吃夜宵啊，嫂子呢？”小白的牙齿在夜里发着白光。他一身便装，背着吉他，定是带着Daisy去哪个浪漫之处装逼去了。

“她去医院陪儿子了，我睡不着，出来吃点东西，一会也到医院去。”陈麦一边说一边摸了几把脸，怕上面粘了什么似的。

“陈队真是个好老公，小白你可要学着点，我要是哪天病了，你会不会到医院陪我？”Daisy在陈麦身边坐下。她梳着马尾，穿着一件紧身的长款皮衣，这小妞的身材很是好看。他看了小白一眼，见小白痴迷地看着她，便知道这小子定是仍未上手。

“Daisy一天比一天漂亮了，小白你要赶紧，要不然哪天被局里的哪个王八蛋瞟上，你下手可就晚了。”陈麦吃下一个馄饨，咕噜着说。

“呵呵，是有计划呢，年底就结婚……”小白一脸幸福，拨弄了一下琴弦。

“谁答应你来着？美得你！没车没房也没啥前途，就弹个破曲子，谁要嫁给你？”Daisy拿起一根羊肉串，用一口小碎牙仔细地咬住，轻轻一横，便撕下一块肉来，肉在嘴里嚼着，嘴唇还沾不到。陈麦登时明白，这女人绝非小白说的那样冰清玉洁，冲她吃羊肉串的样子，这妞的口活是一定了得的。

小白被挤兑了个大红脸，有些愠怒，却不发作，只扭过头对陈麦说：“孩子还好吧？看你的样子挺憔悴的。”

“也没啥，就是最近睡不好。唉，多事之秋，祸不单行，有时候想起来挺烦的。怎么样？来点酒？”陈麦把脸弄成一副苦瓜样子，一时真觉得苦了，想到老婆还在医院陪着昏睡的孩子，想到自己这无可救药的无耻，鼻子应景地酸了一下。

“陈队你别发愁，慢慢会好的。”Daisy抓着陈麦的右臂轻轻摇了两下，摇出了他的感动。小白要了两个小二，帮他拧开了放下说：“就是，有啥事过不去的？孩子会好的，这点事哪能把你难住了？来吧，喝两口！”

“你的歌写得怎么样了？最近有想法么？”陈麦不喜欢和人聊儿子的事。

“写了几首觉得还不错，正在编曲。Daisy让我去自弹自唱参加选秀节目，我觉得没什么戏……”

陈麦看着小白，知道他已经打定了去参加的主意。又看看Daisy，Daisy却在走神，在忙乎着手机短信。她的举动却刺痛了他，他厌恶地皱了下眉，重重弹飞了桌上一只甲虫。

“去参加吧，这是好事，暂时别让局里知道。真要进了决赛，大家都会为你喝彩的……这天怎么这么冷？天眼不是越烧越旺了么？”陈麦有点冷，竖起了衣服领子。

“听说不久前天眼里飞出个东西，附近百姓说听见地下打雷，出门一看，一个烧得通红的东西忽地就从天眼飞出去，一眨眼就飞到月亮后面去了……”Daisy瞪着晶亮的眼说。

“哦，那一定是外星煤老板，回他们星球度假去了……”陈麦调侃道。二人果然就笑了。

“师兄，你写首诗吧，我来谱曲，就写这个天眼，我写了几稿，觉得太垃圾，都不敢给Daisy看呢。”

“陈队还写诗啊？”Daisy的嘴圆张起来，像吞了滚烫的烤腰子。

“没有没有，别听他瞎说……”陈麦忙挥舞着肉串。

“师兄你就别和Daisy藏着了，我把你的几首诗都念了，她还问是不是我写的呢……”

“原来陈队就是那杆‘废枪’啊！”Daisy叫起来，小白忙去捂她的嘴。

“嗯，我这杆废枪就等着小白的曲子把它擦亮了……好，写首新的给你，就这两天。”陈麦满意地拿起小二，一口便喝掉了。

小白告诉他孟局和文局看来已是水火不容，孟局已经找他谈过话，说文局准备换掉你，准备把二巴图提到市局来代替你。陈麦对此也有耳闻，已经让小约翰在查清楚，文局不是什么好人，孟局则是个王八蛋，大家都在投石问路，更多的人准备落井下石，包括自己。他并不想让小白知道这么清楚，就揣着明白装糊涂，说管球呢，反正不是什么好营生，替就替呗!

白酒刀一样割下喉咙，腾腾地烫起来了，心情也就好了起来。路边的工人们正在摆弄一些新的横幅，是“共建和谐，清廉为政”、“打击犯罪，维护稳定”等口号。陈麦冷笑了一下，想到这世界、这城市和人一样，也首先需要很多假话来欺骗自己，再去欺骗别人。艾楠在欺骗他，他在欺骗马璐，马璐在欺骗他的父母，文局在欺骗孟局，孟局在欺骗小白。目的不同，手段各异，这就是鲜活的人间。

喝完了酒，心里暖融融的，他就想去医院和马璐陪孩子，陪他们到天亮。许是被自己这尚有救的本性感动了，他的眼又酸了起来。

3

车站小公园，人少灯稀，火车的喘气声隐隐飘来，乌鸦们挤在树上准备睡去，这一天就要安静地结束。夜幕里火光一闪，闷声腾空而起，一只二踢脚带着火花蹿上高空，炸出一团恶狠的火焰。乌鸦猛地惊起，扑棱棱四处乱飞。西边豁然亮起一片火把，有个家伙把手一招，比乌鸦还多的半砖头从两个方向扔向小公园，然后一群人就高叫着冲向了那些沉睡的帐篷。放火，放火，打人，打人，熟睡中的人被火焰和恐怖的喊声惊醒，穿着裤衩背心跳出着火的窝，他们立刻被那些戴口罩的人打翻在地。乌鸦们又往回飞，希望东边能消停些，孰料又是一声哨响，东边也冲来大片的火把，顷刻就把东边十几个帐篷点着了。就在东西两边那些光屁股的人要退向中间的时候，中间早被后面冲来的火把隔断，他们一下子就被冲散了。

满地都是光屁股的人在爬，那些举着火把戴着口罩的家伙横行无忌，眨眼之间就把帐篷群烧成冲天的火。乌鸦们无处停留，只能高悬在天上看着，看几百支火把驱赶那些可怜鬼。后者也有抵抗，抡起身边任何武器凶狠反攻，但很快就被乱棍打倒，他们向着不同的方向逃去。火把们分头去追，像流进山谷的熔岩，越流越远，越流越疏，一下子点亮了这沉睡的城市。

这场战斗可谓全胜。入侵者有的被打得头破血流，有的被烧得焦头烂额，一窝窝在冰冷的街道瑟瑟发抖，他们带来的一切都付之一炬，几麻袋馕都被抢光，灶台被捣毁，母鸡被棒杀。那些得胜的家伙不再追打他们，只把馕挂在胸前或背后，远远看去，他们就像一大群拿着锅盖去参加团体操表演的群众演员。

公安接到电话，说很多新疆人光着屁股满街窜，你们管不管？对方已成散沙，没吃没喝没衣服还满街乱窜，显然成了不安定因素。警察很快就开始搜索那些光屁股的，抓得不亦乐乎，至于谁烧的谁打的谁组织的，回头再说。

既然回头再说，这事也就没人再说。那些光屁股的家伙被遣返回家。街头巷尾流传着三百壮士夜袭敌营毫发无损的壮举，像甘兴霸踹了曹营，像群狼咬了羊圈。风里飘着一个个闪亮的名字：小约翰、陈麦、二巴图、老妇女、吴群立、赵小牛、老巴特、柴云波、愣三毛、黑铁六……这些少年和这个传说一起载入阳关的史册，他们从流氓变成英雄，从孩子变成好汉，那是他们的时代，那是他们的街头。

这场大火烧了一天一夜，和大兴安岭的火一起熄了。那火没像老百姓们想的一样烧到阳关，灭火大军浩浩荡荡坐着火车回来了，非但没有被火烤焦，反倒吃得白白胖胖，像英雄凯旋一样戴着大红花招摇过市。这凯旋更是游街、事迹报告会、辉煌成果展，轰轰烈烈了一个多星期，把南疆中越边境发生的战事摩擦的消息都湮没了。

陈麦给老梅的一首诗获得了市青少年诗词比赛二等奖，学校通知他去领奖。他听说第一名被某领导的孩子拿去了，就不去。给老梅的诗怎么可能是二等？学校脸上有点挂不住，竟派人去帮他领了。陈麦得知很是不屑，班长把奖状拿来，他随后即丢在了厕所里。这时尿布来报，说二巴图等人找到了那些偷发菜的人，敲诈了一半的货。仗是大家打的，几千块钱的东西却被这小子独吞了，各路好汉都暴跳如雷呢。

胳膊上着夹板的大龙不干了，召集大家在他家开会，商议对付二巴图之事。陈麦赶来时，大家正吵成一锅。

“都说二巴图的地盘在旧城南区，但这人其实根本没啥地盘，他们那帮人走哪混哪，和咱有产业的可不一样，这帮人完全是街头流氓，找不到人，咱们连反击的目标都没有。”马桶叼着一根烟，手里拿着一根铅笔，煞有介事地在阳关市地图上画来画去，像个作战参谋。

“平常找到他们并不难，这帮人三天两头出来搞事，抢军帽、偷猪蹄、骑着自行车到处惹事，大多时候都在回民区那边。可最近我们去摸过底，这帮人突然间全藏起来了，在地面上打听不到。我们的眼线去细探，一个个都在胡同里稀里糊涂被揍了。我们要出击，总要摸清敌人的动向，不能贸然前去，要不能集中优势兵力予以重点打击，万一陷入他们的分割包围，怕是要吃亏。回民区那帮人单对单都不是咱们的个儿，但是人要是比咱们多个几十号，那还是要吃亏的。”萎瓜不知从哪里搞来一个坦克兵的帽子戴着，后腰别了一根裹了电工胶布的空心钢管。最近疯狂的体育锻炼见了成效，原本麻秆样的身板，如今隔着衣服都能看到胸大肌。

“二巴图家在哪？把他家找到，爷一个人上去灭了他。”大龙显然不适应这类作战会议，在他看来这事再简单不过，直捣狗窝废了二巴图，他那帮爪牙也就不战自败了。

“这王八蛋家底儿挺硬的，他爹是回民区公安局的，好像是个大队长，咱最好别在他家那里动手，这成了和共产党作对了，咱肯定没好果子吃啊。”哨兵尿布说。“大队长算个球？爷爸还是政协副主席呢，就在他家门口办他，出了事爷顶着……”萎瓜叉着腰道，见众人都怪怪地瞪着他，萎瓜悻悻地改了口：“……有爷爸顶着……”

“……尿布说得有理，你要去他家门口办他，光天化日的，萎瓜你爹就是市委书记也没用。到时候你老子能保你没事，我们可就全进去了。还是要沉住气，把二巴图这帮人的行踪锁定了，收拾了他们。就让他们知道是咱们干的，但不能让警察知道是咱们干的，这是江湖恩怨……”陈麦放下笔，拆开一包中华，扔给眼热的兄弟们。

咣当一声，门被撞开了，众兄弟立刻做出了战斗姿势，以为二巴图打上门来。蹿进一人，是杏目圆睁的老梅，门口的哨兵惊慌地跟了进来。众人见是老梅，就都看着陈麦。陈麦眼珠转了转，知道这事瞒不住了，就笑嘻嘻走到她眼前说：“干吗？别把大龙的妈吓着。”

“你们要干的事才会把他妈吓着。”老梅一脸怒容。“谁和你瞎说了？我们这研究怎么发展红薯事业呢，最近几个摊子被政府砸了，你没见我都改大青山抽了？都没钱给你买蛋糕了。”陈麦一把将中华烟盒扔到身后，兄弟们识趣地藏了起来。

“我不稀罕你的蛋糕，你们要敢去和二巴图寻仇，我就跟你没完。火车站那一处有你的份儿，我还没找你算账呢，出了事怎么办？你们找警察啊，干吗非用黑社会的手段？真当自己是黑社会啊？你们港片看多了吧？”

“港片看的是不少，尤其是毛片……”马桶在一边嘀咕道。

“你想找死啊？说啥呢？”陈麦对马桶怒道。“老梅，这事找警察没用的，既无证据，又无身份，二巴图吞的是赃物，找他们就全没收了。我改抽大青山没啥，买给你的衣服没准儿还得拿去顶账呢。大龙的妈刚吃了几天好的，联系好一个养老院住着，这下又得搬回来和大龙凑合了。”

“别找那么多理由，大龙要是被抓进去了，就是住最好的养老院，他妈还不得伤心死？陈麦，你不顾你自己，也想想别人，你要是非要和二巴图他们大打出手，咱俩就先拉倒！”老梅见陈麦裤带上仍缠着那根铁棍，顺手就是一抽，岂料他为了刚才说话方便，把军用裤带解开了，这一抽连着裤带就下来了，陈麦猝不及防，裤子一下子出溜到了脚脖子，露出一条有洞的花裤衩。

众人大笑，老梅大羞，陈麦大怒。他一弯腰拉起裤子，冲着老梅大叫道：“干什么你，光天化日调戏妇男啊？想看我下面，也用不着这么猴急吧？”众人又笑，老梅又羞又气，抡圆了抽过去，陈麦竟没闪开，结结实实地挨了。众人被抽得噤了声。陈麦第一次被女人打耳光，登时涌上一脸狰狞，呼地扬起手来。老梅倔强地抬头，冲着他迎上右脸。陈麦的手举在半空，一个劲哆嗦，怎么打得下去？

“老大，二巴图他们在三十六中门口！”蛋鸡跳进来大叫道。众人如非洲草原上的旱獭一般同时站起，刀棍叮当。

“多少人？”陈麦喝道，手僵在半空。

“二十多个，都带着家伙。”

陈麦把手放下来，夸张地去摸老梅的脸蛋。

“兵分两路，大龙带一路，从健康街过去；剩下的人跟我走公园西路，两路夹击。大家认准二巴图的脸，别让这兔崽子跑了……这一次咱们自己干，不用通知其他人。”他拍了拍老梅的脖子说。

众人吆喝着涌出大门，纷纷推起靠在胡同里的自行车。大龙被老梅死死地拽住了。“不许你们去！”陈麦微笑着将老梅抱起，扛进了屋里放到炕上，死死按住道：“别担心，我们不会有事的，等我回来，听话，我想你……”他刚要起身，老梅却一把将他拉过，脸蛋紧紧贴在他的脖颈上。他整个人都倒在她身上了。

“你要是想我，现在就不要走……”说着，老梅就要吻他的脸。

“不行，我不去，大家会失手的，老梅你吃了春药了是么？你这从哪儿学的啊？你干吗？这耍女流氓啊……兄弟们看笑话……”他奋力从老梅怀里挣脱出来，爱惜地吻了她一下，起身跳出了门，将房门咔哒锁上了。

“陈麦，你要是闯了祸，我决不去牢房看你！”老梅踢着门，趴在玻璃窗上哭。

“别哭了，是我不好，但我必须去呀……”见她哭了，他隔着玻璃摸她的脸。“放心吧，我不会有事的，你睡一会儿好了。”说罢，他带着大家骑上自行车，风驰电掣地去了。

“陈麦，你个混蛋！我恨你！放我出去！”老梅见他们走了，赌气地坐在炕沿上，见旁边桌子上有个电话，就拿起来给陈麦家里打电话。

旧城帮围在三十六中门口，大龙的两个红薯摊子被打烂，汽油桶滚到了马路对面，校门口满是丢弃的自行车和踩烂的红薯。二巴图戴着一个皮质的军帽，冷冷地看着手下围攻陈麦的阵地，间或看着腕上的表，脸上露出一丝冷笑。

陈麦和大龙同时杀到。陈麦一眼就看到了拎着啤酒瓶的二巴图。弟兄们纷纷下车，几十辆自行车哗啦啦倒在路边。见几十个穿红皮鞋的后生纷纷抽出了家伙围向校门口，学生和行人们四处躲避。陈麦一脸狐疑地逼近二巴图，他倒不是担心对方有埋伏，他敏感地发现，二巴图等人没有骑自行车，莫非他们走来这里打架的？这太奇怪了。二巴图也看到了他，竟微笑着。

“给爷弄死他，弟兄们上！”大龙嗷嗷叫着要扑上去。此时，一辆公共汽车突然停在了学校门口，竟是空的。二巴图一招手，他的喽啰们呼啦一下涌上了车，车门呼啦一下关了。大龙拎着铁链威胁着司机停下，但司机被人用刀逼着脖子，竟踩足了油门冲过来，大龙一个侧扑躲过了。

陈麦扶起大龙。弟兄们把砖头瓦块砸向公共汽车，他顿觉蹊跷。大龙揉着胳膊道："骑车追吧，这车又跑不快。"

"追没用的，司机不会停，停了我们也打不上去，围攻公共汽车，这不是招警察么？马桶，这车开到哪去的？"

"到回民区的，咱们上当了。"马桶扔出一块石头，气狠狠地道。

"二巴图干吗这样？这不是他平时的做派呀，这么龟孙子。"大龙纳闷道。

"他是计划好的，这些人不骑车，就是为了坐车走，他们是等我们来。"陈麦费力地想着。

"等我们来，又不打，干什么？咱骑车追呗，追到终点站和他们打。"大龙是真急了。

"不行，情况不明，你知道那里会有多少人？他们是把我们引过来……大龙，坏了，二巴图派人去抄咱们的家了。"

"怎么会？他有这个胆子？不怕爷也抄了他的家？"大龙大惊。

"你忘了么？这个人的家咱抄不了，老梅还在你家，他们跟着老梅去的……快走。"

陈麦别上菜刀，骑上车子，飞快地骑向大龙家。一路上，他想象出无数种老梅的遭遇，想得心惊肉跳。他一路闯着红灯，也不理会交警和汽车司机在身后的谩骂，他的脑子里只有老梅。

自行车跌跌撞撞地拐进胡同，弟兄们被他甩在身后。他大老远就看到大龙家门口挤满了人，墙边靠着一排自行车，那些人一色的军绿大裆裤，一看就不是什么好货色。陈麦杂技般跳下车来，车在墙上撞得变了形，飞出好远，他趔趄着抽出身后的菜刀，恶狠狠地杀向那些瞪着他的陌生人。

就在他要和那帮人短兵相接时，人群中突然挤出一个人，却是小约翰。他手无寸铁，戴着一个时髦的鸭舌帽，嘴里还叼着一根奇怪的烟斗，冲他微微笑着，一边笑一边还伸出一根手指摇着。老梅从他身后走了出来。

“陈麦！陈麦！”老梅扑过来和他抱在一起。

陈麦抱住她，又一把推开她，上下看了一眼，再看看小约翰。小约翰轻松道：“说你这人没脑子，你还不认。你们前脚出胡同，二巴图的人就进来了，人家早就盯着你。我是来找你商量收拾二巴图的，你却单干去了。你女朋友在里面哇哇尖叫，就帮你护住她了。你看着办吧，想和我单挑，该咋办还咋办，弟兄们，走。”

小约翰潇洒地一挥手，他的兄弟们纷纷上车准备离去。陈麦一挥手拦住了。

“小约翰，咱俩的事了不了……以后任何事，你一句话，我陈麦两肋插刀，绝无二话。”陈麦一抱拳，感激地看着小约翰道。

“当着女朋友，你可真能吹。二巴图也在啃我的地盘，回头你我合计一下，咱们一起灭了这王八蛋，这才是正经。”小约翰骑上他的自行车，冲着陈麦和老梅微笑了一下说，“早听说你女朋友漂亮，果然不假，要不是你的女人，我今天就占了她，算了，回头见。”

“谢谢你约翰哥。”老梅冲他挥着手道。

“……还第一次有人这样叫我，听着尿紧，以后你还是叫我小约翰吧。”小约翰带着人去了。

老梅又扎进他的怀里。“刚才吓死我了，七八个坏家伙砸门，说要把我扒光了。你不在身边，我害怕极了。”

“没事了，怪我莽撞，上了二巴图的当。老梅，咱们赶紧去我家，大龙带人去我家了，我还是怕有闪失。”“可以打电话给他们，我刚才就在打，在那些坏人来之前，那边好像没事。”陈麦急忙拿起电话，响了两声后，父亲接了起来。

“陈麦啊，你小子又惹了谁了？都打上门来了。”

“爸，你没事儿吧？家里没事儿吧？”听老头的口气，陈麦就知道没大事儿。

“七八个小毛孩子，能把我怎么着？老子也是抗美援朝下来的人，没收拾成美国鬼子，还收拾不了几个小兔崽子？他们以为我腿脚不好，就敢进院子来撒野，被我把一个兔崽子的腿打折了，现在还在这卧着呢。你放心吧，大龙带人到了。”

陈麦长出一口气，顿了一下说：“爸，让你和妈受惊吓了，我不会放过这帮兔崽子。”“那是你的事，我不管，陈麦，老梅和你在一起么？”老头的声音沉了下来。

“在呢，她没事，怎么？”

“……陈麦，你先别让她听见，老梅她爸在找她，刚才电话里和我说，老梅的大哥，在边境上侦查的时候踩了地雷，牺牲了……”

虽然他爸声音很低，陈麦仍觉得像被雷震了一样，脑子里轰的一声。他回头愣愣地看老梅，老梅俏皮地把烟藏到背后去，扭捏地悄悄扔了，带着羞在笑。陈麦别过头去，忍着满腹的酸楚，慢慢把被他攥得发烫的电话听筒，放下了。

4

辛兰和郭宇如何在这后半夜出现在这里？陈麦看着他们握在一起的手，像被它们合力扼住了咽喉。时针坚定地跳起来，不要脸地“铛”了一声，跳进这狗日的后半夜。志得意满的骆驼想必已经在哪个地方呼呼大睡，梦里笑着那漫山遍野找她的人。上山者想必也回到宿舍，一边骂一边脱着衣服，谈论着村里听来的声音。而郭宇和辛兰，在这么个梦遗时刻，竟手拉着手来到这南门外，在他说出那么一句豪言壮语的时候，齐齐地站在他的身后。

辛兰放开了郭宇的手，但尴尬并未令她脸红。她冲老六和老二打着招呼，一如平常那么客气。郭宇眼里有些冷，他径直走向另一张桌子。“老板，点菜。”他平缓地说。

陈麦觉得整张脸都在燃烧，千百种情绪混在一起翻卷上来，像喝了口烧开的麻辣火锅油汤。他决定拔脚走去，起身时忍不住地看了眼辛兰，他本来想让目光带着愤怒，却不留神带出了伤心。辛兰也正在看他，眼光如冰似水，没有一点理解的涟漪。而郭宇在看表，似在嘲笑他的存在。陈麦像受困于荆棘丛的羔羊，气息尚存，心已绝望。矮胖的姐妹花此起彼伏嗑着瓜子，依偎着看一部叫《东边日出西边雨》的电视剧。剧里的王志文得到了许晴，出门正阳光灿烂，陈麦心里却暴雨倾盆。于是他宁愿就这样走，带着他濒临崩溃的尊严。

“陈麦你等等吧？”郭宇却追出来喊他。他回头看了一眼，不知道该说些什么。

“陈麦，陈麦，你丫别走，咱还没结账呢，我们都没带钱……”老六像疯癫的流浪汉，一下子跳进夜色，在他身边哇哇喊着。陈麦掏了把钱扔过去，几张皱巴巴的钞票飘在地上，老六满地追着去捡。郭宇站在门口，辛兰并未出现。他的心像被菜刀劈了一下，噌地变作两半，他不由得摸了一下胸前，顺便掏出一根烟，却没火，那该死的打火机还在桌子上，他就含着烟，顶着风向校园走去了。

路灯熄了，保安在风里瑟瑟发抖，像被审判的扒手。另一个缩在屋里的保安跟着收音机哼唱着《涛声依旧》。陈麦走进门口又退出来，借了火，再走进空荡的校园。左边是丑陋的教学楼，右边是明亮的梅园，中间是分割黑暗与光、隔开欲望和学知的路。图书馆早已黑灯，像一只巨大的木鱼呜呜作响，男女生们在白天夹着书本进去，相互筛选，四处勾搭，在夜晚满意而归。图书馆门口嵌着启功的题名，它歪斜随意，显是老先生不耐烦的涂鸦。从图书馆向右拐，顺着路一直去，就会走到荷尔蒙分泌过度的汇园，也有人叫它“秽园”，原因不问自知。某师兄回来做讲座，说每当回忆母校，总先想起这股味道。

陈麦看着四周，想看到有人走过，冷清的校园让他孤独。可他又怕被人破坏这感觉，如再看到一对恩爱男女，无疑雪上加霜。于是他只能仰望，把孤独吐向天空，而漫天的星并不亲切，瀑布一样压向他的脸。辛兰的窗口挂着一个风铃，是用一张CD和一排玻璃管做的廉价货，不知是哪个笨蛋送的。辛兰必不喜欢这俗物，她不过喜欢向人宣告这叮叮当当的爱慕的存在而已。

顶着风，烟两口就抽完了，烟屁被他嘬得吱吱作响。粗枝大叶的梧桐在风里泛起涛声，东摇西摆，像臃肿的女校长。灯影在枝叶间摇曳，令生硬而乏味的柏油路上光影斑驳，如鬼魂欢快的舞蹈。他在这树影下不知所措，仿佛进退都是迷宫，藏着看不到的阴谋。他扶着一棵粗壮的树，孙班长曾喝醉了在此撒尿，说一尿解千愁。而他却无尿意，只感到冷意和辛酸，就想对着这世界骂一句什么，话到嘴边，都咬牙切齿了，却化作低低的一声叹息。

“陈麦，你个傻逼，不是你想的那么回事，且听洒家道来，你这个傻逼，你丫机会来了……”

老六和老二远远奔来，一个穿着红夹克，一个穿着绿风衣，一高一矮，绿肥红瘦，像中国版的堂吉诃德。老六的罗圈腿风车一样捯饬着，老二拎着两瓶啤酒，显然扔的那几张钱不会有找零。

陈麦赶紧揉了揉眼，把心情揉得好了些，他决定作出死不认账、再度和辛兰划清界限的决定。老六和老二跑了一会就跑不动了，真该死，这打乱了他的情绪。

“快点！”他喊着。

“陈麦，你怎溜得这么快？我们跑着都追不上。”老六一脸的幸灾乐祸。

“这鸡巴的……好沉，陈麦，回去接着喝，老六没诓你……”老二腰软肚硬，累得上气不接下气，像要毙命的老狗。

“你俩嚷嚷啥呢？我是怕他俩尴尬，所以先走了，我都要把她肚子搞大了，他也听见了，我不走他这饭可怎么吃？不要吃出血来？你们别胡说，嚷嚷得我跟他争风吃醋似的。”陈麦故作轻松，但做过了头，带着朗读的味道，才鼓起来的气，如此便撒掉不少。

“老三，你丫别装了，你都恨不得进厨房拿把菜刀把郭宇劈了……快回去说，这外头太冷，比你家辛兰还冷……”老六拉着陈麦，边走边唱：“你那里见雪（血）了吗？面对鸡巴你怕不怕……”

老六说，辛兰和郭宇那是一顿定情饭，又是分手宴。郭宇要回台湾了，就用一晚上和辛兰表露衷肠，但说了也白说，他俩不能在一起。辛兰为啥不想去台湾，他也搞不明白，所以说完了海枯石烂，丫就烂在黑豆地里了。

“首先，辛兰充分接收了郭宇这来自海峡那半拉的感情，陪着他溜了一晚上马路，亲没亲嘴不知道，怎么亲的也不知道，反正看来房是没开。为啥没开呢？说实话，我老六和老二都认为郭宇此人厚道，不是你我这种匪类，要是你，孩子真的就搞出来了。其次，辛兰也不是吃素的，不是这么容易被搞定的主儿，不过三堂会，她不上月牙床。再有，今晚开过房的女人，洒家一眼便认得出，就像法海能一眼认出那装逼的白蛇……”老六手里玩着两个核桃，转得哗哗响。

“趁辛兰去撒尿，郭宇悄悄过来让我们转告你，他知道你啥意思，告诉你追辛兰要有耐心。好姑娘谁都喜欢，要有方法，要有气度。辛兰这样的女孩，半个妖精半个人精，你陈麦不能急。哎呀可了不得了，郭宇乃情场高手，深不可测，他要不走，你哪里是他的对手？这鸡巴不行！除非咱收买昌平农民，月黑风高杀人夜，黑灯瞎火去外籍楼把他废了……但是他要走了，不和你玩了，还帮你热了场，你小子就等着和辛兰梅花三弄吧……我操！梅花一弄断人肠……”老二咬开一瓶啤酒，沫子忽地涌出来，喷了他一脸。

陈麦说这台湾同胞自作多情，反攻大陆只是虚晃一枪，你们俩就举手投降握手言欢？老大被吵醒了，被窝里伸出半个头，说什么辛兰来辛兰去的？你们说得我耳朵都长出兰花了，她和那刘一民都快生出孩子了，你们还在这追不追的，唉，说你们小还不承认……

“老大，这玩笑开不得，我们情报有误，幼稚事小，陈麦可受不了这打击，万一他去追了，还没上手就有了娃，实惠没捞着，黑锅背回家，这鸡巴不行，老大你从哪听说这回事的啊？”老二趴着床沿，掀起了老大的被子。

“明天你们去二食堂吃饭，随便拉个国经的傻逼问一嘴，就都明白了，法大什么地方？哪有一对狗男女的事传不开的？你老六拉着那个地包天女孩半夜在操场啃来啃去，你以为没人看见？老二你和那个飞机场女孩在阶四后面满地打滚，你以为天地不知?靠！法大是个没有秘密的茅坑，任何龌龊都闻得到，任何谣言都有依据，陈麦和骆驼的事当年怎么传出来的？你们这些不长记性的孩子……”

三人都闭了嘴，陈麦想说点什么，但老大这个残酷的谣言使他开不了口。

“对了，忘了告诉你，骆驼找着了。靠！一个系百十号人漫山遍野地找，她在教工老乡那吹灯拔蜡。还是咱孙班长有想法，个子不高境界挺高，丫带着学生会的人各个教工宿舍去找，居然找到了，捉奸在床，床头柜上放着一整盒避孕套啊，十二只装啊，都用了一半啦，真他妈经典啊……”老大说完，满足地翻身欲睡，被老六拉着问：“那这妞啥意思？干吗给梁汉辰留那么个纸条？”

老大被他烦得爬了起来说：“女人这玩意儿，大致分两种，一种是唯恐天下不乱，一种是唯恐天下不大乱。辛兰属于前者，骆驼属于后者，你不信看着，咱大学生涯还有一年多，她骆驼不搞出个惊天动地的事来，你把陈麦的鸡鸡割下来……”

“嘿！老大，你也太没良心了，骆驼搞出事来，不割你的割我的干啥？”陈麦怒笑道。

“因为这事迟早和你有关啊，你以为你和骆驼结了？真没事了？嗨，不跟你们扯了，拉灯，上炕，明天还得出操，再过几个钟头，余常汉就又吹着哨子上来啦……”老大倒头便睡，呼噜顿起。陈麦被他说得心里长草，拎起剪刀悄悄爬上去，剪掉了老大留了两个月的半边胡子。

老六和老二说的，当是真话，郭宇也从不说假话，可老大的消息也太可怕了，像在决斗的武士间扔了个手雷，陈麦无法承受这冲击波，就算郭宇真的走了，和辛兰这事，看来还要从长计议。

穿红戴绿的92级新生涌进了校门。红叶渐染，青山浓艳，那美让人的心情也浓烈起来。一天天过去，陈麦的日子并没有因那些流言有何不同。郭宇走了，叶子黄了，辛兰的来去也无异样，该笑笑，该吃吃。他听到了一些关于自己的谣言，说他和骆驼早已真刀真枪苟合数次。他并不在乎，只觉得自己像个傻瓜，谣言是说给相信的人听的，一犬吠影，百犬吠声，自己的河还是自己过吧。

一年过去了，一切都在变。老四昨天还在对孟德斯鸠推崇备至，今天就对托克维尔顶礼膜拜；老二一度坚持《安娜·卡列尼娜》是最好的小说，这天就认为《百年孤独》才算老大；学了半年的《企业法》听说马上就要废了；校长马上又要换人了，传说法大要并入清华成为清华法学院。没多久谣言就被杀光，哪个校长愿意矮半截去给人家做小？

纷乱之后，他倒镇定下来，学习是一味良药，有时能让人忘记烦恼。他又弹起了吉他，还喜欢上了德国Scorpions乐队，音乐令他放松，兄弟们极宽容地忍耐着他。他常不好意思，半夜跑去厕所边弹奏，老六穿着裤衩怯怯地跑来说：“老三，你还是回来弹吧，兄弟们都说了，丢人丢在家里……”

大龙还有一年就要出来了，他每个学期都会给他写信，但可说的实在不多，大龙从不回信，小约翰说他头发白了，在里面人人畏惧。陈麦不知他出来会是什么样，友谊和爱情一样，隔得太久亦生尴尬，好在这尴尬要熬到头了。

5

马璐见陈麦到医院来陪她，又要哭。陈麦忙摸着她的脸，说着体贴的话，马璐抱着他，脸拱来拱去。二人又相拥着离开睡着的孩子，在走廊的长椅上坐下，陈麦帮她擦去黏乎乎的泪。

“没出息呢，儿子都比你坚强。你心里绷得太紧，哪还能睡好？为孩子，也为我，你受委屈了……别哭了，天塌下来，有我扛着呢！儿子会没事的，哭完就完，别让他看见……”

马璐擦干了泪，头靠在他的肩上说起来，开始回忆他俩的相识相爱。陈麦心中疑惑，马璐很少如此语重心长，看这架势，这一开闸至少一两个钟头，能把前世今生都捎带着说了。但反正打定了陪她的念头，听就听吧。

医院的长廊像个时空隧道，穿梭的护士从那头到这头，又从这头到那头。一个刚死去的人被推出病房，蒙着白布，露着双脚，不知为何无人送行。车子吱吱呀呀，被戴口罩的人坚定地推走。他猛然想起和老梅在医院的那天，于是就盯着这辆车看，那双脚似乎动了一下。他摇了摇头，继续听马璐说，才走了一会神，她就说到孩子出生了。

第二天，他决定提前点到“幸运星座”，看有没有安排不妥的地方，和大龙聊一聊，别酒桌上翻了脸。这个世界上他可以谁的账都不买，但是小约翰例外。

云铁山来了电话，说你知不知道政法委想安排开发区分局的新领导，有消息出来了，据说有你有我？陈麦并未听说这消息，对他的关心表示感谢，表示如果同去，你当局长，我做副的。云铁山哈哈笑道，要当也是你当，我怎么敢和你争？打麻将你不是对手，射击你也不是对手，干工作你可比我行。

放下电话，陈麦很快想明白了这事。云铁山在走关系调动，想去当开发区公安局的一把手，上面也有人在为他安排，但他一个人动太扎眼，需要一个垫背的陪衬一下。找他陈麦垫背还要他领个人情？的确够孙子。但反过来想，他去了也好，他一走，比自己工龄长的支队长就没了，治安维稳工作又是最重要的，将来提副局长就非自己莫属。

他和云铁山较量过三次枪法，二人都擅长两连发急速射击，打静物云铁山厉害，打兔子陈麦占优，只是打人没比试过，二人谁也不服谁。云铁山也曾嫉恶如仇，连破大案，但这两年脑子进了水，为了谋官什么脸都不要了，本来和他是出生入死的交情，后来又各自沾了钱，倒走得远了。

陈麦和大龙聊了一会晚上的饭局，大龙只听不说，面无表情。陈麦便不再说了，因为劝着大龙，自己的火倒拱起来了。一辆黑色奔驰停在门口，下来了一身白西服的小约翰，他脚踩亮棕色尖头皮鞋，鼻梁上架着金丝眼镜，发型一丝不苟。这个曾令四方畏惧的人如今周身透着书卷气，这更增添了他的魅力，已经有人开始叫他老约翰，虽然他还不老。

大龙迎进小约翰，公司的员工大多不知道他才是这家店的幕后老板，见大龙完全没了平日的恶霸劲头，不禁奇怪。陈麦在二楼等他们。三人坐下，大龙支开员工们，小约翰照例掏出几根剪了屁股的雪茄，帮他们都点上了，等他俩抽了几口，微笑着看着他俩。陈麦鼻子吸溜吸溜的，仿佛还没品出个味道；大龙却像吃了苦药，头一个劲地晃。小约翰摇了摇头说："别看麻烦点，其实比香烟健康很多，而且有劲儿，一根顶一包烟的劲儿，晚上喝红酒的时候来一根，才觉得这辈子没白活。"

"这不可能，听你说的这比搞女人还爽？"陈麦故意调侃。

"这怎么比？没有可比性嘛。"大龙突然说话，吓了他俩一跳。

"你就是哪天干到公安部部长，也还是这个德性！我也奇怪你们还能弄这么些花活，这是谁嫖谁呢？"小约翰浑厚地喷出一口烟，浓密地浮在地毯上，慢慢地在他们脚下散开，像浮在河面上的浓雾。

"大龙要像你这么矫情，这地方早就倒闭了。"陈麦大咧咧地叼着雪茄说。

大龙嘿嘿一笑，也不抬头，手指神经质地弹着雪茄，又开始沉默，盯着地毯出神。

“你那个会所还不开工啊？再拖下去陈麦说不定哪天被双规了。”小约翰温和地开着玩笑。

“总是选不到合适的地方，要么太大，要么太小，要么交通不好，回头听听你的意见。”大龙局促起来，手指神经质地拧着烟头。

“算了，你爱咋弄咋弄，今天的都安排好了？”

“安排好了。”

“幸运星座”顶楼有一间私密包房，它有独立的电梯，还有一个门直通消防通道。这间房子本是为特殊的客人准备的。大龙说忙活了一整天，准备了全套的海鲜生吃。

“大龙，放松点，我们在做生意……”小约翰心细如发，见大龙面色不好，就带着兄弟的调侃说道。

“大龙知道的，我还派他去给我们做卧底，他把那些料子鬼玩得转转的呢，怎么？赢了他们不少钱吧？”陈麦忙抬起了轿子。

“哦？没多少，没多少，这都是工作，都是工作……”大龙一怔，笑道。

“陈麦，大龙我不担心了，今晚你可别砸场子啊……”小约翰虽然笑着，但听得出话里认真，“你最好别喝多，我知道你，喝了酒就容易冒火。”

“我给你抱着二巴图亲，亲死他，行么？”陈麦眯着眼道。

“我当真的。”小约翰正色道。

“少来这一套，酒还是要喝的，爷不给你添麻烦就是。”陈麦伸开腿，头仰在沙发的靠背上，看着房顶的罗马式吊灯，一大堆水晶球晃悠悠地挂在上面，像一颗颗饱满的泪珠，于是他干脆闭上眼，哼起了歌。

小约翰对大龙说：“大龙，今晚谈完事，叫几个妞上来，挑好的会说话的上来，文局好色，把他招呼好。你把女人摆弄好，今晚就没你的事了。”小约翰像是喘了口气。

“你放心，我已经挑好了，都在下面化妆呢。”大龙说。

“……他妈的，我真厌恶弄这个，但是没办法……给我挑个胸小的话少的，最好没有的。”小约翰说。

“为啥？”陈麦困惑道。

“别人喜欢什么，我偏要反着来，搞定这些人，你不要表现得和他们一个口味，一定要有差别，这是心理学。”小约翰狡黠地笑道。

“行……就是我这儿胸小的还真不多……”大龙若有所思道。陈麦眼眯着一条缝盯着大龙，但大龙正在思考着他的问题，没有注意他眼中那抹杀气。

这顿晚饭并不如陈麦想象的那般难挨。生意只用了十五分钟就谈好了，之后就是喝酒。在小约翰和文局的撺掇下，二巴图表现出了高度的友善，他既尊重小约翰，又高抬陈麦，还不忘和大龙交心。陈麦喝多少，二巴图全部翻倍，在厕所吐得哇哇有声。文局像个后山大妈拍左拍右，让陈麦肉麻不堪。这王八蛋为了多收点回扣，装作老大哥关五怀六的。二巴图喝得车轱辘话没完，见陈麦不甚上心，就又打开一瓶茅台，掏心窝般看着他说：“陈麦，不管以前我对你做过什么，我是后悔的；不管你以前对我做过什么，我是无怨的。今天你如果能叫我声兄弟，我就是喝死在这里，也是心甘的。陈麦，这瓶酒我喝，你给句话。”说罢他仰脖就喝，像喝着白开水。

小约翰和文局站了起来，这是江湖老大为兄弟友谊地久天长的干杯，连大龙都黑着脸端起了酒杯。陈麦叹了口气，一个是上级，一个是兄弟，这台阶不能不上，他劈手夺过二巴图喝完一半的酒瓶，一口便倾倒进去，一溜火线下去，胃里像灌了硫酸，吞了火炭，就要烧烂他那一副下水。他忍着呕吐抬起头来，双耳轰鸣，头疼欲裂，呼吸无法继续，像站在热带飓风的中心。二巴图张开双臂，大喊着兄弟要抱过来，他躲不开，也站不住。小约翰和文局、大龙在纷纷干杯。服务员端着酒盘，一个个笑得像被点中的小姐。天花板上那对天使的眼睛闪闪发光，略带淫邪。房门被缓缓推开，小姐们像五彩斑斓的蛇一样滑入，她们穿着开叉很高的连衣裙，微笑着走向每个人的目标。来扶着陈麦的这个姑娘戴了蓝色的美瞳，眼角有颗黑色的小痣，她肩膀圆润，上面刺着一只黑色的蝎子。姑娘伸出双手，饱满粉嫩的胸脯被挤出峰峦，巍峨地端举上来，它们在晕乎乎的陈麦眼前膨胀旋转，发出亲切的味道，像陈麦他妈过年时做的热腾腾的豆沙包……

《警察难做2·大结局》即将出版，精彩预告：

陈麦与死对头二巴图合作的房产交易顺利搞定，但谁也没有想到，这场交易暗伏着巨大隐患，所有参与者：警察局长、律师、夜总会老板、黑社会老大，日后都将面临无穷的麻烦……

在《警察难做2·大结局》中，陈麦接受了一项有史以来最危险的卧底任务，孤身潜入云南贩毒集团总部，与集团内部头号毒枭当面周旋，企图引蛇出洞，再建奇功。

就在陈麦的警察生涯即将进入巅峰之际，他曾亲身参与的几场“阴谋”却相继败露——陷害毒贩、伪造凶案现场、收黑钱、充当黑社会保护伞……局面变得越来越无法收拾，一条条携带欲望的鲜活生命被裹挟进来，在各种各样的垂死挣扎中，一同走向不归之路……